Inhaltsverzeichnis

Reihe: Neue Philosophie

Band 4: Jürgen Große: Phänomenologie des Unglücks – Aus dem Nachlaß eines Vormieters

edition fatal

Jürgen Große

Phänomenologie des Unglücks

Aus dem Nachlaß eines Vormieters

edition fatal

»edition fatal« Verlagsgesellschaft bR, München
Gesellschafter: Mario R. M. Beilhack, Anil K. Jain
www.edition-fatal.de, kontakt@edition-fatal.de

Reihe: Neue Philosophie, Band 4
Herausgeber: Mario R. M. Beilhack

Jürgen Große: Phänomenologie des Unglücks – Aus dem Nachlaß eines Vormieters

Originalausgabe, München 2007

Titelbild:
Fundort der Manuskripte (Detail)

Bibliografische Information der Deutschen Bibliothek:

Die Deutsche Bibliothek verzeichnet diese Publikation in der Deutschen Nationalbibliografie. Detaillierte bibliografische Daten sind im Internet über die Seite http://dnb.ddb.de abrufbar.

ISBN 978-3-935147-18-7

Herstellung: Books on Demand GmbH

Phänomenologie des Unglücks

»Gewiß ist, daß wir heutigentags alte Weiber sind verglichen mit dem Altertum, und das Unglück liegt gewiß zu einem großen Teil darin, daß wir nicht gründlich genug unglücklich werden – daß der äußre Druck so milde ist, und daß wir keinen Charakter haben, uns selbst unglücklich zu machen …«

Sören Kierkegaard (Tagebücher, 1850)

VORWORT DES HERAUSGEBERS

Seit bald 20 Jahren bewohne ich dieses Zimmer in einem Hochhaus auf der Berliner Fischerinsel. Es handelte sich ursprünglich um eine Dienstwohnung des Ministeriums des Innern der DDR, mit deren Zusammenbruch sie frei wurde. Gesundheitliche Rücksichten zwingen mich, die allzu lärmig gelegene Wohnung demnächst aufzugeben und in eine stillere Landschaft zu ziehen. Bei den vorab fälligen Putz- und Malerarbeiten mußte ich diverse Möbel verrücken, dabei geriet ich an einige Schubfächer der Einbauwand, die ich jahrelang nicht geöffnet hatte. In einem der Fächer befanden sich Unterlagen des Vormieters, die dieser offenbar dort vergessen hatte. Kersten Schacht (Name nicht geändert), ein mittlerer Dienstgrad im Ministerium, hatte außer Fotografien eine Reihe von Briefen aufbewahrt. Sie stammten größtenteils aus den 1970er Jahren, außerdem fanden sich persönliche Notizen aus der Zeit nach der Scheidung von seiner Frau Christine im Jahre 1982. Wann der Auszug von Frau und Tochter aus der Wohnung erfolgte, ist nicht genau zu datieren. Augenscheinlich hatte K. S. aber seit den späten 1980er Jahren das Zimmer allein bewohnt, wie aus den spärlich erhaltenen Briefen dieser Zeit hervorgeht. All diese Papiere hatte ich nach meinem Einzug kurz gesichtet und bald vergessen, nachdem ich überdies ein schweres Möbelstück vor die Schrankwand gerückt hatte. Bei der neuerlichen Durchsicht fiel mir auf, daß viele der Tagebuchnotizen den Charakter allgemeiner Reflexion aufwiesen, daß überdies manche Notizen unter wiederkehrenden Rubriken geordnet waren. Der Lektüreeindruck war daher recht durchmischt. Was sich zunächst herausstellte, sind folgende Grundtatsachen: K. S. stammte aus einer ländlichen Gegend und war erst durch den Wehrdienst nach Berlin gekommen. Wie bei vielen DDR-Bewohnern hat die – im Vergleich zu heute – vorzügliche Allgemeinbildung, vor allem aber die staatlich erzwungene Bekanntschaft mit Kunst und Literatur, sich auf das hernach anstehende Alltagsleben offenbar nicht vollständig verteilen können. So war auch hier eine Nebenwelt entstanden, an deren Expansion – dem Notizenumfang nach zu urteilen – jeden Tag nach Feierabend gearbeitet wurde.

Ob sich K. S. während dieser sieben Jahre oft *unglücklich* gefühlt hat, will ich nicht entscheiden. Jedenfalls sind die meisten der Notizen unverkennbar Beobachtungen und Gedanken zum *Unglück*. Das Wort ersetzt nach und nach alle Synonyme in den Aufzeichnungen, es schien für K. S. der vertrauteste Umgang geworden zu sein. Doch nicht allein dieses Vokabular, das ja gegenwärtig von fast jedem Gesicht einer glücksbeflissenen Menschheit abzulesen

wäre, erweckte mein Interesse. Ich glaube, daß dieser Mieter einen gewissen literarischen oder zumindest intellektuellen Ehrgeiz hegte, vielleicht sogar ein Buch geplant hatte. Das vermute ich angesichts einer Reihe inzwischen stark vergilbter Bögen mit Titeln wie ›Übersichtsblatt‹, ›Gesamtplan‹ u.ä. Die meisten dieser Aufzeichnungen haben weder intellektuellen noch literarischen Wert. Anders steht es mit der Sammlung ›Beiträge zur Phänomenologie des Unglücks‹, deren Untertitelung vielfach wie eine Persiflage philosophischer Klassiker anmutet. Diese Notizen schienen es mir wert, sprachlich und gedanklich bearbeitet zu werden – ich habe also Hand angelegt, ausformuliert, zuweilen auch zu Ende gedacht, wo die Richtung erkennbar war.
Ich weiß nicht, ob der Autor noch lebt. Da er sich weder selbst noch durch Vertreter jemals gemeldet hat, da das Konvolut zur ›Phänomenologie des Unglücks‹ von einem Editionsplan zeugt und umfangreich genug ist, um diesen ausführen zu können, da mich in der vormaligen Behausung des Verfassers oft ähnliche Gefühle und Gedanken befielen, da allgemeine Meditationen zum Unglücklichsein üblicherweise das einzige sind, was über die Ernsthaftigkeit von Geldsorgen hinausreicht, da ein großstädtisches Publikum das Unglück täglich im Munde führt, ohne ihm deswegen Form oder Gehalt geben zu können, habe ich mich zur Herausgabe der Notizen entschlossen.
Die Hauptschwierigkeit bei diesem Vorhaben bestand natürlich in der Anordnung der Notizen. Drei Hauptgruppen wurden erkennbar: a) Tagebucheintragungen, oft nur auf den Monat oder die Jahreszeit datiert; b) allgemeine Reflexionen, zumeist unpersönlich gehalten und darum am leichtesten einem der Übersichtblätter zuzuordnen; c) Trostsprüche und Trostversuche, nicht selten bloße Interjektionen, mitunter in der zweiten Person Singular gehalten. Diese generischen Differenzen erschienen mir so bedeutend, daß ich mich zu einer Erweiterung des Gesamtwerks um die Teile I, III und IV sowie zur stärkeren Untergliederung des originalen Teils II entschlossen habe. Im Gegenzug habe ich aus diesen Aufzeichnungen alle Passagen fortgelassen, deren Verständnis sozial- und kulturgeschichtliche Kenntnisse erfordern würde, die heute nicht mehr zu verlangen sind. Die vorliegende Anordnung bildet somit eine Synthese aus dem Übersichtsblatt ›Zur Phänomenologie des Unglücks‹, zu dessen Rubriken nicht durchgehend *zugehörige Texte* aufzufinden waren, und den thematisch einschlägigen Tagebuchnotizen, die *ohne Titel* sind. Ich habe bei der Sichtung der Notizen manchen Trost empfunden und wünsche ihn auch meinen Nachfolgern in der Lektüre.

J. G. *Berlin, im Frühjahr 2007*

Vorreden: Vom Unglück schreiben

Montag, 6. November. Alle sind nach draußen gegangen, zu ihren alten Diensten oder für die neuen Freiheiten ... manche werden ihr Glück machen da draußen, sei's auch nur in neuen Diensten. Mich aber reißt nichts mehr vom Hocker. Anstatt mich in fremden Diensten, an fremden Schreibtischen für ein fragwürdiges Glück zu schinden, bin ich am heimischen Schreibtisch geblieben, dem eigenen Unglück zu dienen. Es herrscht ja, wo ich zu Hause bleibe, da draußen gleichwie in mir je ganz unumschränkt, muß also nicht hergestellt noch herumgezeigt werden. Nur beschrieben, besser: umschrieben will es sein. So höflich rede ich mein Unglück an ... abgestellt, angestellt habe ich mich, das Unglück zu beschreiben, das andere unbeschreiblich empfinden, Angestellter des Unglücks will ich sein.

Was aber, wenn dich die Empfindung des Unglücks *anfällt?* Du wärst in deinem Heim, an deinem Tisch wie jener Bibliothekar, der plötzlich in einem der Bücher liest, die sonst durch seine Hände wandern. Eine gefährliche Stockung. Und doch ist diese Stockung des Verkehrs, im Hin und Her der Glücksverfolgung und -verschiebung von Tag zu Tag die ureigene Bewegung des Unglücks. Es rast daheim, auf der Stelle, genauer: an jedem bewohnbaren Ort. Du empfindest es jetzt und hier, weil du, wenn anderswo, anderswer, eben bloß einer wärst, der das Unglück nicht empfindet, doch mitten darin ist. Was ist denn hausinterne Beschreibung des Unglücks anderes als Empfindung des außenweltlichen Glücks? Du leidest und beschreibst ein Unglück – du kommst nicht darüber hinaus noch hinweg. Du weißt die Größe deines Unglücks, daheim.

Daheim im Unglück sein, das heißt: Du kannst nicht fort vom Unglück, bist ein Fachmann, der in seinem Fach steckengeblieben ist, den man nur mit Gewalt noch gemeinnützig machen könnte. Was wäre das für eine Gewalt? Deine Verschleppung *oder* dein Verbluten, deine und deines Faches Heimholung in die Welt *oder* das Versiegen deines Unglücks, dein Einsickern mit ihm in irgendein öffentliches Grundwasser.

*

Ein Buch übers Unglück zu schreiben verlangt wenig Aufwand: man muß nur auf das horchen, was man den Tag über nicht gesagt hat, weil es der Tag über sich gesagt hat – weil er es auf einen gehäuft hat.

›Ein Häufchen Unglück‹ ... gewiß erschreckt hier die Konzentration, vielleicht auch der damit verbundene Geruch. Das Unglück fiel leichthin in die Welt und erschreckt durch seinen Ausschuß-Charakter, seine Ausscheidungsnatur: es ist zu leicht, unglücklich zu sein, als daß es leicht anzusehen wäre.

Das gewisse Schaudern, das uns ein Wort wie ›Unglück‹ macht ... Ein Unglück kann sich nicht jeder leisten, soviel steht fest, man schämt sich, vom Reichtum seines Volkes oder der eigenen Robustheit zu sprechen. Eine Scham, die stumm bleibt, schaudert unaufhörlich.

Man muß reden vom Unglück: Unglück findet in Worten nicht statt, aber kein Unglück kommt aus ohne die Worte.

*

Die Begabung zum Unglück ergibt keinen Grund zum Stolz, sie ist ein zugefallener Sieg. So soll ja, dem Vernehmen nach, den Menschen einst auch das Glück zugefallen sein. Die Unglücksbegabung entsteht und kräftigt sich am Anblick eines mitleiderweckenden, ja erbärmlichen, aber äußerst ausdauernden Gestrampels, das ›dem Glück‹ gelten soll. Alles, was man von seinem Außenposten des Unglücks her sieht, scheint aber derart entfernt von jeder Erinnerung des Glücks, daß man sich fragt: Wie kann das trösten, wen kann das rechtschaffen erschöpfen? Man öffnet morgens die Tür, und ein Brausen schlägt einem entgegen: alles für das Wohl des Menschen, alles für das Glück des Daseins. Wie sollte einen das nicht zurückwerfen ins Heim? Dort ungestört im Brüten über der Unmöglichkeit des Glücks, was laut den Glückskundigen das Unglück selbst sein soll. Sie nehmen alle Leidenschaft für sich in Anspruch und kommen doch nicht vom Fleck ... sowenig wie der Mensch im Unglück, dessen Haus sie umtosen. Trägheit und Leidenschaft scheinen dort anders zusammengesetzt. Im Hause des Unglücks herrscht eine Verbohrtheit, eine Verbissenheit – gleich der im Versprechen des Glücks –, die auf dem Zufall des Glücks besteht, die sich empfangsbereit hält ... eine leidenschaftliche Trägheit fesselt ans Unglück, an Heim, Haus, Badewanne.

*

Man erlernt das Unglücklichsein wie die körperliche Liebe oder das Fachgespräch: ein gewisser Schwung, ein Hang zur Verschwendung muß schon da sein; doch erst ein Mangel des Objekts zwingt zur Konzentration auf das Wesentliche.

Man kann übers Unglück natürlich auch sprechen wie gewisse geistreiche Leute: drei, vier gutverträgliche Sätze aneinanderreihen, in die S-Bahn steigen, die Sätze vor sich hermurmeln, aussteigen, die Sätze irgendwo aufsagen, zurückfahren mit der S-Bahn oder was weiß ich womit.

Zweierlei Sorte: die schreiben, weil sie nicht alles *sagen* können; die schreiben, was sie *nicht* sagen wollen.

Fast stets macht das Unglück zum Dichter, ausgenommen, es sitzt einem im Genick. Fiel es dir ins Herz ein oder in die Därme, so kannst du heulen oder singen, zieht es sich von einem Ohr zum anderen durch deinen Kopf, dann kannst du Reime machen über es. Nur wenn es dir ganz schwer auf den Schultern hockt, wenn es deinen Kopf vornüber drückt, singst, heulst und reimst du nicht, sondern mußt dich selbst übergeben ans Unglück oder es in kleinen Brocken ausspucken, die, wenn nur genug Blut oder Glanz daran ist, dir zu Ansehen und neuem Appetit verhelfen.

Wenn niemand mehr arbeiten will und jeder schreiben, was soll man da noch lesen? Das, was die Arbeitenden zu schreiben hätten bzw. ihre Stellvertreter, die Arbeitslosen.

*

Seelische Beschäftigungslosigkeit ist nur zu rechtfertigen durch Beschreibung des Unglücks. Das ist eine Arbeit, die am besten zu Hause erledigt wird. Wer zur Beschreibung des Unglücks disponiert ist, der wird finden, daß er seine Arbeit immer auch hätte zu Hause tun können; als nunmehriger Heimarbeiter der Misere wendet er diesen Zustand zur Lebensform. Die Seele fühlt sich beschäftigungslos, wenn der Rest der Person doch noch irgendwie in Arbeit ist, diese unerlaubte Freiheit schmeckt, wo undurchdacht, bloß fade, wenn aber reflektiert, nach Unglück. Das reflektierte Unglück ist zunächst das Unglück der anderen, der Beschäftigten, der Voll-und-Ganz-Beschäftigten, das in einer ungetrübten Leere des Gefühls ruht. Ist man, als nur seelisch Arbeitsloser, nicht verpflichtet, es zu beschreiben – ist dieses Unglück der anderen nicht das erste, was man in langen Weilen zu sehen bekommt? Doch kann man, als frischberufener Notar des Unglücks, sich hier leicht am Thema vergreifen, an Miseren nämlich, die den Schriftstellern und Philosophen reserviert sind: die sind abgestellt zum Schreiben und Denken, die müssen das ganze Elend der Welt beschreiben, die sie ausgeschlossen hat. Müßten sie da nicht auch deren Glück beschreiben? Glück und Unglück geraten verwechselbar, wenn sie der Philosophie oder der Dichtung in die Hände fielen! Als Amateur des Unglücks kannst du dich immer nur auf das Glück der anderen, das Glück einer philosophisch oder poetisch abzurundenden Welt beziehen, das dir entging; du bleibst darum am besten bei deinem eigenen Unglück. Doch mußt du, ihm strikt und ausschließlich zugewandt, nichts weniger fürchten, als nun in den Jargon des Persönlichen zu verfallen, gar den Geruch einer unglücklichen Persönlichkeit anzunehmen. Persönlich warst du zum letzten Mal, als du dich beschäftigungslos fandest und nach einer Rechtfertigung suchtest; dieses Schicksal traf dich – wie sonst? – persönlich; was du an ihm zu beschreiben hast, gehört dir nicht mehr.

*

Nichts wirkt so stilbildend wie ein Unglück, dem man sich zunächst einmal ohne Form und Absicht in die Arme warf. Man muß das Allgemeine seines Zeitalters nur in seiner Gemeinheit aufsuchen. Genau das ist der Fall, wo man sich auf sein Glück versteift – aufs eigene wie das des Zeitalters, denn anderes hält das Zeitalter ja nicht bereit. Man sondert sich von den anderen ab, indem man es wie alle machen will – man fragt nach seinem Glück und findet ein Unglück, das auf einen gewartet zu haben schien. Jetzt nicht verzweiflungs- oder hoffnungsdumm zur Seite schielen, jetzt nicht sprechen! Einfach nur schauen und blind schreiben.

*

Gleichwie der Geistesschaffende büßen muß dafür, daß er nur mit Worten arbeiten will, indem er darum im Unglück ohne Worte ist, so muß ich bei meinem Unglück büßen, von dem ich mich entfernt habe wie der Wortarbeiter von den Handarbeitern: Ich spreche, ich schreibe vom Unglück, das bedeutet, ich begebe mich aller Möglichkeit, im Unglück zu sprechen und zu schreiben, auch nur den kleinsten Riß in das Unglück einzulassen für Sprache oder Schrift. Ich spreche und schreibe also vom Unglück ebenso wie vom Glück, denn ich bewohne beides nicht, darum darf ich aber auch beiläufig von meinem Unglück reden. Denn ich bin nicht darin gefangen wie in einer Lage, sondern daran gekettet wie an eine Vergangenheit, auf der einen Seite stehe ich, hier in meiner wortreichen Gegenwart, dort steht das Unglück, vor mir und anderen geschützt, in meinem Gedächtnis. Was Wunder, daß mir nur das Geheul bleibt, wo ich mich dorthin zurückversetzt finde!

Wer seine besten Kräfte dem Unglücklichsein widmet, der hat weder am Lebendigen noch am Künstlichen teil, mit anderen Worten: er muß sich um seine Einzigartigkeit keine Sorgen machen. Jedem Menschen ist zwar sein Unglück zugeteilt, doch lebt er manchmal, webt er andermal nur darin, atmet es täglich ein *oder* schreibt immerzu von seinem Ausmaß im Allgemeinen. Nicht so, der zur Beschreibung des Unglücks *bestellt* ist: er macht sich beim Leben wie unter den Kunstmenschen unmöglich, staut diese zwei Ströme, indem er sie verbindet; wird augenblicklich unsichtbar in der Lebens- wie in der Bildwelt dadurch. Im Unglück sein heißt unerkannt sein, weil ohne Maßstab, also ein Original, eine Marke, einer, von dem man nur falsch denken kann.

Die Wut, die jeder erregt, der inkompetent übers Unglück schreibt – woher? Wir haben geglaubt, unser kleines Unglück einem größeren anhängen zu können, wir haben auf Größe und Unglück vertraut – und finden nur einen koketten Schmunzler oder eine schöne Konfuse. Wir wollten, ein fremdes Unglück vor Augen, übers eigene lachen können, doch die Fremden tun vertraut und lachen uns frech ins Gesicht.

*

Wer vom Unglück schreiben will, der sieht sich bald in folgender Bedrängnis: Das richtig erfaßte, wesentliche, also beschreibenswürdige Unglück ist etwas, das man verbirgt; es kann sein Wesen nur da entfalten, wo niemand anders von ihm weiß. Die Vorstellung, unter den Respektierlichen der Welt mit einem Unglück angetroffen zu werden, muß durchweg unbehaglich sein. Die Respektabilität des wortgewordenen Unglücks jedoch besteht in seiner Professionalität, das heißt darin, daß jemand abgesandt oder abgestellt ist zum Unglück. Das solcherart unverborgene Unglück ist aber kein wesentliches, sondern höchstens eine Trübsal oder ein Problem, etwas, das sich aufhellen oder auflösen läßt. Wie also kann dem Unglück seine Konsistenz verbleiben? Durch ein Bündnis von Verheimlichung und Spontaneität. Indem man die gute Manier der Heimlichkeit des Unglücklichseins beibehält, sichert man dem Unglück seine Unschuld, sein Wachstum, seine Präsenz, damit auch seine Spontaneität; man wird glaubhaft vom Unglück sprechen können, auch wenn man nicht darin ist – man hütet es ja. Diese Anerkennung der Eigenzeit des Unglücks bedeutet die Spontaneität, in der man ihm jederzeit begegnen kann und muß, denn das seiner selbst mächtige Unglück trifft einen allzeit unvorbereitet. Ein spontaner, heimlicher Mensch, zu allem bereit, zu nichts mehr zu verpflichten, da dem Unglück restlos ergeben – und somit von allem Makel eines Unglücks frei, das er vor sich hertragen müßte. Das Schicksal erspare uns anderes Unglück …

*

Ich schreibe, was ich sehe. Mein Unglück sehe ich.

Ich sehe etwas Vollendetes und weiß, daß ich es nicht besingen kann. Ich suche ein vollendetes Unglück, das ich ihm zur Seite stellen kann.

Ich sehe diese Mutter, dieses leuchtende Kind. Das ist das Glück, das ich nicht besingen kann und das meiner Trübsal den Maßstab setzt.

Man hüllt sich ins Unglück wie in ein Schweigen.

Einen schlichten Stil schreiben, den Stil des Unglücks.

Eine Rechtfertigung fürs Zeigen seiner selbst ist: das Unglück bzw. das gewesene Unglück, als welches man sich sichtbar zu machen geruht.

Man hält sich an das, was einen nicht zwingt, sofort zurückzuschlagen, man hält sich an das, worauf man sich verlassen kann, weil es einen nicht sofort verläßt. Man hält sich ans Unglück.

Wir alle sehnen uns nach der tiefen Schwermut – von der wir Worte machen können, ohne obenauf bleiben zu müssen.

Alle Worte um anderes als den Kummer sind geprägte Münze und gehören uns nicht, nur den Kummer, der uns verstummen läßt, besitzen wir als lauteres Metall.

Die Rechtfertigung des Trivialen ist seine Unverborgenheit und die Rechtfertigung des Komplizierten seine Dezenz.

Das Unglück, von dem sich reden läßt, zieht aus dem Menschen aus und bildet seine eigene Geschichte, es macht von sich reden, arbeitet sich vor und umarmt am Ende den Menschen, den sprachlosen.
Das Unglück, das wortlose, will zum Reden verleiten von dem, was kein Unglück zum Sprechen bringen könnte; später, im Unglück, zum Trost, muß man auf dieses Unbesprochene kommen können, aus dem vielleicht das Unglück kommt.

Was ich verschweige, ist mir längst teurer geworden als alles andere. Was ich verschweige, ist, was ich nicht mehr sagen muß. Was ich nicht mehr sagen muß, gehört mir ganz allein.

Modrige Verhältnisse können nur von unschuldigen Seelen repräsentiert werden. Aber auch das Umgekehrte gilt. Vorliebe komplizierter Selbstausleger für die Simplizität von Diktaturen.

›Mätzchen‹, ›Firlefanz‹, ›Hokuspokus‹ – wer könnte so von den Machenschaften seiner Mitwelt reden? Der Unglückliche, der sein Unglück zu *studieren* beginnt.

Wer seine Sache aufs Unglück gestellt hat, der muß vor allem den Glauben aufgeben, irgendwann entdeckt zu werden. Genauer: Er muß an seine Entdeckung, Erhebung, Erlösung glauben, ohne noch einen Gedanken dran zu verschwenden.

Das eigene Verschwinden ist bedeutungslos. Aber wenn man Aufzeichnungen macht, Tagebuch führt, dann erhebt einen die Vorstellung, man werde etwas mitreißen in die Bedeutungslosigkeit, weil man ihm Bedeutung gab.

Jeder hat das Zeug zum Unglück. Das ist überhaupt die geschichtsbewegende oder geschichtserzeugende Kraft des Unglücks, daß es sich überallhin verteilt, daß es gleichmacht. So führt es eine neue Ungleichheit ein, nämlich die Aufgelegtheit, von ihm zu sprechen. Je allgemeiner das Unglück, desto persönlicher die Schreie. Ist das Unglück wirklich für die Lautstärken verantwortlich? Immerhin hat es alles besetzt, wovon sich schweigen läßt. Wer nicht des Unglücks sein will, kann nichts als schreien.

Aus der falschen Fülle befreit das Unglück durch eine radikale Vereinfachung aller Verhältnisse. Man könnte auch von einer Nivellierung sprechen, denn

der nächste Effekt der Vereinfachung ist, daß dem Unglücklichen alles in gleicher Nähe und Ferne erscheint. Die Verhältnisse ordnen sich, indem sie in ihre eigenen, des Unglücks nicht achtenden Ordnungen zurückkehren. Ebenso gleichgültig ist auch das Unglück selbst um alle Ordnung, der es darum ihr Eigenrecht lassen kann. Das gewählte und ergriffene Unglück ist von der Art des Bewußtseins: die Indifferenz aller Ordnungen erscheint als das Unglück des Unglücklichen, dessen Ordnung wiederum die Indifferenz all dessen macht, was nicht des Unglücks ist. Übrigens gedeihen solche Einsichten am besten im Herbst, in geheizten Zimmern.
Wenn man nun, von der Neuordnung der Welt ermutigt und erwärmt, vom Unglück denken und schreiben will, sieht man sich derselben Schwierigkeit ausgesetzt, aus der das bewußtgewordene Unglück befreite. Das Unglück in seiner Menge und Zerstreutheit ist gleichgültig um alle Versuche, es zu ordnen und zu deuten, wer vom Unglück Gestalt verlangt, kann dafür jedenfalls nicht im Unglück den Grund finden. So bliebe nur, die Fülle des Unglücks zu verraten an eine fremde Ordnung und für sie, dieser Verrat würde unglücklich machen jenseits der Souveränität des unbeschriebenen Unglücklichseins, wer vom Unglück schreibt und denkt, wird unglücklich, ohne noch die Mitte seines Unglücks bewohnen zu können. Alles Reden vom Unglück hängt also am rechten Moment, einer Indifferenz des Unglücks gegen sich selbst, die es aushöhlt wie sonst nur ein Glück.

Es schreibt sich leichter vom Unglück. Vor allem an den Philosophen, die sich ans Glück gewagt haben, fällt eine gewisse Umständlichkeit auf. Ein Glücksgefühl, das sich beschreiben ließe, wäre ein Widerspruch in sich. So blieb für die Philosophen nur das Glück als *Ziel* von Streben, Planen, Machen usw., als *Gegenstand* von Methode und Theorie. Das Glück der Philosophen ist eine Vorstellung, die mit Leben, Sein, Wirklichkeit zu erfüllen ist, ein Vorab-Gefühl, kurz: eine Unmöglichkeit. Daher die Länge ihrer Deduktionen, woraus sich das Glück errichte und wie weit man noch von ihm entfernt sei. Hingegen findet sich der Unglückliche *immer schon* – um einmal recht philosophisch zu sprechen – mitten in seinem Gegenstand. Man fühlt sich nicht unglücklicher, wenn man die Vorarbeiten zum Unglück kennt, man weiß aber auch nicht mehr vom Unglück, wenn man sich besonders unglücklich fühlt. Das gewußte und gefühlte Unglück verändert sich nicht, wenn man davon schreibt – was nicht heißt, daß es einen unverändert bewohnt dabei. Es wandert nämlich unterdes, zum Beispiel aufs Papier oder in den Papierkorb. Das Unglück in seiner unmittelbaren Gewißheit verträgt im Schriftlichen eigentlich nur die Sentenz, den Aphorismus. Als literarisches Vehikel der Verstörtheit belassen beide jedem unglücklichen Moment seine Autarkie, indem sie keinen Zusammenhang herzustellen suchen und ihn eben dadurch herstellen – als eine Kette unvergleichlicher Trübsalsqualitäten. Diese Kette ist von der Wirklichkeit epikureischen Glücks kaum zu unterscheiden. Die Reihe, das Leben der lustvollen Augenblicke ergibt ein Glück darin, daß das Unglück jedes einzelnen davon nicht über sich hinausreicht, alle Vergangenheit und Zukunft somit unangetastet bleibt. So bleibt die Gegenwart unfühlbar – reines Glück. Das hat den Haß aller Systematiker und Geschichtenerzähler des Glücks heraufbeschworen. Man höre einen Kirchenvater oder Frankfurter Theoretiker über jene Unglücklichen, die sich nicht dazu herablassen wollten, ihr Unglück *offenzulegen*!

*

Am liebsten würde ich für eine Mittelklasse, für irgendeine Bürgerwelt schreiben – die weiß, was sie an ihrem Unglück hat, weil sie mehr hat als ihr Unglück.

Was das Unglück und die Poesie so dicht zusammenrückt, ist der Ruf des Lächerlichen, der ihnen vorausgeht.

Ich rede hier vom Trübsinn, nicht vom Sinn oder Sein oder dessen Widersinn. Redensarten widerlegt man nicht.

Das Gelungene, Strahlende? Wenn es nichts ist als das, geht es mich nichts an, will es aber zu mir sprechen, muß ich sofort ein ungleich beredteres Elend präsentieren.

Wenn es niemanden beleidigen würde, dann nähme ich mir ein riesiges Zimmer, bliebe darin allein und heftete in Ordnern ab, was einginge.

Warum bin ich unglücklich? Weil ich von genau dem rede, der ich bin.

*

Wovon man spricht, ist das ganz kleine oder das allergrößte Unglück. Das eine ist im Sprechen sogleich verschwunden, das andere durch kein Wort anzutasten. In dem einen Fall verbirgt sich das Unglück der Sprache, indem sie das Unglück zeigt, in dem anderen macht man sich nur unglücklich, wo man von dem Unantastbaren, von dem, was ist, sprechen will. Diese Formen des Unglücks sind uns geläufig, das Unglück des Tages und das Unglück der Geburt, des Daseins. Aber es gibt noch ein Unglück dazwischen, zu dem die Unentschiedenheit gehört, ob es zu besprechen oder zu erleiden sei. Dieses Unglück zeigt sich in unserer Gereiztheit, in einer Art andauernder Wut wie in der Lächerlichkeit, und es ist unkurierbar, weil es auf einen einzigen Anlaß zurückgeht. Man wurde beleidigt, betrogen, verletzt, durch ein böses Wort, durch unverdiente Zuneigung oder die Geburt, dieser Anlaß des Unglücks hat sich verzogen, und eben darum dauert es: in diesem mittleren Unglück hat man es nicht mit einem Problem oder einer Störung zu tun, sondern mit etwas wie dem eigenen Charakter, den man sehen lassen muß, aber nicht direkt zeigen kann. Er geht, wenn er zum Unglück taugen soll, auf Anlässe wie die genannten zurück, und der Unglückliche begreift, daß er sich in sie verbeißen muß, weil er sonst nichts hat: nichts zu sagen und nichts zu sein. Er wird gereizt und wirkt lächerlich oder fühlt sich lächerlich und wirkt gereizt. Dieser unveranlaßt wirkende Zustand erinnert an die symbolischen Ordnungen jenseits des Seins und des Sagbaren, und tatsächlich hat jede Kultur ihre Ordnungen fürs Unglück. Das aber kann uns, im Unglück, nicht interessieren, wir reden von der Erfahrung des Unglücks, diese besteht in einer Beschwerde, für die wir niemanden finden, vor dem sie zu führen wäre. Es handelt sich um ein konkretes, verwelkliches Unglück, das dennoch fordert, daß man sich in es verbeißt – Symbol nur darin, daß am vergänglichen Anlaß das dauernde Gebrechen offenbar werde.

Aber das Unglück erfährt man auch nicht als sich selbst erleuchtendes Urphänomen, sondern als ein endloses Hin- und Herkeuchen zwischen Vergangenheit und Gegenwart, zwischen Schmerz und Sprache, Empfindung und Verbissenheit. Dieses Unglück ist kein Leiden, das ausbricht, keine Beule, die sich jemand öffnete, es erinnert am ehesten an die Symptome der Eifersucht und den Status des Gehörnten: Leidensformen, die sich nicht als Empfindung und Erkenntnis, sondern als Konfession und Lächerlichkeit kundtun. Vielleicht ist Charakterwerdung das überhaupt: im zufälligen Unglück sein, entdecken, daß man betrogen wurde – insistieren, daß man betrogen werden kann.

Teil 1: Auf der Suche nach dem Unglück

Das Grauen vorm Glück

Das Gesicht eines glücklichen Menschen flößt uns ein leises Grauen ein. Wir spüren: hier ist etwas, das wir besser nicht sehen sollten. Eine Starre befällt unsere eigenen Gesichter, wenn wir gar jemanden *von seinem Glück reden* hören. In all diesen Unbehaglichkeiten mischen sich Scham und Entsetzen. Wir spüren: Jemand ist bloßgelegt oder hat sich gezeigt mit etwas, das doch niemand sein eigen nennen kann. Das Glücklichsein, wie wohl alles Sein, ist von einer Glätte und Härte, an der ein Bewußtsein nur äußerst unglücklich kleben kann. Dieses Kleben und Klammern ist aber das einzige, was ein Mensch aus eigener Kraft seinem Glück anfügen kann. Und da *wir* des Glücks nicht habhaft werden, sowenig wie übrigens der Glückliche selbst, verstört uns sein Kriechen und Rutschen auf diesem fühllosen Massiv. Wenn wir Routine haben im Umgang mit den Glücklichen, wird uns ihre Rede oder ihr Gesicht nur ärgern. Wenn wir aber unversehens einem in die Quere kommen, drohen wir zu stolpern und sinnen auf Finten und Ausflüchte. Als laut- und lichtscheues Gesindel bezeugen wir Unglücklichen unsere Vertrautheit mit dem Phänomen des Glücks. Erfahrung, Erziehung, angeborenes Zartgefühl oder gepflegte Angst halten uns beim Unglück. Wenn wir nicht gerade mit seiner Größe prahlen, können wir von ihm reden zu jeder Zeit; wenn wir uns ihm nicht gerade gleichgemacht haben, wird unser Anblick niemanden erschrecken. Das Unglück bildet die Person und es macht gesellschaftsfähig, mit unserem Wissen davon sind wir überall gern gesehen. Das Glück vereinzelt und beleidigt durch seine Vertrauensseligkeit. Niemand kann es wollen.

Notwendigkeit des Unglücks, Beliebigkeit des Glücks

Was strenger gestimmten Geistern gleichfalls das Glück verleiden kann, ist sein offensichtlicher Mangel an Notwendigkeit. Gewiß, das Grinsen des glücklichen Menschen scheint oft das Siegel gerechtfertigten Seins. Der Unglückliche lächelt gequält, wie einer, der es nötig hat. Warum aber hat er es nötig? Weil es nötig ist, glücklich zu sein. Das Glück als letzte Notwendigkeit sollte nun, wie man denken könnte, über allen Nöten stehen. Doch kann es ihnen eben deshalb keine Ordnung verleihen. Das Glück soll frageloser Zustand sein, mit sich selbst im reinen, ohne Vor- und Hintergedanken, ohne Vorsicht und Nachdenken. Es soll, wie man so schön und klassisch sagt, sein eigenes Maß sein. Unterscheidet es sich da noch vom maßlosen Unglück? Dem Glück muß alles dienen, man muß Worte machen darum, Rede und Gegenrede führen. Begänne das Glück von sich zu sprechen, würde es sofort seine Dummheit oder seine Brüchigkeit offenbaren. Augenscheinlich läßt sich vom Glück her gar nichts über es sagen. Jedes Wort, das von ihm kommt, wirkt unglaublich oder versucherisch. Das Glück ist stumm, sein Jauchzen hat nicht den Logos; es verliert sich in den Worten, es ist ein bemessener Zustand.

Die Maßlosigkeit des Unglücks beweist sich in der Klage, die als reiner Ausdruck ihr Ausgedrücktes unbeschadet läßt. Wer weint, klagt, flucht, der erweist sein Wort als adäquat, er ist ganz bei der Sache. Je lauter er wird, desto ernsthafter ist er dabei – im geraden Gegensatz zum Glück, das am lautesten nurmehr als Chimäre spricht, als Knalleffekt verraucht. Das Glück als Zustand und Zufallendes ist kontingent, beliebig, dahergelaufen, als Idol oder Postulat aber Zwang ohne alle Notwendigkeit. So erlebt bzw. erinnert man das Glück also entweder gar nicht oder nur als aufgedrängten Anspruch, für es zu sein. Man sieht nun leicht, wie hier das Unglück alle Notwendigkeit auf seiner Seite hat. Man wird zu ihm hingelenkt in vollem Zusammenklang von Wille und Geschick.

Das Unglück erlaubt und erzwingt, es zu übernehmen, man leidet am Unglück, weil man sich in voller Freiheit ihm zugewandt hat. Wer wäre schon unfreiwillig ›im Unglück‹, sprich: in ein kleines Mißgeschick geraten, und nicht wieder daraus hervorgekommen?! Schon diese wenigen Überlegungen heben das Unglück von der Beliebigkeit des Glücks ab, dem sich, als einer seltenen, aber feilen Gelegenheit, niemand versagt. Nun aber erst die Treue und Wortlosigkeit, mit der man sein Unglück festhält, das sprichwörtliche ›stille Unglück‹! Mag einer in dieser Hörigkeit auch noch so viel Daseinsstoff verbrauchen, in all dieser Verschwendung bleibt unverkennbar der Stil der Schlichtheit.

Der Unglückliche, der zutiefst ins Unglück hinein Verlebte, hat immer schon seinen Stil, dagegen steht der Mangel an ästhetischer Notwendigkeit beim Glücklichen … diesem Neureichen des Schicksals. Er lacht Freudentränen, gewiß, aber in seinem Lachen steckt er das Sein nicht an, er bleibt blind in seinen geräuschvollen Auftritten mitten in der kosmischen oder menschlichen Nacht. Die Träne des Unglücklichen bringt stets ontologischen Aufschluß, denn sie zeigt dem Weinenden, wie er dran ist an der Welt, seine Träne trübt oder vergrößert ihm die Sicht, sie erspart ihm den nutzlosen, unveränderten Blick auf die Welt, die ihn hervorgebracht hat.

Die Verirrung des Glücklichen

Wenn uns jemand erklärt, daß er bevorzugt dem Glück nachstelle, daß er nichts wolle als glücklich sein, dann zweifeln wir zunächst an seinem Verstand. Es ist, als hätte jemand erklärt, er wolle ein Dreieck sein oder wie Sonnenlicht. Die Trostlosigkeit solcher Verirrung hat aber zugleich etwas Erhabenes und deutet darauf, daß ihr Verkünder unmöglich ihr Urheber sein kann. Derlei Verirrung trägt kein Mensch allein, und wir werden unweigerlich auf die Kultur gelenkt, in der Stehen und Gehen sich Verirren meint. Weit entfernt, in ihrem Glücksgebot eine bloß millionenfache Privat-Verirrung zu erblicken, weht uns aus ihrer Glücksverfallenheit etwas wie Tragik an, ähnlich wie bei Menschen, die nichts anderes haben als ihr Unglück. Durch alles Gewimmel sehen wir: Alle Wege des Glücks führen zurück ins Unglück.

Kein Zweifel, daß in der Ernsthaftigkeit des Glücksverfolgs der Grund für seine Erbärmlichkeit liegt. Jedoch: Ernsthaftigkeit – Verbohrtheit – Gemütstrübung – Trübsinnigkeit – Elendigkeit – Elendswissen – Größe. Glückswürdigkeit.

Was immer uns auch vom Glück erzählt wird, dem nachzustellen sei – seine Verheißungen nehmen sich ärmlich aus neben einer gewissen Vorstellung von Fülle und Überfluß. Sie hält sich hartnäckig und wagt doch keinen Einspruch gegen das zu stellende und endlich gestellte Glück, denn es ist der Reichtum des Unglücks, der das Glück, stets im Begriff der Perfektion, arm aussehen läßt. Das Unglück hat nämlich etwas von Verschwendung, von Überfließen, wo es einmal in einer Person kocht, das Pech ist nur sein schwaches Abbild; das Unglück überkommt sein Opfer von innen heraus, macht sich diesem unbeherrschbar und zeigt sich darin allerdings auch seiner selbst nicht mächtig; eine merkwürdige Entzündung oder Aufwallung an etwas Verderblichem, was im Menschen ist. Niemals kann sich dieser darum vom Unglück besudelt fühlen wie vom unverdienten Glück, die Tränen sind der beste Ausdruck einer Substanz, die ihm nicht äußerlich wird dadurch, daß sie aus ihm fließt. Das Unglück ist – im Unterschied zur Glätte und Personerfülltheit des Glücks – der Mehrwert des Menschen, sein so ganz unzivilisierbarer Expansionismus; glückliche Bestien sind vorstellbar, unglückliche nicht.

Die Vulgarität des Glücks

Das Glück ist unübersehbar langweilig, uninspirierend, vulgär. Es ist nichts, das man mit gutem Gewissen zeigen könnte, es ist schlicht *uninteressant*. Wer sich glücklich glaubt und dennoch an sich Anteil nimmt, der wirkt *lächerlich*: In solchen Eindrücken und Urteilen sind wir alle Romantiker. Wir wissen oder ahnen, daß wir uns nur im Unglück vor uns sehen lassen können. Als Unglückliche haben wir u. U. ein klares Bewußtsein unseres Zustandes wie auch davon, daß wir Anteilnahme erwecken können. Das ist im Glück anders: entweder wir sind es oder wir zeigen es. Das Schauspiel des Unglücks kann uninteressant werden, aber niemals vulgär. Wer sich müht, für sein Unglück zu interessieren, hat doch die erste und sogleich höchste Stufe interesseweckender Verkorkstheit schon erklommen: er ist nicht mehr ganz beieinander. Ein Philosoph sprach vom Unglück als einem Bewußtsein, das seine Substanz außerhalb seiner glaube und vergeblich suche. Allerdings gilt es auch als Merkmal des Glücks, außer sich zu sein. Doch ergeben die glücklichen Aussetzer des Bewußtseins keine Reihe, die Perlen der Entzückung hängen an keinem Faden.
Hingegen bedeutet, sich im Unglück zu sehen, sich schon stets darin zu vermeinen. In dem Urlaub vom Bewußtsein jedoch liegt die Möglichkeit, daß das Glück vulgär werde. Die glücklichen Momente oder vielleicht auch nur der Moment, der Zustand des Glücks sind absolut glaubwürdig, bedürfen nicht der Überzeugung bzw. der Darstellung wie das Unglücklichsein. Als verstreute Absoluta wecken sie aber leicht den Wunsch, sie zu sammeln. Es gibt keine Unglückserwartung (das wäre außerhalb des Bewußtseins und seiner Seinsbedürftigkeit), gewiß aber eine Glückserwartung. Sie ist aus und im Unglück geschult, an seinen Kohärenzen und in seiner Luzidität. So klar und selbstversichert möchte man aus seiner glücklosen Gegenwart in eine glücklichere gelangen. Man sieht unschwer, wie dies zur Vulgarität des Glücks beiträgt. Es ist der höchste Aufwand der Verständigkeit, der Planung, der gerechtfertigt wäre nur zum Ziel, den Verstand zu verlieren. Gerade das nun will man nicht. Die Glücksvulgarität ist hellstes Tagesbewußtsein, das sich ›einen schönen Abend machen‹ will. Die Ernsthaftigkeit, mit der man hier zum Abend schreitet, ist die Ernsthaftigkeit des Tagewerks. Soll dieses nicht überhaupt nur dem Glück dienen?
Die Vorbereitung zum Glück gleicht jener Ferienfahrt, die aus lauter Nicht-Gegenwarten besteht, aus lauter Präparationen zukünftiger Vergangenheit – Urlaubsbildern. Die Nachstellungen, die dem Glück gelten, gelten seiner

Gewißheit. Die hätte man nachher ebenso wie vorher. In der Welt der Vulgarität, des gemachten Glücks, senkt sich nicht Nacht über den Tag. Die Nächte sind zwischen die Tage eingeschoben, sie sehen morgens nicht anders aus als abends, die Verdunkelung ist vollständig.

Auf der Suche nach dem Unglück

Wer von uns Daheimgebliebenen, Glücksgebeutelten, Pflichtschuldigen kennt nicht die gewesene Freude, es den anderen *an nichts* fehlen zu lassen, selbst im Nächstendienst des Dreinschlagens und Hinhaltens freundlich zu bleiben, sein Lächeln zu verkleckern wie der Himmel das Unglück über den Völkern – und auf der Stelle *mit nichts* zufrieden zu sein?

Befreit von denen, die dich unglücklich machten, kannst du den Wunsch nicht abwehren, dich unglücklich zu machen. Verlassen von denen, die deine Vernichtung planten, überdenkst du die Selbstvernichtung. Du gleichst dem Flüchtling, der, obgleich von allen Verfolgern verlassen, an den Rand seines Exillands geriet und sich ins Meer stürzen möchte.

Wer einmal das Glück bzw. die wahre Verzweiflung gekostet hat, den wird jedes konkrete Übel nur langweilen bzw. ungeduldig machen; daher die Gereiztheit in allen größeren Städten.

Der Vollgenuß der Verzweiflung, des puren Unglücks, kann bei Trübung durch ein konkretes Übel bis zu Trauer führen. Die fast stets mißverstandene *Weinerlichkeit* der Verzweifelten …

Die Liebe im Dreieck mit Not und Überdruß: ein pathetische Langeweile, ein kopfstehender Schmerz.

Aus lauter Glückssucht bist du in dein Zimmer zurückgekehrt bzw. hast es nie verlassen.

Die Glücklichen dürfen sich alles erlauben, und im Unglück ist alles erlaubt.

Was von den Glücklichen ausgeht, ist Glück so gut wie Unglück; Glück und Unglück ist, was im Unglücklichen einging.

Aus dem Glück folgert nichts. Daher die zwanghaften Schlüsse auf eine Zeit nach dem Unglück.

Es war die Unübersichtlichkeit der kredittechnisch gebauten Welt, die zur Besinnung aufs Glücklichsein zwang wie auf ein Wesentliches. Glück verspricht eine Vereinfachung, ungeachtet aller Erfahrung mit den Komplikationen aus dem Glückswunsch. Im Zeichen des Glücks ist die Welt tatsächlich vereinfacht worden. In der Einfalt dieser Vereinfachungen ist aber nicht das Glück erfaßt, sondern nur die Vielzahl seiner Versprechungen. Man kann sich kein Glück mehr vorstellen, das nicht versprochen wäre. Deshalb besinnt man sich aufs Unglück wie auf ein Wesentliches.

Man sucht das Unglück, damit es einem nicht begegnet. Das Glück kennt man. Von ihm zu sprechen ist schwer. Gäbe es eine Ontologie des Glücks, dann würde sie nach ein paar Sätzen ins Stocken geraten, denn das Glück ist Tautologie, Anwesenheit bei sich selbst oder seinesgleichen. Es schließt fast alles aus, ist darum dicht umgeben vom Unglück. 40 Seiten ›Das Glück‹, 700 Jahre ›Vom Unglück‹.

Mit seinem Unglück einverstanden zu sein, das ist die Spitze des neuzeitlichen Hochmuts, die ihm abbrach: man will nicht nur sein Glück machen, sondern auch sein Unglück gemacht haben, man will gemacht haben, was sich nicht machen läßt, sondern was einem angetan wird. Der Unglückliche ist der Untragbare, die abgebrochene Spitze der Modernität, beschwert mit dem, was sie aufzuspießen meinte.

Das Interesse am Unglück

Was das Unglück vielleicht noch über die Verzweiflung erhebt, ist seine Freiheit von fremden Zusätzen wie den Erinnerungsstücken der Absichtlichkeit: nicht auf dem Wege der Anschauung, nicht auf dem Wege des Zweifels geriet man ins Unglück, dieses Ende aller Wege. Die Vollständigkeit, mit der das Unglück überwältigt und zur Zustimmung zwingt, eine Welt von Gnaden des Unglücklichen sozusagen – war sie nicht der Traum aller wahnsinnig gewordenen Uhrmacher des Bewußtseins von Genf bis Göttingen?

Die Zerstörten und die Vollendeten langweilen gleichermaßen. Kurz: der Ausschuß und die Werkbank langweilt. Interesse erwecken jene, die Glück in ihrer Zerstörung empfinden, deren Unglück in gelingendem Handwerk besteht.

Zu meinen, jemandes Unglück sei *interessant*, heißt ihn frei von Neid zu betrachten, heißt zu meinen, er habe sein Unglück verdient. Denn wie sollte Interesse erwecken, wer sein Unglück nicht verdiente – weil er es nicht suchte?

Der Sog des Unglücks

Aufs Unglück führen Glücksbeflissenheit und Rechtfertigungsnot gleichermaßen. Wer nach dem höchsten Ziel fragt oder nach dem letzten Grund, der gerät auf das Unglück. Wer darin badet, genießt die Essenz der beiden Abendlandsaufschäume – Eudämonismus und Gnadentheologie – gewissermaßen ohne Zusatz: Wer sich im Unglück badet, hat die Geschichte auf seiner Seite, er muß ihr nicht mehr ins Gesicht schauen. Geschichte aus Glücksverfolg: das Glück errichtet eine Reihe von Zwecken, die anderen dienstbar sein können als Mittel, jedes Glück kann einem anderen dienen. Wer weiß, was ein Glück ist, der sieht auch, wozu es gut sein kann, der Platz des letzten, unmittelbaren, zweckfreien Glücks gebührt darum dem Unglück. In ihm findet sich schon vor, wer diese ganze Geschichte mittelbarer Seligkeiten hinter sich hat und auf ihren Grund gehen will, um sich eine zu verdienen; verdienstlose Seligkeit ist ebenso – Unglück. Sie ist dem Religiösen das Erste – Unverdienst, Gnade, göttlicher Vorschuß –, wie zuvor dem Heiden das Letzte. Jenseits von Christen- und Heidentum ist das Unglück unmittelbare Gegenwart, es zeigt sich hier in seiner großen Selbstverständlichkeit. Ziel und Grund müssen einem, der nicht mehr recht wollen noch glauben kann, unmittelbar zugänglich sein, dies ist und wäre jederzeit das Unglück. Seines Unglücks vergewissern kann man sich aber nicht, ohne es dabei irgendwie zu verfälschen, zu beengen, zu zerstückeln, als die Prise Salz im Sud der Beglückung. Wo findet der Moderne das Unglück, das ihn trägt und (aus)füllt? Auf den Gesichtern von seinesgleichen. Das macht vielleicht seine historische Erinnerung: Glück soll ja sein, was in sich selbstverständlich ist und ruht, eine wahre Seligkeit! Da wird alles umher zum Ausweis des Unglücks. In sich weiß man das Glück, alles umher drückt das Unglück aus und einem entgegen.

Nachdenken übers Unglück

Wo ein Denkweg sein soll, muß mehr und anderes am Anfang liegen als eine Enttäuschung. Die dauernde, erneuerte Wut über die *Tröstungen* der Philosophen bringt das Denken übers Unglück auf den rechten Weg, die tägliche Wut über die Philosophen oder über das Unglück.

Die Stille des Unglücks

Will man nicht, wenn man sich von gewissen Erbärmlichkeiten des Glücks lösen konnte, in einen Jubel verfallen? Ist aber nicht das Unglück erhaben und berühmt seiner Stille wegen? Der stille Triumph aus dem Entschluß zum Unglücklichsein, aus dem Abschied vom Glücksdienst, ist merkwürdig wegen seines Melodiemangels, seiner Richtungslosigkeit. Man kehrt ins Unglück zurück wie in ein ewiges Geräusch, das man jetzt erst wahrnahm, man fühlt sich gar nicht aufgelegt zu den zweistimmigen Schreien, wie sie der Freude, der Verzweiflung entfahren. Man stimmt sich mit ein, in etwas, dessen Unaufhörlichkeit man vertraut. Sie ist die Gewähr für die Unverwendbarkeit, die Souveränität des Unglücks. Das Unglück ist souverän, weil unnütz, wertlos, eigensinnig, seiner muß und kann man nicht würdig werden wie des Glücks. Das Unglück fordert nicht den geschraubten, den gesteigerten Menschen. Fürs Unglück muß man nichts anbauen noch abwerben an sich. Man erwirbt sich im Unglück etwas, nicht aus sich selbst, sondern durch Einfügung ins Unerwerbbare. Das Unglücklichsein ist ideologiefern, anders als viele Affekte in der Nähe von Schmerz und Verzweiflung. Deren Erregungen produzieren Laute, die man nachher durchaus bei kaltschnäuzigen Fachleuten, bei Spezialisten für Sinn und Geräusch, bei Philosophen wiederfinden kann in Aufsatz und Vortrag. Diese Laute krönen Fluchtbewegungen – man schreit von seiner Würde, seinem Recht als Gefühls- und Geräuschwesen, weil man in die letzte Ecke des Ganges getrieben ist und Farbe bekennen muß; im Angesicht der Verfolger, die man sonst nur im Nacken spürte, produziert man den Verbalplunder der Metaphysik. Man hält sich, von allem Sein und Denken verlassen, an Worte, die einem sogleich zu Schreien werden. Das *Unglück* kommt aus ohne die Worte, daher auch seine Stille. Sein bestes Bild ist ein Bächlein, stetig und scheinbar richtungslos quellend, versickernd sogar hier und da und auf Zeiten, doch geborgen in einer tränenfeuchten Gegend.

Das sichere Unglück

Es gibt keinen Schwermütigen, der nicht mit seinem Unglück einverstanden wäre. Die Kirchenväter rochen diese Hoffart schon im kleinsten Trübsinn, bis hin zu der Verzweiflung, die sich Gott großzügig, mit all ihrem Elend ausliefern will. Tatsächlich ist das bejahte Unglück die einzige Möglichkeit, es der Gottheit gleichzusetzen, nämlich zu sein, was man will. Das Glück kann man nicht wollen (›zwingen‹), und von den üblichen Krankheiten unterscheidet man sich im Gesundungswunsch wie im Bewußtsein der anderen. Das wahre Unglück ist darum in sich geschlossen und ganz unkokett. Es findet weder im Innen- noch im Außenleben etwas, womit es auf sich aufmerksam machen könnte, es hat kein Material dazu. Alles findet es an sich selbst. Auf der Ebene des Wissens, der Zivilisation, der machbaren Welten repräsentiert der Schwermütige darum den natürlichen Menschen. In seinem Kummer ist er ein guter Wilder, der keinem was zuleide tut, der es nicht mal zu einem Schrei bringt, weil er eben sein Unglück nicht in den Griff bekommt. Sein vom Unglück beseelter Blick zeichnet ihn aus, als das Tier unter den Glücksautomaten. Deshalb ist der Schwermütige auch leicht zu lieben, er ist der Liebling aller Frauen. Ein treues Haustier, das alle Zeichen der Seele zeigt, ohne mit ihr in eine andere eindringen zu wollen, ein Körper, der nie die Funktion verweigert (die abnorme Virilität der Trübsinnigen!) und dennoch nicht seelenlos anmutet.

Wer sein Unglück gefunden hat, ist oft in Gefahr, es an den ersten besten Trostgrund zu verlieren; man versucht in der Regel, es ihm abzuschwatzen. Dem existenzgründenden Unglück wird irgendeine begründbare Veranlassung zugeschrieben, bzw. feierlicher und ungenauer: ein Grund. Den gelte es zu entdecken, auszufüllen und plattzuwalzen. Das Gefährliche für den Neuling im Unglück ist, daß ja auch sein eigenes Lamento sich auf solch einem benennbaren Anlaß errichtet – auch sein Unglück muß irgendwie vorzeigbar, also konkret und veranlaßt sein. Hier hängt alles davon ab, das Gezeigte richtig zu wenden, nämlich so, daß es den Zeigenden weder verdecke noch entblöße. Daraus folgert schon, daß der angemessene Umgang mit dem Unglück das Zwiegespräch ist, das alle Nachfragen und Vorzeigewünsche verstummen läßt. Ein Hin und Her von Entblößung und Verhüllung: von Nacktheit im freien Fragen, die das Unglück mit Vermutungen bedeckt, von schuldhafter (zum Beispiel tradierter) Vermummung der Seele, die sich vom entblößten Unglück ins Freie locken läßt, mit ihren abgerissenen Lumpen diese Obszönität zu verdunkeln. Die berühmtesten Unglücklichen, bekanntgeworden durch eine Indiskretion der Verhängnis gebenden Macht, waren solche Zwiegesprächler, zuerst im jammernden Für und Wider, dann im stillen Umgang neben dem täglich lärmenden Glück, ein Mensch zu sein.

Wohlmeinende versuchen einem das Unglück abzuschwatzen, das ist der gewöhnliche Fall in der Welt. Was sie vorzubringen haben, ist moralisch und intellektuell lückenlos und ohne Tadel: man soll aufmerksam sein, arbeiten, aufmerken auf eine Not. Der Aufmerksame fällt abends der Erschöpfung anheim, und wenn er Besseres zu finden meint, als erschöpft zu sein, nämlich einen Augenblick auf seine tägliche Arbeit aufzumerken und zu verzweifeln (sich zu langweilen, aufzuschreien), dann war er eben nicht ehrlich in seiner Erschöpfung, nicht vollständig erschöpft. All das steht und fällt mit der Unmöglichkeit, bereits in der Arbeit seine Aufmerksamkeit erschöpft zu haben, das heißt, sich zu langweilen. Wer aber diese Langeweile inmitten der Not und der Notabfuhr kennenlernte, der ist für die Langeweile des Glücks am Abend verloren; er wird sich in die Arme des Unglücks flüchten, das schon am Tage herrscht. Dieses Unglück besagt nichts anderes als die Freiheit, über seine Aufmerksamkeit zu verfügen, das Unglück ist darin großzügig wie nur das Schicksal. Der Unglückliche, dem nicht zu helfen ist, betrachtet darum Menschen und Dinge mit jener Aufmerksamkeit, die aus der Langeweile der Not und der Arbeit und des verdienten Glücks hinausführt; in seiner von Traurigkeiten überreichen Welt gibt es keine Zeitverschwendung. Alles kann ihm zum Anlaß werden, und nur ihm. Damit befreit das Unglück von der trost- und ausweglosen Dialektik, die zwischen dem Vergehen der Zeit und dem Entsetzen vor ihrem Vergangensein hin- und herwirft in trauriger Zweideutigkeit der ›Gegenwart‹. In der Tiefe des Unglücks, der erklärten Trauer ist alles gegenwärtig, worauf das dunkle Auge sich senkt, der Titel ›Gegenwart‹ ist hier ohne alle Mehrdeutigkeit. Jeder weiß, was ihm zugestoßen ist.

Es würde mir nicht einfallen, von der Heiligen Traurigkeit zu leiern. Das allerdings weiß ich, daß nichts in der Welt so leicht entgleitet wie das eigene Unglück – um einen dann fremd und mächtig zu überkommen. Niemand wage sich aus dem Haus, der nicht lernte, sein Unglück zu bewachen. Und wenn er es mit sich herumträgt, dann trage er es nicht in Mund oder Hand – er hüte es in seiner Seele! Wie schnell verliert nicht einer sein Unglück, der darin geistesgegenwärtig sein wollte. Die geistige Arbeit, die vom Unglück zehrt, die all ihr Recht einer Linderung des Unglücks verdanken will, macht die Seele vom Unglück leer, bis sie nur noch die Kinnbacken knirschen hört, zwischen denen sie die Trübsale zerfetzt hatte in Gerede und Gekau. Die körperliche Arbeit dagegen, die schaffen soll, was den Genuß des Unglücks erleichtern kann, versagt ihn sich dadurch selbst. Schwer von Erschöpfung liegen solche Arbeitenden unter ihrem Unglück begraben, das nichts von ihnen bemerkt; achtlos Zertretene. Das Unglück, dieses glückselige, stumpfe Vieh, darf man weder reiten noch anbeten, man muß es weiden, mit Bedacht päppeln, damit es einmal zur Seelennahrung tauge. Man darf kein Thema in ihm finden, wenn man von ihm zehren will, das Unglück bleibe unbestimmt wie eine weidende Herde, hie und da eines ihrer Mitglieder einbüßend.

Das gesicherte und erkannte Unglück hat nichts mit ›Selbsterkenntnis‹ zu tun, im Gegenteil. Nur wer im Glück ist, darf er selbst sein und weiter gar nichts. Das Unglück bindet uns fest an die Welt, den Kosmos, das Sein und dergleichen, es erlöst unser Erkennen davon, sich selbst persönlich zu nehmen statt seinen Anlaß.

Teil 2: Phänomenologie des Unglücks

I. GEWIßHEIT. DIESES UNGLÜCK

Die Entdeckung des Unglücks

Als ich das reine Unglück entdeckte, ließ ich alles stehen und liegen, ich verzichtete auf die betäubende Musik, auf alle Pilze und Gifte. Die Entdeckung, daß kein Trost genügt, ist vergleichbar der Entdeckung, daß man krank von Geburt oder grundlos glücklich oder vom Bösen übersehen oder unamerikanisch ist, sie überzieht das Gesicht mit einer allerfeinsten Membran, man wahrt sein Gesicht, seine Würde im entdeckten Unglück und atmet wie zuvor.

Die Ergreifung und Sicherung des Unglücks

Erniedrigt von käuflichem gleichwie kostenlosem Glück, greift man nach seinem Unglück wie an ein Herz. Dies ist die Stunde der Selbstbesinnung.

Selbstbesinnung, die diesen Namen verdient, führt auf Anonymes, Unbeirrbares, sie führt auf das Mißgeschick.

Wer sein Unglück gefunden hat, der wird nicht mehr neidisch sein auf das Unglück der anderen, der wird großherzig sein in seinen Vermutungen über fremdes Unglück, mehr noch: großherzig gegenüber fremden Vermutungen.

Die Heimführung und Verwertung des Unglücks

Wie alle Menschen in der neuen Zeit, der nicht mehr abreißenden Gegenwart, bin ich von der Idee endloser Verwertung einmaliger Einfuhr, begrenzten Besitzes, abgezählten Reichtums besessen. Was grobe Gemüter dem Kapital zuschreiben und feinere Geister der ›Universalisierung‹, ›Formalisierung‹, ›Modernisierung‹ usw., das entdecke ich in der Gewißheit des Unglücks. Auf ihm kann ich sitzenbleiben und endlos Worte machen, es ist die Ware, die mir keiner abnehmen will und die dennoch nicht verdirbt. Die offene Zukunft, von der alles Kreditwesen frech lügen muß – sie ist dem Entdecker, Besitzer und Verwerter des Unglücks fraglose Gewißheit, wo er alles umher vor sich fliehen sieht … eine Lichtung tut sich da auf, an die kein Dunkel mehr stößt. Erleuchtet vom Unglück, bin ich in meinem Dunkel geblieben, ein Heimarbeiter des Mißgeschicks, der unerbetenen Zuteilung.

Mein Unglück

Worin mein Unglück besteht? Wenn man mich nach meinem Bestehen fragt, weiß ich es, wenn ich im Unglück bin, weiß man es.

Ich bin im Unglück, nicht in Not. Ich vertraue den Nöten nicht. Ich weiß, daß keine so lange vorhielte, als daß sie nicht wieder Sehnsucht erweckte nach dem reinen Unglück. Ich hasse die Romantizismen, die Sehnsüchte der Notlosen.

Ich habe immer was zu tun. Fehlt es mir zum Beispiel an Sammlung, um über das Unglück nachzudenken, dann tue ich was für mein Fortkommen.

Mein einziges vorzeigbares Talent ist das Erkennen von Scharlatanen, dazu die Kunst und der Wunsch, sie mit meinem Respekt vor ihrer Verstellung und mit meiner Enthüllung zu beglücken und zu bedecken; mein Unglück ist, daß die Scharlatane nackt gehen wollen vor mir.

Was ich will? Im Zimmer bleiben oder auf Freiflächen gehen, etwa diese Müllplätze und Baustellen vor meinem Haus. Was ich nicht will? Auf umzäunten Flächen leben mit tausend Mitgefangenen oder in fremde Zimmer gehen.

Ich gratuliere mir zu meiner Spätreife. Eines Morgens erwachen mit einem Schatz fast unverbrauchten Unglücks und sich sagen, daß es einen überleben wird – daß es noch für Nachkommen reicht … Ein Elend zum Heldenzeugen.

Meine Berufung zum Unglück erkannte ich daran, daß ich keine Worte machen mußte für es – daß es sich vielmehr in allen meinen Worten vertreten fand. So kann ich guten Gewissens vom Unglück reden oder schweigen.

Meine Bedarfslosigkeit gerät mir unter jedem Regime zu neuen Schrecken: ich sehe, was ich in Anspruch nahm und nicht haben will und trotzdem behalte.

Ich bleibe zu Hause (ein für allemal), ich bin es müde, mich überallhin mitzunehmen.

Ich gehöre nicht zu den Theoretikern noch zu den Praktikern, tauge nicht zum Intellektuellen noch zum Handarbeiter, weiß nichts und kann nichts. Ich begreife alles Produzierte nur durch den Trübsinn.

Ich bin weder dumm noch intelligent genug, um das Unglück zu übersehen oder kleinzureden; mein *common sense* erlaubt nicht, dem Unglück aus dem Weg zu gehen, der jedermann gehört.

Wenn man ahnte, wie mich die Existenz langweilt, hätte man mich gewiß schon totgeschlagen. Allerdings leide ich auch an dieser Langeweile, und das könnte die Schläger zur Milde gestimmt haben.

Das Unglückserlebnis

Unvergleichlicher Moment, da die Unglücksempfindung ins Unglückserlebnis übergeht – da du aus dem Erleidenden eines unerreichbaren Glücks zum Sachwalter seiner Abwesenheit, zum Funktionär des Unglücks wirst! Eine prinzipiell unmerkliche Reinigung deines Bewußtseins liegt dieser Wendung zugrunde. Kein Stäubchen Glückserinnerung ist mehr darin. Frei und leer verläßt du das Bad, betrittst du den Tag. Außer einem Unglück kann dir nichts geschehen. Weil kein Glück mehr in dir fault, kannst du den reinen Geruch des Unglücks schnuppern – es riecht nach nichts, wie alles Selbstverständliche. Und du beginnst, inzwischen am Schreibtisch, das Unglück zu erleben, das andere nur empfinden, du wirst zum unbeauftragten Stellvertreter unempfundener Leiden, du bist in deinen vier Wänden mitten im Gewimmel der Menschentrübsal. Und du erlebst, wie das Unglück auf dich aufmerksam wird, wie es sich, vor deiner Geräumigkeit und reinen Leere, zunächst ziert, wie es zögert, in dich einzufallen, wie es hierhin und dorthin springt und sich endlich, in einem schläfrigen Moment deines Behagens, in dein Herz bohrt.

II. DIE WAHRNEHMUNG DES UNGLÜCKS

Das Erscheinen des Unglücks

Das aufgehende Unheil beleuchtet die Gesichter unserer Mitwelt, ja, verhilft ihr erst zum Gesicht, das mittäglich aufgegangene Unheil überstrahlt alles Antlitz und hat es verbrannt, wie wir abends finden.

Der Anblick des Unglücks, das man sich verboten hat, macht sentimental, das Vergangensein des Unglücks macht sentimental.

Unter den Rollen des Gefühls ist Verkanntsein keine für den Unglücklichen. Der Überdruß, die Verbitterung und das säuerliche Lächeln der Vergnügtheit sind die Folklore unseres Unglücks. Sie ist so ursprünglich wie die Nationaltracht irgendeines Volkes sonst.

Das Unglück hat weniger den Charakter einer Evidenz denn einer Referenz; man weiß nicht, ob man von ihm ausgehen kann, doch man sieht, daß alles auf es zurückführt.

Das Unglück ist das, was sich an ihm selbst zeigt. Oder an sich selbst?

Das Unglück des Erscheinens

Das Triviale am Elend ist das Authentische, darum drängt es ans Licht.

Das echte Unglück kennt keinen Grund. Man war schon immer darin. Deshalb muß es sich auch nur gelegentlich melden, zum Beispiel jetzt.

Die Selbstgenügsamkeit des Unglücks, das auf sein Opfer warten kann. An ihm ist ein Glanz, der nach keiner Seite hin abnimmt. Diese Oberfläche des Unglücks ist allzugänglich und doch nicht wohlfeil, das Unglück zeigt alles, ohne sich zu geben, es bleibt dem Menschen erhalten wie ein philosophisches Problem oder eine zerstörte Landschaft.

Die Unglücksempfindung

Zur Tiefe des Unglücks, zu seiner *Empfindung* gehört zweifellos etwas Unerledigtsein, man kann das Zeitmangel oder Müdigkeit nennen. So ist das Unglück ein Freizeitphänomen und zugleich nur als Phänomen wirklich frei für eine Zeit. Seine gründliche Durchdringung führt auf irgendein – meist langweiliges – Faktum, auf etwas, das man ist oder tut; aus der Empfindung im Herzen wird unversehens ein Problem am Halse. Wer sein Leben auf Kohärenz hin liest, der könnte sagen: man arbeitet für sein Unglück. Die Erschöpfung erlaubt jene Empfindung, die nicht in die Welt der Probleme und Lösungen entwischt, weil sich sogleich die Augen drüber schließen.

*

Man erträgt es nicht länger, durch jemanden gepeinigt zu werden, der weniger Pein empfindet als man selbst, so wie man es schon nicht ertrug, von jemandem geheilt zu werden, der weniger gelitten hatte als man selbst. Die Rede ist von der puren Schwermut, die man vielleicht am besten als eine müde gewordene Empfindsamkeit versteht. Die Empfindsamkeit ist es müde, ihren Verursachern die Stellen anzugeben, auf welche Kränkungen, Schmerz, Spott usw. gehören, sie übernimmt das selbst in der Vollkommenheit, eben: Reinheit des Empfindens, das damit gleichsam in sich zusammensinkt. Diese höchste Passivität ist in Empfindungsfragen aber nichts anderes als Selbständigkeit und Selbstverantwortung, man peinigt sich, den man am besten kennt, und da man schwermütig geworden ist über all den deplazierten Peinigungen und gegenstandslosen Traurigkeiten, entfällt jeder Anlaß zur Komödie, alles Heucheln eines Schmerzes um der Freude geliebter Peiniger willen, entfällt aber auch der zuckende Aktivismus einer Nervosität, die das Messer, die Nadel usw. immer besser, immer treffender anzusetzen suchte. Man fällt in sich zusammen; Peiniger und Gepeinigter, aber auch Wissender und Fühlender werden eins. Wer das eine Komödie nennt, der hat gesehen, was er nicht sehen sollte.

*

Nichts ist unserem Kummer ferner als das Klassische, und zu allem Übel ist ganz und gar ungewiß, ob das der Klassizität unserer Kümmernisse geschuldet sei.

Das Unglück macht nicht satt, aber es hält beim Essen.

Diese Welt aus Null und Eins führt auf Vereinfachungen, die schwer zu tragen sind; das Digitale vor Augen haben heißt selbst in der Schrägen, im Asymmetrischen, im Ungleichgewicht sein. Man denke nur an die Empfindung des Unglücks: empfinden heißt im Unglück sein, im Unglück sein heißt empfinden. Eine Schieflage ähnlich der, die sich zwischen Arbeit und Reichtum herstellt: in Arbeit sein heißt überarbeitet sein.

Das Einverständnis mit dem Unglück

I

Woher dieser Eifer, sich zu ruinieren, die Eifersucht, mit der man über seinen Mißerfolg wacht? Man flieht in die Misere als in die letzte Heimat, man weiß: das Unglück ist, wovon man nicht enteignet werden kann, sehr im Unterschied zur Glücklosigkeit, die ringsum von Glücksrittern und -händlern umstellt ist, von Aggressoren gegen die Bedürfnislosigkeit. Des Unglücks bedarf niemand, eben deshalb kann man ihm vertrauen, denn es selbst greift nach dem Menschenleben als nach seinem täglichen Brot. Wer dem Unglück zu opfern beschloß, hat darum diesen ganz eigentümlichen Ehrgeiz, in die konsumtive Zone des Unheils zu kommen, in den Bereich der Verbindlichkeiten – dorthin, wo zwar nach wie vor das Unglück selbstherrlich waltet, wo es aber doch gewisse Eigenarten zeigen muß, persönlich, einseitig, eben ›menschlich‹ geraten wird aus dem Seelenfleisch des Menschen, der sich selbst zur Konsumtion darbrachte. Höchstens Glück des Unglückseligen: ersterbend das Schmatzen des Unheilvollen zu hören in einem Ton, den nur das eigene Gebein hergibt.

II

Es gibt Menschen, die, wenn sie nicht im Unglück sind, ihr Wesentlichstes zu verfehlen glauben. Ihre Versuche in der Freude gleichen an Halbherzigkeit oder verzweifelter Ignoranz ihren Berührungen mit anderen Menschen; es ist, als ob sie nur die Einsamkeiten wechseln würden; die Substanz der Klarheit verläßt sie, und sie bleiben wirr und matt zurück. Wie sollen sie sich selbst, wie anderen Menschen erklärlich machen? Wie kann man denn dauernd im Unglück sein – wie kann man dauernd krank sein? Eine dauerhafte Gesundheit – der Seele – scheint leicht vorstellbar, weil man sie nicht sehen muß, um an sie glauben zu können. Kann man an ein dauerhaftes Unglück glauben – an eines, auf das man sich immer wieder zurückzieht? Vielleicht haben solche Menschen es mit dem Glück zu genau genommen und es darum verlassen, zugunsten anderer, glücksähnlicher Dinge – dann hätte eben ihr Glück schon zuviel Ähnlichkeit mit etwas bekommen, und sie finden diesem Ähnlichen des Glücks wieder das Unglück am ähnlichsten. Oder es gibt Zeiten, die kennen das Glück nicht als das, was sich von selbst versteht und dennoch gern von sich spricht, da finden sich nun Überlebende, Übriggebliebene, die klingen solchen Glückszeiten wie Bekenner des Unglücks, bald glauben die Unzeitgemäßen selbst an ihr Unglück. Schließlich gibt es die Hochmütigen bzw. die Elenden – was in bezug aufs Glück zusammenkommt –, die Glück aus ihrem Vokabular ausschließen, weil sie es als Ziel sehen müssen, als etwas, zu dem ›man‹ unterwegs ist – und nichts, was sich von selbst versteht oder was man an sich haben könnte. Der echte, konsequente, in sich verängstigte, darin aber wieder unverschämte Hochmut erachtet nun jeden Schritt aus sich, aus seinem Unglück heraus für beschädigend; so befreit sich der unglückliche Mensch von den Menschen und den Glücksstrebern zugleich. Es gibt auch Glückliche, die sich von allem so entfernen können, jeder erkennt sie, von sich selbst wissen sie nichts. Die Bestimmung zum Unglück ist gewiß nicht weniger eindeutig als die zum Glück, dennoch gleicht das ganze Leben des Unglücklichen einem Kampf gegen die Versuche, vom Unglück abzulassen, auf den Schein irgendeines Glücks hin. Der unglückliche Mensch weiß, daß er aus demselben Stoff geknetet ist wie die anderen, vielleicht glücklicheren, aber er will nicht leuchten wie diese; seine Erwähltheit, sein Lichtfünklein ist das Unglück, mit dem Dunkel seines Leibes, seines Daseins hält er es geschützt und verborgen gegen die falsche, flüchtige Welt.

III

Eines ist die Verneinung des Leidens, das andere die Verneinung des Unglücks. Beides betrifft die besondere Weise des Einverständnisses, die das Unglück von uns fordert. Wer im Unglück ist, der leidet daran, ohne es zu kennen; diesem Trübsinnigen, dem alle Welt Unglück ist, wird die Allgegenwart trüber Aussichten darum leicht zum Indiz eines auflösbaren Mißverständnisses: Gerade weil alles um ihn nur durch einen Tränenschleier erkennbar ist, sei die Welt, die umgebende, ganz tadellos, ebenso wie er selbst, der allein durch den Trübsinn daran gehindert sei, ihr anzugehören. Mit Grübeleien, wohin denn das Trübende gehöre, mit der ›philosophischen‹ Behandlung der Sekrete und Seufzer verplempert so ein Unglücklicher oft Jahre. In diesen hätte er, schon in zartem Alter, die Reinheit des Trübsinns erfassen können:

Die Essenz des Unglücks ist kein Unglück. Hier lauert freilich eine noch größere Lockung des Trübsinns, nämlich das Verkosten der Unglücksessenz für eine Überwindung, ja, eine Verneinung des Unglücks zu halten. Durch Wissenschaften, Ärzte, Techniken, Drogen verleitet, hält der Unglückliche die Schau der Unglücks-Essenz für das *Glück aus dem Begriff*. Eifrig geht er daran, eine für trüb gehaltene Welt in Begriffe zu fassen, zu ›klären‹, zu verneinen. So kommt zuletzt alles Unglück der Welt über ihn: Er hat das Unglück zum Problem – zu seinem Problem! – gemacht, das der Lösung harrt. Hin- und hergerissen zwischen der Begeisterung am Unlösbaren und seiner guten Erziehung zum Praktischen (Mitanpacken), vergeudet er weitere Jahre. Jahre erlesener Traurigkeit: Er hätte sich ihrer erfreuen können, wenn er die Essenz des Unglücks nicht für einen Begriff, sondern einen Aspekt des Unglücks gehalten hätte, also just das, was untrennbar mit seiner Person verbunden ist. Es gibt kein essentielles Unglück ohne einen, der sich als dessen Eigentümer erkennt, diese Eigentümlichkeit des Unglücks ist vergleichbar nur dem Besitzverhältnis zwischen Seele und Körper. Man hat kein Unglück und man ist auch kein Unglück (sowenig wie Seele und Körper einander ›haben‹), es genügt hier zu sagen, daß das Unglück die ganze Person beseelt. Daraus bemißt sich, wie das Einverständnis mit dem Unglück beschaffen sein muß: es gilt der eigenen Person, als wär's ein anderer. Warum man aber auf *dieses* Unglück kam, wer wollte das fragen?

IV

Man zeigt das Unglück nicht, und man kann es nicht verbergen. Vielleicht ist das Unglück weder eine Krankheit der Seele noch eines des Körpers, vermutlich ist es gar keine Krankheit, sondern etwas zwischen Krankheit und Gesundheit. Es erinnert so an die schiefe Mittellage des Menschen selbst. (Dazu würde passen, daß im Gesamtbilde der Naturgeschichte oder des Naturlebens der Mensch wie ein Häuflein Unglück wirkte.) Das Hin- und Herrutschen bzw. -fallen zwischen Sichtbarem und Unsichtbarem ist so menschlich wie das Unglücklichsein. Man weiß nicht, ob man sich dafür schämen oder darum sorgen soll. Unglück läßt sich nicht beichten noch heilen, obwohl es immer wieder als Sünde *oder* als Gebrechen denunziert worden ist, ja überhaupt nur in dieser Alternative seinen Platz finden sollte. Das läßt aufmerken, noch mehr aber: daß unter den Objekten von Enthüllungen, Enthüllungsversuchen das Unglück fehlt. Seine Krankheit, seinen Makel entdecken, annehmen und loswerden – das scheint beim Unglücklichsein weder möglich noch nötig. Dennoch weiß und spürt man, daß auch das

Unglück eine Art des Einverständnisses fordert, wenn es die Person bilden soll. Dieses Einverständnis kann weder in Distanzierung des realen Unglücks (etwa seinem Abweis als nur zugestoßenem – Krankheit und dergleichen) noch in seiner Imagination als einer Verfaßtheit der Person bestehen (zum Unglück disponiert, immer schon im Unglück). Alles deutet darauf hin, daß es eine Verpflichtung zum einmal ›entdeckten‹ Unglück gibt, eine Art Dienstverhältnis, das die Unverborgenheit des Unglücks nach sich zieht. Am ehesten kann man wahrscheinlich von Bereitschaft sprechen: in ihr macht sich der Mensch dem Unglück gleich, indem er unabhängig von diesem dauert, gleichwie dieses unabhängig von ihm besteht, eben als Unglücksbereiter; der Anblick und das Erlebnis des Unglücklichseins sind aus alledem nur ableitbar, der ungeklärte Status des Unglücklichseins zwischen Krankheit und Vergehen bleibt unangetastet.

Die Klage

Die Klage wird immer lauter und seit je. Das entspricht ihrem Anlaß, den es nicht immer gab. Auf solchen Ersatz vordem ungefühlten Mangels muß man mit Quantität reagieren: Lauter und vielstimmiger wird die Klage. Die Klage zehrt vom einmaligen Ereignis, sie wird Konkurrenz. Die Klagenden wollen das Beklagte ganz besitzen, so kühlt es niemals ab, seine Hitze macht, daß es von Hand zu Hand geworfen wird. Jede kann des ganzen Klagegrunds teilhaftig werden. Deshalb klagt man laut und vollzählig. Man beklagt beides: den Anlaß und dessen Besitz beim konkurrierend Klagenden. So wird ständig mehr zu klagen.
Jeden für klagefähig anzusehen heißt, keinem das Klagen, das wirkliche Jammern zu gönnen. Darum die Konkurrenz, daher die Ordnung der Klagenden. Der Klageanlaß: männlich, maulfaul. Ihm konnte alles entsprechen: die komplexe Ordnung der Klageweiber, die Mißgunst der Stimmbegabten gegen ihresgleichen.

Obwohl weit und breit niemand mehr daran denkt, dem Unglück die Stirn zu bieten, herrscht doch die Unpoesie, der Mangel an Nuance des Gefühls, überhaupt an *Empfänglichkeit* vor, der dem Abhelfen, dem Ein-Ende-Machen-Wollen entspricht. Die Theorie herrscht, sie strukturiert noch den kleinsten Seufzer, die winzigste Träne, sie kämpft in Sätzen. Dagegen muß die Poesie immer mehr zum wortlosen Unglück werden, sie selbst muß es sein, was da wimmert, denn sie hat eine Lage erträglich zu machen, nicht zu ändern oder zu beschreiben, sie muß – wie die vollkommenste Theorie – sich selbst überflüssig machen, indem sie den Unglücklichen das Wimmern abnimmt, indem sie selbst und ganz und gar wimmert, indem sie den Bedrückten das reine, unbejammerte Unglück läßt, auf daß diese sich nicht mehr davon unterscheiden können und verstummen, mit gutem Grund, aus vollem Herzen.

Wenn man von den Menschen, der Welt usw. lamentiert, dann muß man genau sein, daher das Feindselige in jeder Klage. Man will treffen. Wenn man hingegen von der Obrigkeit des Lebens, der Gabe des Daseins, dem Grund aller Gründe lamentiert – fühlt man da nicht die Läuterung aus jedem Seufzer, aus dem Großmut der Unpräzision?

Die Bewunderung, die man Tieren zuteil werden läßt, ihrer fehlerfreien Körpersprache, auf Kinder wenden können, gar die eigenen, wenn sie den Kopf verlieren; der Geist schrumpft, wenn ihre Köpfe nurmehr Auswüchse sich balgender Körper sind …

Kultiviert ist, wer sich allein nicht anders aufführt als in Gesellschaft – weil er der Anlässe nicht mehr bedarf zur Klage.

Nichts ist so gnadenlos wie das Selbstmitleid. Seine Zudringlichkeit schließt alles Erbarmen aus.

Wer lamentiert, der weiß: er ist ganz allein, er hört sich selbst. Wie sollte man einem helfen, der zu sich spricht?

Der Auslaut des Unglücks überzeugt auch den Fühllosen, daß es sich hierbei um eine Sprache handle, wenngleich um eine unübersetzbare Sprache – vielleicht eine Tiersprache.

Welthistorische Korruption einer alltäglichen Infamie: die Klage wird Mitteilung.

Man wird darauf beharren müssen: das Unglück besagt nichts.

Die tägliche Not

Wer einmal sich davon freimachen konnte, für sein Elend einen Anlaß zu suchen, der wird bei sich einen äußerst entwickelten Sinn für die Komödie finden. Wer in sich das Unglück findet, dem wird alle vorzeigbare Verrichtung zur – Komödie. Alles, was vorzeigbar ist, kann auch gelobt werden; ist nun die tägliche Verrichtung das Unglücklichsein, muß dafür ein ›Gut gemacht!‹ gewärtigt werden. Eine peinvolle Vorstellung! Welche Not kann den täglichen Verrichtungen wieder ihr Dumpfheit und ihre Würde geben? Vor allem eine zuschauerlose Not. So treiben das Unglück und die Daseinsnot gleichermaßen auf einen täglichen Kampf, worin an nichts weniger zu denken ist als an die Figur, die man dabei macht. Und sagt nicht das glücksfette, das kampflose Dasein vom Unglück, es mache eine komische Figur?

Die Mitteilung des Unglücks

Glück verlautet als Freude, die Freude teilt sich mit, ohne dabei anders zu lauten bzw. falsch zu werden; die Mitteilungen des Glücks sind achtlos, anders darf man sie auch nicht aufnehmen. Das Unglück dagegen kann nicht von sich reden, ohne falsch zu werden. Das gilt für die Rede, nicht für den Ausdruck des Unglücks, der eitel Klage und Seufzer ist. Die Rede über das Unglück ist, aus dem Munde eines Unglücklichen, eine Prahlerei, die sich doch jede Bewunderung durch andere verbietet. Man selbst will es sein, der den Wert des Unglücks weiß und sich daran mißt, man selbst will am Übermaß tragen. Bei solcher Mitteilung kann keiner mitreden. Warum redet man selbst, mit sich, im Unglück? Um die Bedingungen eines kompetenten Mitgefühls zu erörtern. Aber alles dreinredende Mitgefühl erweist sich als inkompetent. Das wahre Unglück strömt ja aus der Klage. Wie soll jemand angemessen darauf hören können, der selbst nichts zu klagen hat, wie aber soll jemand hören, der selbst zu klagen hat? Man denke an den großen Unglücklichen, der gegen's Mitleid wetterte! Er wollte kompetent bemitleidet werden, den Schoß des Mißgeschicks wiederfinden, dem er entsprang. Ein Muttersohn des Unglücks. Kundiges, kompetentes Mitleid, wer anders sollte das aufbringen als die Heimliche, die ihn mit einem Schrei entließ, wie könnte sie das aufbringen, wie sollte sie das verstehen … Ein süßes Elend, ein Elend zum Tiere-Umarmen, zum Pferdeumhalsen.

Der Ruf des Unglücks

Um ihren unsicheren Ruf in der menschlichen Gesellschaft aufzubessern, berufen Trauer und Melancholie sich gleichermaßen auf ihre hohe Abkunft, nämlich vom Unglück. Keine von beiden mit *ganzem* Recht, darf man vermuten!

Die Trauer weiß, was fehlt, Vergangenheit und Gegenwart sind in ihr scharf geschieden. Aber gilt das nicht allein für die unwiderruflichen Verluste, also für Menschen, die uns andere Menschen oder der Tod entrissen? Würden wir da wagen, uns unglücklich zu nennen? Das erschiene als Usurpation eines Zustandes, der das Dasein noch ganz anders durchzieht als die Trauer, die ebenfalls dauernde, aber eben dadurch nicht dauernd *fühlbare* Zustände bedeutet. Das Unglücklichsein ist von selbstverständlicher Konsistenz, es ruht ganz in sich und ist doch darin ein anonymes Leiden, ein Virus, das sich nicht um unsere Lebensläufe scheren muß. Dieser Selbstgenügsamkeit des Unglücks steht die Trauer mit ihrer sozialen Empfindlichkeit gegenüber … der Trauernde ist noch in mehr Verbindlichkeiten gefangen, kommt eher in die Lage, seine Trauer zu spielen oder zu leugnen denn ein Unglücklicher sein Unglück. Der Gefühlswert der Trauer schwankt zwischen Haben und Sein – fehlt uns etwas zu dem, was wir noch immer sind, oder fühlen wir uns vermindert und werden nie mehr sein, wie wir nur mit den Entrissenen sein konnten? Für die Trauer kann das Unglück, das weniger gefühlt, zumeist aber tiefer gedacht ist in seinen Befunden, einen Anhalt und eine Sicherheit bieten; unterm Dach des Unglücks trocknen die Tränen, mögen sie dann auch von anderswoher darauf regnen. Insofern mutet das Unglück an wie eine verallgemeinerte Trauer. Die Trauer kann ein Weg ins Unglücklichsein werden, beispielsweise in der Trauer um ein vergangenes Glück. Kann ein Glück vergangen sein? Man hält es neben eine glücklose Gegenwart wie zum Vergleich, solche zeitüberwindende Festigkeit, unversehrte Zeitlosigkeit im Vergleichen ist aber bereits das Unglück.

Die Trauer kann laut werden, in der Klage, und muß doch keine Worte machen; dagegen steht die oft stumme, aber unaufhörliche Geschwätzigkeit der Melancholie. Macht sie zuweilen auch dasselbe Gesicht wie die Trauer, so weiß sie doch nicht zu sagen, was ihr fehlt; sie bedarf des Unglücks darum in anderer Weise. Die scheinbare – und oft mit Stolz gegen alles vulgäre Glück herumgezeigte – Grundlosigkeit der Melancholie, ihr ›Mir-fehlt-ich-weiß-nicht-was‹, widerspricht der Positivität des Unglücks. Der Melancholie fehlt die Verbohrtheit in einen Sachverhalt, in Menschen oder Dinge, die typisch fürs

Unglück ist, sie streicht über all das hinweg, ziellos, also nur hin und her, darin aber doch wieder prinzipiell, das heißt nicht zu beruhigen. Einem Trauernden müßte man ja nur zurückgeben, was er verlor, die Melancholie weiß um ihre Unheilbarkeit. Zusammen mit der augenscheinlichen Grundlosigkeit wäre das Verlauten der Melancholie ein schwer erträgliches Genörgel, sie hat ihr Recht darum zunächst und zumeist als Leiden der Feinen, Stillen.
Ihre Prinzipienfestigkeit teilt sie mit dem Unglück, von dem einzig sie etwas soziale Ansehnlichkeit erhoffen kann. Einen Grund der Trübsal zu erbitten wäre zynisch, das weiß sie, sie ahnt aber doch, daß es Bedingungen gibt, ohne die sie nicht die Muße zu sich fände, notwendige Bedingungen, Festigkeiten sozusagen, über denen sie frei vagabundieren darf, ohne sich davon zu entfernen, Schicksale des Erbes, der Geburt in bevorzugten Weltwinkeln, der lebensvereinfachenden und -relativierenden Intelligenz. Und diese Gründe kann sie zurückweisen, um vollständig frei und im Unglück zu sein, wie sie es nennt. Das seriöse Unglück, das angesichts der Zumutungen unlegitimierten Leidens auch ein wenig auf seinen Ruf achten muß, findet sich hierbei in einer Situation, die der Trauer entgegengesetzt ist: war es der Trauer ein Dach, ein Haus, ein Raum, was ein konkretes Leiden unter sich aufzunehmen versprach wie schon anderes der Art zuvor, so ist es in der Melancholie eine Krücke, ein Lehnstuhl, ein Faulbett, wodurch sich die Schwermut von ihrem Gewicht erleichtern und zugleich aller Welt vorzeigbar werden will. Es ist das geborgte, bereiste oder vergegenwärtigte Unglück, das klein wird in der Melancholie. Was wäre einer solchen, dem Unglück hinterher reisenden Melancholie dann plausibler als die Trauer, der echte Mangel, der stumm ist oder schreit, auf jeden Fall aber der Worte ermangelt, die sie so überreich bereithält? Und wo könnte die Trauer mehr Geräumigkeit erhoffen als in der Melancholie, in der sie sich nicht an einer anderen Trauer stoßen muß – in deren Grund- und Bodenlosigkeit man ihren Überfluß an Traueranlaß gierig aufsaugt?
So fallen Trauer und Melancholie einander in die Arme, und das Unglück macht sich abermals still davon.

Der letzte Schrei

Am liebsten ließe man sich fürs Schreien bezahlen und fürs Nichtsempfindendürfen. Die Zahlenden wären stumm Empfindende. Man würde vom Unglück lamentieren, das sie nur als Empfindung kennen.

III. Das Unglück der Welt und die Welt des Unglücks

Heim und Welt

Das Unglück ist die vierte Haut, die geräumigste, in ihr müssen alle anderen Platz finden.

Pascal: Alles Unglück daher, daß »man nicht vergnügt zu Hause bleibt«. *(Pensées)* Vergnügt zu Hause bleiben – mehr noch: heimwärts fliehen, um dem Mißvergnügen zu entgehen.

Dieses Gewiegt- und Gewogensein im Unglück ... Ich würde nicht in den Zug steigen, wenn ich im Glück wäre.

Weitgereistes Glück. Bzw. das Unglück, wohnhaft in Düsseldorf und New York. Um sich her den Mief der großen weiten Welt.

Wahrscheinlich gehöre ich zu den wenigen Menschen in dieser Stadt, die Freude an ihrem geheizten Heim haben, Freude an der bloßen Möglichkeit, jederzeit zu heizen und gelassener Zeuge der Jahreszeiten zu werden ... Und wer in dieser Minorität von Erfreuten wäre noch bereit, irgend etwas für seine Freude zu tun?

Zu den Privilegien meiner Anwesenheit hier drinnen gehört gewiß, daß ich es warm, hell und gepolstert habe, ohne auch nur einmal in der Woche draußen das Wort Ich sagen zu müssen.

Jemand brütet über irgendeinem Unglück im Haus gegenüber, ein paar Meilen weiter entfernt. Kann der Gedanke trösten? Man macht den Grübler ausfindig, kommt mit ihm ins Gespräch, gewinnt an Wärme dabei, zwei Brüter sehen Heiterkeiten schlüpfen. Zu Hause dann findet man je ein schwarzes Ei im Nest, ein allerpersönlichstes Unglück, unaussprechlich.

Wenn man so einen großstädtischen Block von außen sieht, mag man sich fragen: wie viele Zerrissene hält er beieinander, wie viele Schumänner ohne Klavierkenntnis?

Das Signum heutigen Daseins ist der Aufenthalt in geschlossenen Räumen. Daran muß jeder teilhaben. Was draußen stattfindet oder zustößt, begreift sich aus dem Verlassenhaben der Schutzräume.

Eine Rundreise zu den Gescheiterten einer großen Stadt, die Audienz bei ihren Mißgeschicken und Verkorkstheiten hat zweifellos etwas Erhebendes, nicht so sehr aber wie die Stille der eigenen Schachtel, in der das eigene Unglück wispernd seine Stimme erhebt …

Die ›Entfremdung‹ stimmt deswegen so trostlos, weil die Fremden ja die eigenen Leute sind, mit denen es also schon daheim nicht auszuhalten war und die es hinaustrieb hierhin, wo kein Entweichen mehr ist.

Diese Furcht vor der Armut als Furcht davor, rein verzweifelt zu sein, zu frieren und in der Kälte eine unerträgliche Feste zu gewinnen, zu groß im Unglück zu sein für ein Mitgefühl: diese Furcht ist jedem Deutschen mitgegeben. Ihre Hauptbewegung – Abweisung von Größe – ist unerschütterlicher Glaube an die sinnenfreien, die primären Qualitäten: an Größe, an Feste bzw. festgefrorene Kleinheit.

Das Gewöhnlichste ist die Einsamkeit, die sich nur noch mit einem Unglück bevölkern läßt.

Der Kampf mit der Langeweile ist ein Schauspiel, vor dem das Unglück der Welt gähnt.

Wir alle sind uns gut genug, das Unglück des Nachbarn zu schultern.

Die eigene Wohnung ist der authentische Ort des Trübsinns.

Mitgefühl ist Heimkehr ins Unglück.

Man schreit nur in der Heimat gut.

Der Weg zum Frieden und zu den anderen ist nicht, zu sagen, was die anderen sagen, sondern zu glauben, was sie nicht sagen – zu glauben, was alle glauben.

Wie wenige Menschen würden ihr Haus und ihren Kummer verlassen, wenn nicht ernsthafte Krankheiten sie dazu zwängen!

In der Stadt erhält jede Verzweiflung ihre Struktur, überall winken Angebote, ein Ende zu machen. Im tiefsten Unglück ist, wer heil nach Hause fand.

Zu den Fadheiten des einsam freien Lebens gehört, daß wir damit niemanden betrügen.

Alles, was man sich selbst geben kann und nicht ins Unglück führt, ist lächerlich.

Die Offenherzigkeit des Trübsinns ... Am unglaublichsten erscheint in ihr jene längstvergangene Liaison aus Heuchelei und Zartgefühl, die lügen ließ, wo man jetzt ungehemmt schweigt.

Das Unglück nötigt den Respekt ab, den alles souveräne Sein und Tun genießt: Niemand, der sich nicht höchstselbst im Unglück fühlte.

Es käme drauf an, die anderen Leute freundlicher zu betrachten. Dann wären Momente der Selbstbetrachtung keine Schicksalsschläge mehr, keine Ansichten der Lage, wie sie wirklich ist, keine Schreckensbilder.

Den Weltmüden wird die Melancholie eine Höhle, die allerlei Drachen umfauchen.

Wie viele vom Mißgeschick geläuterte Egozentriker mußten sich nicht, am Ende ihrer Karriere, sagen: »Ich kann nichts mehr für mich tun ...«

Obwohl der Trübsinn keinen Heroismus nötig hat, um zu sein, was er ist, sind doch heroische Situationen denkbar. So etwa der Trübsinnige, der auf seinem Trübsinn beharrt gegen alle Welt, der in seinem Zimmer bleibt, dem Wasser, Wärme, Strom abgestellt werden, der ausharren wird bis zuletzt, der zuletzt aus der Wohnung getragen wird samt seinem Unglück.

Es fehlt uns das Ausland, das wir zum Grund unserer Verzweiflung ernennen könnten; wir fühlen uns überall zu Hause.

Das Gewimmel ordnet sich, und es wird still. Jeder ist daheim in seinem Unglück. Was ist denn Gewimmel anderes als Unterwegssein ins Unglück, dem man versprochen ist.

Himmel und Erde

Der Schwermütige jauchzt so himmelhoch, daß niemand es hören kann.

Drückende Not … Der Ausdruck trifft gut jenes Elend, das nicht ohne Ziel ist und doch ohne Hoffnung. Man schleppt sich durch die Tage unterm Gebot einer Notwendigkeit, die man nie zu Gesicht bekommen wird. Sie drückt nur – das Gesicht zur Erde. So schafft man an Zusammenhängen, die das Herz nicht halten, es rutscht täglich von neuem in die Hose. Täglich der Not ins Auge sehen zu dürfen, wäre Freiheit aus Nötigung selbst.

Die Erde, die den Himmel und den Menschen über sich hat, ist zweideutig; was auf sie tropft, befruchtet oder befleckt sie; der Mensch hat an ihr keinen Halt, der Himmel keine Freude.

Herz und Welt

Leeres Herz, volle Welt, gewiß. Aber warum schmerzt deren Druck es so herzhaft, als ob drinnen die Leere lebte und atmete?

Frag nicht, was dein Land für dich tun kann, frag, was die Welt für dich tun kann.

Dieser Wunsch, sein Herz auszuschütten – alle Leere auf einmal!

Das eigene Unglück und das Unglück der anderen

Niemand rühme sich allgemeiner Verhaßtheit, als wer nichts mehr benötigt, weil er zum Selbstversorger wurde! So einer stellt sich ungerufen zur Kreuzigung ein und bringt von daheim die Nägel mit, die abgezählten, selbstgeschmiedeten.

Wo jeder Mensch Geschick und Empfindung in sich vereinte (also kein Rest für Kummer und Grauen bliebe), würde nichts nach draußen dringen müssen vom Mißgeschick, damit man von ihm wüßte. Jeder würde *sein* Geschick erleiden, sein Leid empfinden (es bliebe kein Rest für Kummer und Grauen). Es wäre eine Welt äußerster Selbständigkeit – eine Welt wie unsere.

Es kann eine Art Respekt vor anderen darin liegen, wenn man nur vom eigenen Unglück spricht. Es könnte Höflichkeit sein, wenn man die Augen schließt und Ich sagt.

Der Hochmut besteht nicht darin, daß man sich über den anderen denkt, denn man denkt dort. Der Hochmut besteht darin, daß man sich unter die anderen denkt, dort entdeckt und durch solche Entdeckung erhoben findet.

Das Verdrießlichste an der Einsamkeit ist sicherlich, daß sie mit einer Menge von Leuten bekannt macht.

Der Narziß ist immer ärgerlich, denn er läßt keine Wahl, als selber einer zu werden.

Fremdes Leid langweilt die Menschen. An der Langeweile der Menschen leide ich. Langweilen sich die Menschen an mir?

Unterteilung der Welt-Bevölkerung in solche, die gerade ein Unglück erleiden und solche, die es empfinden.

Wie kann man Subjekt sein wollen und nicht im Unglück?

Eine Welt ohne Unglück wäre eine unverbindliche Welt.

Meine Gefühle für andere? Wahrscheinlich verzweifelte Gedanken über sie.

Der Kummer, den man für sich behält, ist stets wahrhaftiger als aller Kummer, von dem man erfährt.

Wenn du einmal deinem Nächsten beim Schluchzen zugehört hast und dich nicht befremdet fühltest, wirst du ein Leben lang hören.

Für nicht wenige Menschen bedeutet Sterben heute, bald von anderen berührt zu werden, erstmals wieder, nach langer Zeit.

Wie einen Menschen ins Leben lassen, das Ersatz ist eines Menschen?

Niemals werde ich durch das Wesen eines Menschen eingenommen, nur durch seine Freundlichkeit. Mich nimmt das Unwesentliche ein.

Deine Achtung vor den Menschen ist, daß dich Selbst- und Weltekel stets zu gleichen Teilen erfaßt.

In der Einsamkeit lebst du glücklich aus, solange kein Mensch sie dir anträgt.

Wer von anderen nichts erwartet, ist sich selbst das größte Risiko: Er weiß nicht, wie er auf andere reagieren wird.

Alles lächerlich zu finden, wenn man außerhalb von allem steht, ist ein Entschluß; etwas lächerlich zu finden, dem man verpflichtet ist, ist ein Schicksal.

Ebensosehr wie eine Entleibung ist der Selbstmord eine Vereinigung: als Kadaver kehrt der Selbstmörder zurück in den Schoß der Gemeinschaft.

Nichts beschämt uns mehr als der Anblick eines ehrlich Leidenden – eines, der sich ohne Falsch zeigt seinem Unglück, der sich geöffnet hat seinem Unglück. Wir spüren: hier ist kein Platz für uns, wir bleiben draußen mit unseren Tröstungen, untröstlich.

Unvorstellbar eine Beziehung, in der man unseren Kummer versteht. Worauf sollte die bezogen sein?

Mißgunst: Anteilnahme leichtgemacht.

Privates Elend schützt nicht davor, nebenbei zunächst, bald aber hauptsächlich, für irgendein großes Gebrechen – Wahrheit, Volk, Zukunft – zu leiden. Statt seinen Ruin zu verfolgen, sieht man sich selbst verfolgt. Hier ist fast kein Respekt weiter möglich vor dem Elend, in dem man ist, denn man weiß sich nun als ein Märtyrer, zieht die gekränkte Fresse aus höherer Weisheit und denkt überhaupt an alles andere als an sein Elend. Nur schnelle Unterdrückung verhindert jetzt das Schlimmste.

Die Depressionen verschonen die Welt. Das Unglück, das sie hervorbrachte, haben sie nicht zu verantworten, es ist so alt wie die Welt und wird sie in seinem Verschwinden rein machen.

Nur der Kummer und die fremden Völker verhindern, daß wir zerstreut werden in alle Winde – der Kummer, der uns zusammenzieht, die Völker, die uns zusammendrücken.

Die Gescheiterten, die man in der ersten Lebenshälfte kennenlernt, trifft man in der zweiten wieder, und alles ›Erkennen‹ scheint darin zu bestehen, dem Unglück oder seinem Bekanntenkreis zur Vollständigkeit zu verhelfen.

Der Begriff, der Anblick irgendeiner Dekadenz kommt dem Unglück jener zu Hilfe, die sich mit Gründen trösten können statt mit dem Begreifen eines Grundes.

Man nennt den fortgeschritten Trübsinnigen oft innerlich. Man sieht nichts: Er hat alles Unglück der Welt in sich aufgenommen.

Fülle und Mangel

Mein Herz ist nicht leer. Es ist mit Leere angefüllt.

Man kann weder Liebe geben noch Freude empfinden. Da erfordert es der geistig-seelische Anstand, daß wenigstens das Herz leer bleibe.

Unglück reduziert falsche Fülle. Die Menschen und Dinge werden auf ein Maß geführt, das Maß im Unzuträglichen. So hält man sich ans Unglück. Mancher hätte sich verzettelt, wäre in der Beliebigkeit von Großprojekten versunken ohne seinen kleinen nagenden Kummer. Die echte Bekümmernis bedarf aber der Umwelt. Es müssen heitere Machenschaften da sein, reichbestückte Landschaften, die in leere Augen fallen. Mit anderen Worten: Das Unglücklich- qua Selbstsein darf nicht zur Augenlust geraten. Verguckt in sein Unglück, spricht man allzuleicht davon. Und allzuviel. Die falsche

Fülle ist dann inwendig geworden. Auch zur Prahlerei ist es dann nicht mehr weit. Hier gilt, was man bereits von der Stille gesagt hat: das Unglück ist in sich gesammelt. Hält an sich. Ist seiner Lage jeden Tag von neuem bewußt. Endloses Wiederkäuen, wenn man will.

Ökonomie des Unglücks

Das Unglück beginnt zu herrschen, wo man es nicht wiederverwenden kann.

Der Topf, aus dem man sein Unglück löffelt, hat einen mehr als doppelten Boden.

Die Leere sehnt sich nach allem, was kommt, selbst was zustößt, aber das Unglück fürchtet sich vor der Leere.

Du siehst jemanden, von dem du schon lange nichts mehr willst, und willst ihm um den Hals fallen vor Mitgefühl.

Wer von uns Ökonomischen hätte nicht schon einmal geseufzt darüber, daß sich mit dem Unglück nichts verdienen läßt?

Freudlosigkeit

Aus gewissen Fadessen hilft nur noch ein handfestes Unglück. Nur welches? In den Kulturlandschaften der Trübsal sehnt man sich nach naturgeborenem Unglück – nicht, um daran zu leiden, sondern um das eigene darüber zu vergessen. Warum aber begnügt man sich nicht mit dem eigenen? Gewiß nicht aus Mangel an Vertrauen in seine Substantialität. Jeden Tag, den man in Sehnsucht nach substantiellem Unglück verstreichen läßt, zehrt man ja bereits vertrauensvoll von seiner Substanz. Ist es Scham? Aber die Langeweile wagt sich in ihren Klagen und noch mehr in ihren Interessiertheiten schamlos an den Tag. Vielleicht ist es Furcht, nichts zu bedürfen, schon im Unglück zu *sein* und nichts sonst; Furcht, das träumende Unglück zu erwürgen, das doch das Glück selbst wäre.

Das heimliche, aber zähe Vorurteil fürs Unglück – seiner stabilisierenden Kraft wegen. Die Gesellschaften des Nordens mißtrauen dem sonnigen oder täglichen Glück aus ihrer spezifischen Temperaturerfahrung heraus: Glück ist, was nicht andauert, was in der Kälte allein und sterben läßt. Entsprechend frostig wirkt das Glück, das der Norden erfindet und erarbeitet: etwas, worauf man bauen kann, was sich verlängern und steigern läßt, kurz, was von einem Unglück nicht zu unterscheiden ist.

In den Ländern des Lichtmangels hat alles Glück, alle Freude abgeleiteten Charakter, die Freude ist hier eine hochbefriedigte Not. Was einem im Norden des Daseins aufgehen kann, ist ein Licht in der Not, ein selbstgemachtes Feuer, mächtig angeblasen von der Weltangst und ihrem starken Willen zur Welt-Macht; still und rein brennt aber nur das Unglück, daheim.
Bei allem, was man draußen erleuchtet findet, weiß man doch, daß es von künstlichen Sonnen ist, ein gemachtes Glück, ohne alle Lichtkraft und -substanz; was bleibt und wärmt, ist das Unglück, daheim, der Eingang in die kleine Flamme. Sie nur gibt ein Maß für und gegen die kalten Helligkeiten. Das Unglück ist einfach zu haben in den Ländern der Dunkelheit, es ist schlicht das nichtgemachte Glück; es ist ein Allereigenstes jedes Menschen hier. Aber wie vergewissert er sein Eigentum? In der Freudlosigkeit. Sie zieht zusammen aufs Eigene, läßt den Willen nicht fremd ausschlagen. Sie nimmt damit den Platz dessen ein, was einmal die Sünde hieß und immer noch als Frevel gilt, die Freudlosigkeit ist nämlich ein Wille, der sich nicht will. Den Primat des Willenshaften in der nördlichen Welt muß also die Freudlosigkeit anerkennen. Darum kann sie auch ›schuldhafte Trauer‹ heißen oder ›Mißvergnügen am Großenganzen der Schöpfung‹, die sie als Werk eines Willens erkennt, den sie in sich haßt. Sie weiß um seine Gemeinheit. Wer freut sich denn? Die Dummen und die Zyniker, die ihren eigenen Willen in seinem Aufflammen befördern und genießen, die Priester einer pornographischen Schöpfung, die mehr Willfährigkeiten als Wünsche aufzuweisen hat. Die Freudlosigkeit, in Worten der Welt: *die Verbohrtheit ins Unglück*, ist Protest gegen den Totalitarismus des Lichts, die helle Erleuchtung, in der jeden Moment ein harter, fremder Wille blendet. Dies Blendende einer gemachten Freude ist vorzüglich einfach, Einfachheit ist der Vorzug, mit dem die Freudlosigkeit in ihrem Dunkel scheinbar am schwersten ringt. Sie ist ja, bei Lichte betrachtet, eine verquere Haltung, ein bloßes Durchhalten im Trüben, im Unglück: man will bleiben, was man ist. Allerdings *will* man eben nicht im Modus der Wahl,

sondern völliger Ohnmacht, als Ausgeschlossener der Freudengrimasse, als gewissermaßen erst jüngst und amtlich ernannter Zigeuner.

Innen und Außen

Die Helligkeit, die einer an sich hat, der die Hölle durchmachte, blendet die Lichtgestalten außerhalb; diese Blendung wird die Ursache neuer Mißverständnisse, neuen Kummers.

Privates Unglück sich zu verschaffen ist oft die einzige Möglichkeit, das öffentliche wenigstens nicht zu vergrößern.

Das Unglück ist oftmals die höchste Form der Schlichtheit. Man wird einfältig, ist nicht mehr eitel, wirft keinen Blick mehr auf seine Lage, durchleidet sie.

Stadt und Land

In der Hauptstadt des Überdrusses sehen wir keinen Ausweg, auch nicht in unseren wochenendlichen Picknicks, alles Land umher verwandelt sich in Provinz, in ein Glück, das begeistert unterwegs ist in unsere Langeweile, in ein Unglück, das sich zu heftig selbst hilft, um unser Mitgefühl zu erwecken.

Beim Anblick dieser Menschen und Landschaften weiß man, daß sie nicht verfallen, sondern einfach nur verschwinden werden, sichtbarer Betrug um die Ernte des Trübsinns.

Verlassenheit ersetzt uns Landschaft.

Die Menschen in der Provinz des Unglücks, in ihren Hörigkeiten, ihren Respektabilitäten, daraus man nicht so schnell zu vertreiben ist – sie erscheinen wie Haustiere, denen man Namen gab und die nicht mehr so einfach zu schlachten sind.

Der Glaube, der Provinzialität durch Obszönität entgehen zu können, ist in den Provinzen derart verbreitet, daß Pausbäckigkeit und Schlüpfrigkeit mittlerweile als Wechselbegriffe gelten dürfen.

Vielleicht ist Erniedrigung das einzige, was die Unglücklichen in den großen Städten zusammenbringen kann.

Die schlechte Welt

Das Elend der Welt – gemieden von den gelehrten und gehobenen Geistern. Mit Grund: es ist der Text, dessen Umfang kein Kommentar erreicht.

Die Rede von einer besten aller Welten verstört immer, ganz gleich, ob sie Drohung oder Diagnose sein will.

Die Verleumdung der Erdwirklichkeit verbietet sich jeden Augenblick; momentan ist die Welt niemals schlecht. Und auch der fortschreitenden und einstürzenden Welt, dieser Welt aus Zeit, ist nichts Übles nachzusagen, denn was der Welt aus der Zeit zugestoßen ist, ist an Schlechtigkeit nicht zu überbieten noch zu tragen. So bleibt als einziges Übel, daß diese Zeit so schlechte Zeugen hervorgebracht hat der Welt, wie uns.

Der Unglücksbringer

Von irgendeinem Unglück, vorzüglich einem Unrecht, läßt sich frei sprechen, es besteht also nicht mehr. Der Unglücksbringer spezialisiert sich auf solches Unrecht, geht zu Völkern, die schon immer im Recht lebten, nichts anderes kennen als Recht und darum weder Recht noch Unrecht begreifen. Hier abendliche Vorträge des Unglücksbringers vor wechselndem Publikum, gleichbleibend ungerührtem. Die Rede des Unglücksbringers ist nun ganz frei. Verstehen kann man ihn nicht, und im Unglück ist er auch nicht bei solchen Abenden am Pult, am Kamin. Dann aber verlangt er für das vergangene Unglück, das unverständliche, auch noch Respekt. Sein Auftritt heute stand auf dem Spiel damals, begreift man das überhaupt, heute?

Das Mitleiden

Sobald der Okzidentale sich wieder seinem eigenen, gequälten Fleisch zuwendet, wird man in ihm eine ehrliche Haut erblicken können: Aller Anteil, den er an fremdem Unglück nimmt, führt ihn fort von sich in eine Komödie, die die Welt ringsum bestenfalls gähnen läßt. Authentisch ist allein die abendländische Sucht und Suche nach dem Ich, diesem Springquell alles Unglücks. Eigentlich sind Sucht und Suche nur ein Sprudeln jener Quelle, damit sich das Unglück in seiner Gewißheit nicht langweilig werde; eine kurze Bewegung in die Höhe, und Wunsch und Streben regnen wieder zurück in ihren Grund.

Fremdes Unglück, dem man sich zuwenden soll, darf weder bedrängen noch still in sich versunken sein. Es muß vielmehr, in der Art gewisser Haustiere, schon lange neben einem gelebt und geatmet haben, damit man es jederzeit, zum Beispiel eben jetzt, näher betrachten, sich zu ihm herabbeugen, es in Augenhöhe heben, sich auf die Knie setzen kann usw. Die Zuwendung zum Unglück, wie alle Zärtlichkeit, wächst aus der Gewohnheit.

Im Unglück sind wir vereint, nicht im Mitgefühl.

Die Seele des Trübsinns

Ganze Erdteile verzehren sich nach einer Reinheit, die dem Trübsinnigen schlichtes, kaum beachtetes Geburtsrecht ist. Der Körper des Trübsinnigen scheint rein, von allen Befleckungen eines gedanklichen Für und Wider seinen Gebrauch, weil nur im Trübsinn ein Mensch Essenz sein kann, altmodisch: Seele. Der trübsinnige Mensch kämpft nicht mit den Lastern, er beginnt oder beendet sie, wie auch alle Leidenschaften. Unendlich, genauer: himmelweit verschieden ist diese Trübsinnsreinheit der Seelenwesen entfernt von der erdgeborenen Rasse, deren Kopf zwar im mächtigen Rumpf zu verschwinden droht, die aber nie zur Reinlichkeit des Nur-Leiblichen findet. Man besehe ihre Straßenkreuzer, Flugzeugträger, Raumschiffe, und denke sich die grindigen Seelen, die darin hausen.

Die Einsamkeit

Gewiß verkümmert ein Leben in der Einsamkeit, die dem Unglücklichsein entspricht. Das ist trivial, man übersieht deshalb die interessantere Frage, wie ein Unglück so viele Jahre *am Leben* erhalten werden konnte. Das

Unglücklichsein als die angemessene zivile Lebensform ist ja eine Robinsonade, das heißt, der unglückliche Mensch findet sich allein und dadurch doppelt hingelenkt auf seine Lebensgrundlagen und auf die Allgemeinheit des Unglücks. Beides entging ihm in Gesellschaft. Der Unglücksrabe auf der Schulter seines Schicksals lernt also für sich sorgen (denkt viel an Geld, Nahrung, Haus), ohne das noch für einen Beruf halten zu können; zum anderen ist er, insular leidend, von Bezügen zu konkretem Unheil abgeschnitten, dafür rundum von allem möglichen Unheil umgeben, was ihm den Blick für die Allgemeinheit jener Transzendenz des Unglücks öffnet. Natürlich ist es bloß das Unglück *der anderen*, was er hier als *Unser-aller-Unglück* bedenkt. In dieser selbstversorgten Roheit gegen alles Unglück dieser Welt hält er nun viele Jahre aus, hin- und hergeworfen zwischen transzendenzlosem Hunger (Zittern, Frieren usw.) und nutzloser Einsicht – er verkümmert. Übrigens darf er sich, sofern das Wort Geschichte unter einer einsamen Sonne noch Sinn hat, auch als geschichtliche Letztgestalt fühlen, denn was ihm zum Leben dient, kann nie fremdes Leben in vielleicht anhängendem Unglück sein; es ist gescheitertes, gestrandetes Leben, Strandgut des Unglücks, das ihm zum Bau- und Brennmaterial dient bzw. zu ein wenig wahnsinnigen Sonntagen.

Fremde Maßstäbe

Wenn du dich nicht den Maßstäben der Allgemeinheit unterwerfen willst, mußt du dich dem Unglück unterwerfen. Die Unterwerfung unter seinen Maßstab scheint zunächst etwas Ausschließliches. Du sollst nicht mehr auf Vater und Mutter, nicht mehr auf die Frau und die Lieben hören, sollst nichts anderes mehr erzeugen als Tränen. Diese Ausschließlichkeit gewinnst du auf dem Weg der Einsamkeit – auch der Sprachlosigkeit? Aber in der Einsamkeit gehen dir ja die Worte über. Du hinterläßt keinen Eindruck mehr und stellst nichts vor, also ist auch nichts zu verhandeln. Die Verhandlung mit den Menschen ist beredsam, aber ihr Wortreichtum reicht nicht an den des Unglücks. Du sprichst ja, allein und im Unglück, nicht mehr, um etwas zu *beweisen* oder zurückzurücken. Du bist eingerückt in eine Lage, in der nurmehr etwas *aufzuweisen* ist. Das hast du vor Augen. Kann es den Worten eine Grenze setzen? Du sprichst von deinem Unglück. Dieses nimmt dir ständig das Maß, ob es noch das deine, ob es ein Unglück sei. Niemand spricht dir dazwischen, wenn du wortreich dich selbst oder dein Unglück verleugnest. Klage nur. Das Unglück verhandelt nicht, es erobert und verschont dich.

Egoismus und Egozentrik

Als Beweis äußerster Egozentrik gilt die Besorgnis ausschließlich um den eigenen Tod. Eine Verengung, sagt man, eine Verarmung aller Bezüge. Allerdings kann es bei diesem Ende, wie bei Endbezüglichem überhaupt, nicht bloß um einen selbst gehen, oder anders gesagt: *man selbst* ist hier, wo eins und alles geworden, eben nicht nur das, *worum es einem geht*, man *steht in Verantwortung* für gewisse *Teile* davon. Die individuelle Todesangst, zum Programm erhoben, ist religiös. Die Person sucht sich beieinander zu halten gegen die Welt, die ihre eigenen Zentren hat. Egozentrischer scheint die Furcht vorm Tod des nächsten, des allernächsten Menschen. Man erlebt sich, wo sie die Angst der Ängste geworden ist, als die Sache, die man sein wird – als den künftigen Gegenstand, für den niemand sorgen kann. Der Nächste war der Garant der Sorge! Näher ist einem nichts sonst. Egozentrisch – nicht egoistisch – ist diese Angst vor seinem Tod. Die Egozentrik präludiert jenem Egoismus, um den man sich bislang erfolgreich drückte, eben: für sich sorgen zu müssen. In solcher Sorge ginge einem die Egozentrik rasch verloren. So viele Bezüge, so viele Rücksichten! Der Moderne, der Mensch unsresgleichen zittert nicht, daß er Höllenbraten oder ewig Toter, er zittert, daß er *verwaist* sei – er, ein Wesen, aller Sorge wert!

Fäulnis

Nihilismus, Fäulnis ist nicht, wo ›alles nach dem Glück‹ strebt, denn diese Situation ist bloß eine Philosophen-Phantasie: Alles strebt, jedem ist Glück was anderes, kann da Mangel an Motiven sein? Das Glück sticht ins Gefühl, ins Leben, ins Geläufige und dergleichen erst, wo *einige* ›danach streben‹. Der Nihilismus durch Deklaration des Glücks macht sich bemerkbar als *historisches* Phänomen, nicht als theoretische Entdeckung. Es erscheinen Leute, die mit dem Glück anderen Konkurrenz machen, erst mit dem Ziel, dann mit dem Zustand. Diesem Beispiel, dieser Vorgabe oder auch nur Vorstellung ist nichts gewachsen. Das Glück ist der Titel, worunter alles menschliche Tun und Sein einer Begründungspflicht verfällt; begründet ist aber bei Ertönen des Wortes ›Glück‹ nur, was in sich selbst gegründet ist. Man erblickt bald massenweise: in ihre Leere an Zielen, ihre Fülle an Glück starrende Wesen, schielend, ob auch ihr In-sich-Ruhen Außenerregtheit erzeuge. Glück als Kulturziel beginnt als verbale Invasion, ihr Anlaß jedoch muß das Verbale übersteigen. Warum können einige nichts als glücklich sein wollen und dennoch alles Vokabular umher entwerten, als bloßes Hilfszeitgesprech um des reinen Glücks willen? Das reine Glück, selbstverständliches Sein jenseits geltender Einzelziele, muß Überstand einer ihrerseits verfallenen Kultur sein … überliefert und überlebend zeigt sich ja stets bloß, was *nicht* in sich ruht, was Worte macht oder entwertete.

Allzugänglichkeit

Privileg eines demokratischen Weltalters: das Unglück ist allgemein zugänglich geworden. Solche Würde des Befindens, solche Höhe des Gefühls ist nur erreichbar über eine Leiter, die nach Aufstieg wegzuwerfen: Allgemeinheit der Glückssuche und -versprechung. Die erste Gewißheit in diesem Höher! Weiter! Länger! ist die des Unglücklichseins. Es bemalt alle Gesichter mit derselben Farbe, wie die Erklärung der Menschenrechte oder ein Weltbürgerkrieg in Erdgräben; so kann sich erst die individuelle Physiognomie abzeichnen. Im Unglück kann auch der kleine und kleinste Mann die Würde finden, die ihm das Wort vom letzten Menschen, dem glücklich hüpfenden, abzusprechen suchte. Die Würde des Unglücks in einem demokratischen Weltalter ist seine Unentrinnbarkeit, wenn man will: seine Notwendigkeit. Und in dieser Unwählbarkeit, dieser nachträglich angeborenen Unglückseligkeit ist ebenso etwas Aristokratisches, ein Blutsrecht. Jeder kann es nun ausüben. Jeder muß die Form seines Unglücks finden, muß die Schwäche nennen, die er für die falschen Vorteile des Glücks aufgeben wollte, muß zurückfinden zur Ursprünglichkeit seines Defekts.

Unerschöpflichkeit

Wenn die Erde leergeräumt wäre bzw. die Menschen des Glückes voll, dann bliebe immer noch und unerschöpflich das Unglück. Was das Glück der Aktion, ist das Unglück als Zustand. Was anderes soll denn eine Erde sein, aus der alles Glück in das Eigentum ihrer Einwohner überging, als voll des Unglücks?

Doch der Reihe nach. Glück und Unglück werden prekär in einem Weltalter von Tauschdruck, Rechtfertigungszwang, Produktionsgebot. Natürlich gilt das Glück als Zement dieser Verhältnisse. Was aber ist, wenn nichts geschieht?

Dann empfindet man – das Unglück. Was um des Glücks willen geschieht, leitet auf das Unglück. Glück und Unglück bilden so eine Äquivalenz, die niemals den Tausch selbst regeln kann. Also muß das eine Prozeß, das andere Zustand, das eine Streben, das andere Leiden, das eine Wille, das andere Widerfahrnis sein.

Man könnte nun die Philosophenzunge befeuchten und von Paradoxie, List des Geschicks und dergleichen sprechen. Aber die Verhältnisse von Glück und Unglück haben ihre gut historischen Namen. *Arbeit* (u. U. auch: Dummheit), die Beglückung anzielt und derweil am besten selbst beglücken soll, rechtfertigt das *Sein*. Doch verschleißt sich diese Rechtfertigung im Wandel der Menschen und Ziele. Wovon zehrt sie dann aber ununterbrochen? Von der Permanenz eines Seins, das, wo gefühlt, Unglück ist. Solange man das nicht fühlt, muß es deduziert werden: Das Unglück ist unverschleißlich, der Herstellung unbedürftig, also seit je gerechtfertigt. Wo alle hinwollen, da ist es schon. Es gehört sich selbst, so wie der Glücks- und Arbeitsmensch ›sich selbst gehören‹ will.

Natürlich kann man vom Unglück reden wie vom Glück, das sich in dieser Rede verwandelt und verschließt. Doch kann man nicht von seinem Unglück reden, ohne sich dadurch von ihm zu trennen. Jede Klage, die Rede geworden ist, vergeht mit ihren Worten. Übrig und immerfort bleibt das Unglück. Das Unglück ist also nicht ›jemandes‹ Unglück. Darum läßt es sich auch nicht kopieren. Es herrscht *allein* in der Welt wie der böse Wolf im Märchenwald. Rede, Verkauf, Verkaufsrede – vergebliche Kopierversuche am Unglück. Niemand will sein Unglück verkaufen. Zum Verkauf steht das Glück. Das Unglück garantiert all das, was in der Glücks-, Arbeits-, Verkaufsgesellschaft die Werte versprechen: den Höchstwert, die Unverkäuflichkeit. Die Innerlichkeit, Autonomie, Legitimität. Der Unglückliche gewinnt all dies, durch Konsistenz im Unglück. Wenn er des Unglücks ist … denn das Unglück zieht an, ohne anziehend zu sein, es sucht sich die Seinen. Darin unterscheidet es sich vom freiverkäuflichen Glück, dem ›alles hinterherläuft‹. Glück und Unglück bilden kein symmetrisches Verhältnis. Die Positivität des Unglücks verhindert das. Sie gleicht der Positivität der Freude, die darum auch so schwer (selten) mitzuempfinden ist. Die Freude ist gleichsam ein überfließendes, zerfallendes Unglück, das als reines Sein nur noch rast. Auch die Freude ist in sich gerechtfertigt. Göttliche Freude. Furchtbare Mangelzeit, die solche Fülle besingen muß.

Geltungssucht

Es gibt eine verächtliche Art zu reden – und noch mehr: zu schweigen –, die allem in Sekunden seinen Wert nehmen kann; wer so herabredet, dem erscheint die Welt voller Behauptungen, die sich leicht widerlegen lassen. Ist auch das Unglück eine solche Behauptung? Wie kommt es dem Niederredner, der Absprecherin überhaupt zu Ohren? Zunächst durch seine Größe, seinen Ruf. Er geht dem unglücklichen Menschen in einem Maße voraus, daß er selbst gar nichts davon erfährt. Ein Unglück von Format lockt geringeres an, sich darin zu bergen, es ist wie ein warmer Regen, der alles Irdische-Unterirdische zum Kriechen bringt auf eine niegesehene Sonne hin; so auch bedeutenderes Gewürm. Und wie die Sonne auch dann scheint, wenn sie niemandem aufgeht, so enttäuscht das große Unglück, die sich dran wärmen wollten, es nimmt keine Rücksicht, ist ganz in sich vertieft. Das große Unglück ist ein Egoist, der zu sich spricht, der aber auch von sich spricht, da er ja von sich reden macht; groß wirkt nun vor allem der Egoismus im Angesicht der Welt. Aber vergleicht er sich denn mit etwas darin? Hierfür müßte er von der Welt und ihrem Unglück wissen. Der große Unglückliche ist jedoch völlig unwissend in diesen Dingen, er kann nicht von sich absehen, sein Unglück ist ihm die ganze Welt, somit ist ihm aber das Unglücklichsein auch mehr als seines. Um das kleinzureden, müßte man ihm das Unglück zurückwerfen – als gering Befundenes. Aber dem Unglücklichen ist ja das Unglück nicht bloß Wert, sondern Sein, es gilt ihm ja nichts, sondern befiehlt ihm; wie sollte er da von der niedermachenden Rede hören? Diese hat und kennt allerdings auch ein Unglück, nur ist es eben nicht ihres. Es ist das Unglück der Welt. Überall ist es zu entdecken, sofern man nur sein Herz leerhält für fremdes Leid, fremde Fülle, fernes Sein.

Die Selbstgenügsamkeit des egozentrischen Unglücks, soviel ist nun zu erkennen, muß gerade das Niedermachende dieser Rede vom geringeren, überschätzten, prätendierten Unglück erzeugen. Das Niederreden des in sich ruhenden, rücksichtslos schluchzenden Unglücks, das über unendliche Schätze von Sein, von Unglücklichsein eben, verfügt, soll jetzt gelten als eine Behauptung neben der Behauptung vom Unglück der Welt. Letzteres kann keine Worte von sich machen, es sei zu sehr im Elend dazu, wie die Niederrede behauptet. Erst des Elends Ende, der Wohlstand, erlaube die Rede vom Unglück. Damit rede aber das jetzt schon wohlständige Unglück von etwas, das es nicht kenne, von seinen Bedingungen nämlich, die überhaupt erst die Freiheit zum Unglücklichsein gewährten. Frei und darum ohne Geltung sei die Rede vom

Unglück, die über diese Bedingungen hinweggeht. Sie anzuerkennen, das heißt, sein Unglück aus zweierlei Stoff gemacht zu finden, ergäbe die *Scham*: man entdeckt Teile an sich, über die man nicht verfügt.

All das ist richtig – und verschlägt doch dem Unglück nichts. Es sind Berichte aus einer möglichen Welt, einer Welt konvertierbarer Empfindungen, der einen und letzten Welt aus allem Möglichen. Das Unglück aber ist eine ungeheure, selbstgenügsame, ganz homogene Wirklichkeit, die all dies nur noch ausschließlicher sein muß, wenn man sie auf ihre Freigesetztheit und Oberflächlichkeit gegenüber der Ökonomie der Welt, der Welt der Bedingungen hinweist. Nichts darin wies auf ein Unglück hin, nichts in der Welt hat ein Unglück nötig: Wo das Unglück zur Empfindung erblüht, da ist es grundlos. Wie sollte es da seinen Grund nicht in sich selbst finden?

IV. IM BEWUSSTSEIN DES UNGLÜCKS

Kränkung

Es sagt viel über unsere Lage, daß wir gekränkt sind, wenn man uns das Glück oder das Unglück abspricht. Wir haben beides zu Tätigkeitsfeldern erhoben bzw. degradiert. Die Vorteile dessen liegen auf der Hand: Glück und Unglück sind Objekte subjektiver Gewißheit geworden, das heißt, wir glauben jeweils zu wissen, wie glücklich oder unglücklich wir sind, denn wir werden ja von Glück und Unglück nicht überwältigt, wir haben sie an einem objektiv einsehbaren Ort deponiert – in unserem Reden über Glück und Unglück. Darum kränkt es uns, wenn jemand, rein durch Gerede, in unsere Gewißheiten eindringt. Die Wehrlosigkeit, die wir gegenüber unserem Glück und Unglück empfanden, aber besiegt glaubten, kehrt wieder in der Rede anderer Leute über uns, mit uns; wir beißen uns auf die Zunge und trauern der Zeit hinterher, als wir still mit unserem Glück, unserem Unglück sprachen.

*

Der Glücklose fühlt sich gedemütigt wie nur der Unglückliche. Wer nie gedemütigt wurde und uns das wissen läßt, den bestaunen wir als ein Monstrum, etwa wie ein Bewußtsein, das ohne Sein oder Krankheit sich am Leben hielt.

Wir *bewahren* den Stolz in einer Verkrampfung, einer Ermunterung, aber wir *finden* ihn in der Erschöpfung unserer Freuden.

Jeder von uns hat genug Vergangenheit in sich, um ein ganzes Leben gekränkt zu sein, doch bei den meisten reicht es nur für einen Winter.

Wir wären eingegangen vor Langeweile ohne die fixe Idee des Stolzes, ohne die zugehörigen Kränkungen.

Wahrscheinlich ist in dem, was uns kränkt, mehr Notwendigkeit als in dem, was wir bewundern müssen.

Das Gedächtnis dessen, was man uns angetan hat, führt auf einen Grund, der gleichgültig ist gegen den Unterschied von Beleidiger und Beleidigtem. Es führt uns auf den Grund, aus dem die Beleidigungen wachsen und auch noch wir selbst.

Die Kränkung des Geborenseins erträgt kein Mensch, die Kränkung des Angenommenseins kein Geborener.

Der Ekel reinigt und erhebt nur, die ihm ihren Stolz zum Opfer gebracht haben; er ist ein Geschenk an wohlunterwiesene Tiere.

Erniedrigen kann allein das, was man braucht bzw. nicht braucht.

Erniedrigender Gedanke, alles zu können, wenn man sich nur erniedrigt.

Der Ekel – letzte Stufe des Stolzes, der vor einer allmächtigen Langeweile bewahrt, eines Stolzes, der keine Kraft mehr hat zur Erniedrigung und Ertüchtigung seiner selbst, der sich buchstäblich übergeben muß.

Die Liebe zu einem stolzen Menschen verrät einen sardonischen Geschmack, zumindest aber ein verderbtes Temperament, wie alle Passion für etwas, das sich stürzen läßt.

Was könnte einem die Liebe einflößen zu etwas, das nicht von einem abstammt … außer dem Wunsch, sich von der reinen Demut, der absoluten Stolzfreiheit zu erholen in einem gedemütigten Stolz?

Alle Erniedrigung begann mit dem Wunsch, geliebt zu sein.

»Wofür dies ertragen?« – Jede Erniedrigung endet in der Arithmetik.

Was geliebt sein will, erniedrigt sich, was sich geliebt weiß, erniedrigt seinen Liebhaber.

Man kann seiner Erniedrigung überdrüssig werden, wie man es einst seiner Reinheit war.

Man will geliebt sein und doch nicht in den Spiegel schauen, man beugt sich über einen Brunnen und fällt in eine Kloake.

Der Mensch, der sich geliebt glaubt, verletzt seit je das Empfinden des Publikums – das ethische Empfinden, wenn er zu Recht glaubt, das ästhetische, wenn zu Unrecht.

Zu den unglaublichen, vielleicht unverdienten Geschenken gehört der Stolz. Er ist etwas, das mit einem geschieht, reine Passivität. Man erfährt es, wenn man um ihn leidet. Ein stolzer Mensch leidet jede Erniedrigung, nichts hält ihn zurück. Er hat ja seinen Stolz. An ihn hält er sich wie an den Fuß, den er gerade küßt. Verständlich, daß ein solcher Stolz zu Erniedrigungen seines Inhabers neigt. Dem Menschen, der in der Erniedrigung, die er an sich vollbringen mußte, alle Kraft verlor, schenkt sich der Stolz. Er fällt einem zu, wie die Geliebte, deren Fleisch nach nichts mehr riecht.

Jemand, durch dessen Zuneigung wir uns gekränkt fühlen, weil sie ein Regelmaß erkennen läßt, das nicht unserem Einfluß unterliegt. Eine Naturgottheit, etwas, dessen naive Verachtung nicht zu erschüttern ist, denn seine Regel begreift auch unseren Aufstand ein. Von unserem Stolz bleibt nichts übrig als die grundlose Kränkung, die wir ihm, aller Gründe ohnmächtig, antun.

*

Die Ubiquität der Erniedrigung erweist sich am Umgang mit den toten Feinden: Wer wollte noch seinem Widersacher die Füße durchbohren und ihn an Riemen durch den Staub schleifen? Diese Mißachtung der Person bzw. dieses Unvertrauen in den Wert der Person, der wir ein Ende machen konnten, weht sie bereits als noch lebende an. Wir sehen keine Feinde mehr vor lauter Arroganz, vor lauter Kadavern, wir haben uns zu tief gekränkt, um noch etwas in den Staub zu stürzen.

Die Pflicht und der Ehrgeiz, glücklich zu sein, führen in solche Hitzegrade von ›Persönlichkeit‹, daß alle Seele dran verdampfen muß. Man begreift auch ohne die volle Kränkung des Glücklichseins, warum die Seele zusammen mit dem Unglück und nicht mit dem Glück genannt wird.

Obwohl uns alles einlädt, die Kränkungen zu vergessen, tun wir's nicht, weniger aus Rachsucht denn aus Angst vor der universellen Fadheit, die aufs Verzeihen folgt.

Was man Weltgewandtheit nennt, ist vielleicht die Gewißheit, daß nicht nur frontal, sondern von allen Seiten Kränkungen zu erwarten sind.

Wenn irgendwo die Krankheit selbst heilt, dann in der Erniedrigung; sie muß daher vollständig sein.

Der Tod ist die letzte Erniedrigung und doch Vorbild aller anderen; er zwingt uns ja zu sagen zu etwas, womit wir untergehen, woran wir leiden sollen. Ohne dies Ja zum Leib – keine Erniedrigung, unadressierte Leiden.

Vernichten, die uns wehgetan haben. Alsdann mit der Nächstenliebe anfangen schon bei denen, die uns nur ganz wenig zunächst stehen, ja eigentlich schon bei denen, die wir geliebt und erlitten und vernichtet haben.

Eingang der einst Erniedrigten und Beleidigten ins Volk der Selbsterniedriger: sie lernen hier, sich von ihrer Vergangenheit *persönlich* beleidigt zu fühlen.

*

Den vorrückenden Soldaten halten unsichtbare Gegner einer Aufmerksamkeit für wert, von deren Treffsicherheit die Angestellten nur träumen können beim Morgenappell ihres Chefs.

In einer Welt, die nichts mehr von gemeinmachender und freimachender Arbeit weiß, muß alle Arbeit erniedrigend sein – Arbeit, die man hat, wie Arbeit, die man nicht hat.

Die Erniedrigung, nach einer Phase der Ruhe wieder zur Arbeit zu gehen – das ist eine Erfahrung, deren Schwindel leicht in spirituelle Höhen schleudert.

Diese Sonntagnachmittage, an denen man sämtliche Kränkungen wiederkäut, die einem widerfahren sind seit der Jahrhundertwende, seit der Zeitenwende, seit der Zeit!

Fortschritt im Bewußtsein der Erniedrigung: es kränkt weniger, zu dienen, als für sich selbst bitten zu müssen. Nur der Hochmut heilt die Kränkung.

Was man auch sonst von Diktaturen denken mag – sie setzen unserem Drang zur Selbsterniedrigung eine Grenze, *sie* brauchen *uns* noch.

Ich werde nie begreifen, wie man ein Volksfest besuchen kann und nicht fortan dem Studium der erniedrigten Kreatur leben will.

*

Stunden, da die Kränkung den ganzen Körper ergriffen – da man begriffen hat! Und unfähig ist, den kleinsten Finger zu rühren …

Wo man Demut nicht mehr aufbringt, muß man trachten, sich wenigstens der Demütigung als würdig zu erweisen.

Ab einem gewissen Alter ist es nur noch lächerlich, sich als Subjekt aufzuführen.

Wir quellen auf vor Selbstachtung, wenn wir uns nicht länger quälen lassen, sondern das selber tun, mit einem Guß kalten Wassers den Tag beginnen und mit nur einem Glas davon den Tag beenden; wir können uns nicht vorstellen, daß unsere Peiniger für unsere Qual sorgten in perfekter Verachtung.

Krankheiten und Armut fesseln ans Leben, sie erniedrigen durch Aufmerksamkeit den Geist, der sich in grundloser Schwermut räkeln möchte.

Es fällt uns kein bißchen schwer, den Dandy zu geben, denn im Grunde fühlt sich jeder von uns beleidigt, und zwar so abgrundtief, daß sich die Epoche in ein Ensemble von Wiedergutmachungen verwandelt.

Demütigungen kann man nicht falsch verstehen, denn sie gelten nur dem, den sie gerade treffen.

In einem All aus Monaden demütigt alles: lauter Bewußtsein, das unser nicht achtet.

Es gibt Entwürdigungen, die gerade das Tier im Menschen treffen: Lebewesen sein in einem System. Von ihnen erholt man sich nur, sagen wir, im Verzehr eines gebratenen Stücks Fleisch.

Verachtung

Bei Tage flach und blind in der Glücklosigkeit, verhilft die Verachtung nachts zu einer Tiefe, in der man alles zu Gesicht bekommt: den Verachteten, das Verachtende.

Stolz kommt aus einer tiefen Schwäche. Wir stehen da ohne alles, können den Dreck nicht mehr halten, den wir begehrten. Purifikation unabwendbar.

Vor der Verweltlichung der Person schützt am sichersten, wenn man virtuos vollbringt, worauf man verzichten kann.

Um im Unglück zu bestehen, gilt es eine Verachtung zu entwickeln, die nicht Hochmut ist. Eine fast unlösbare Aufgabe. Sie löst sich nur, wenn man selbst einmal gründlich verachtet wurde und den Stoff erkennt, aus dem man selbst, aus dem alles Unglück gemacht ist.

Der Mensch ohne Stolz – eine Allegorie des Unglücks. Er beherrscht seine Opfer ebensosehr durch die Schamlosigkeit der Annäherung wie durch die Koketterie noch in der Hingabe. Wie das Unglück, ist der schamlose Mensch unfaßbar nahe.

Seitdem männliche und weibliche Tölpel mit einem gewissen Ernst von ihrem Lebensglück sprechen, kann weder unsere Verachtung noch unsere Belustigung ganz rein sein.

Die Schande hält am Leben, im Unterschied zum Stolz. Wer der Schande verfällt, hat die bekannte Wahl getroffen, kann man sagen.

Jede Intimität, die man dir anvertraut, macht dich ärmer, leerer, zumindest dünnwandiger: du machst fremder Fülle Platz, damit sie dein eigener Unrat werde. Mißtraut man dir neuerdings? Dann erfreust du dich sinkender Verachtung!

Wo spielt die Freundschaft? Liebschaften reichen hinab ins Tierreich und hinauf ins Geschäftsleben, sie haben keine Dauer, aber halten gegenwärtig in allen Verhältnissen: jeden Augenblick entscheidet sich, ob ein Vergnügen seine Demütigungen wert sei. So gesehen sind Freundschaften das Wertlose, was dauert.

Welcher verzweifelte Mensch kennt das nicht – diese Bescheidenheit bis zur Verachtung.

Die Gewißheit, verachtet zu sein, wendet die Existenz ins Ökonomische. Dagegen die Komplikationen, die Verschwendungen der respektierten Person …

Die Tiefe des Abstiegs mißt man an der Verzwergtheit derer, die einen zu loben wagen.

Verzweiflung

Das Unglück dringt ins Bewußtsein und die Verzweiflung meldet sich als Gefühl, wenn von allen Nötigungen nur noch die zum Glück übriggeblieben ist. Die Befreiung von dieser letzten Not kann nur das Werk von Verzweifelten sein. Das Verzweifelte des Glücks, das ihnen aufgeht, bestand in der doppelten Distanzierung von Selbst- und Arterhaltung zu ›Arbeit‹ und ›Liebe‹, den Glücksverheißungen des bürgerlichen Zeitalters. Die Arbeit nicht weniger als die Liebe sollen das Glück bringen, darüber hinaus soll eines das andere rechtfertigen (Würdigwerden und Erholungfinden). Das Unglück liegt darin, daß die Nöte zu Wollungen bzw. Wünschen geworden sind, die ihrerseits gewollt werden müssen – will man denn nicht das Glück? also will man usw. Die Ernennung von Liebe und Arbeit zu ›menschlichen Bedürfnissen‹, die ihren Lohn in sich tragen, ist der Höhepunkt der bürgerlichen Verschämtheit und die Vollendung des Unglücks: es kann jetzt zum lebhaften Gefühl werden, nämlich als *Willensschwäche*. Das Glück ist einem so geläufig geworden wie das Wollen fragwürdig. Die Befreiung von diesem Unglück, willenlos aufs Glück starren zu müssen, ist das Werk der Verzweiflung, die, nach übereinstimmendem Bericht aller Fachleute, die Person (›den Menschen‹) als ganze aushebeln kann. Die ausgehebelte, verzweiflungsvoll schwebende, nicht mehr im Liebes- und Arbeitsglücksdienst schwitzende Person kann nun nicht anders, als Liebe und Arbeit zugleich von sich abzutun. Das ist existenzbedrohlich. Die Verzweiflung ist das gewollte Unglück, das ungewollt Willensschwäche und jammernde Unbeglücktheit wäre. Das gewollte Unglück trennt von den Nötigungen des Glücks, die Person will nun weder sich selbst noch ihr Geschlecht erhalten. Wenn sie jetzt noch leben will, muß sie es wunschlos tun. Ohne Wünsche kann sie dauern im Unglück der Welt, das sie tragen und bergen mag.

*

Die Schule der Verzweiflung ist nicht allgemeine Pflicht, Ungeschulte verwüsten zweifelsfrei die Erde.

Die Verzweiflung ist nichts, wovon sich reden läßt, sie ist kein lösbares Problem. So gesehen erfreut sie sich wachsender Einwohnerzahl.

Die Lautschöpfungen der Verzweiflung übertreffen an Reinheit vielleicht sogar jene der Musik: So klingt in der höchsten und der tiefsten Verzweiflung *ein* Ton.

In jedem Verzweifelten ist ein Erlöser versteckt, der davon träumt, sich samt seiner Schwarzgalle über die Welt zu ergießen und daraus aufzusteigen als weiße Taube.

Um die Verzweiflung ist eine Geräuschlosigkeit, eine Stille, die jeden Publikumsverkehr zum ungestörten Vorbeigleiten macht. Die Eleganz, die guten Manieren der Verzweifelten …

Der Reichtum unserer Verzweiflung ist nicht mitteilbar an jene, denen er aus der Armut erwuchs.

Der Umgang mit dem Unglück verleiht eine Schlauheit, für die man sich vor dem Unglück zu schämen beginnt; man fühlt und sieht, warum man nur im Unglück schamlos sein darf.

In einem westlichen Land hat die Verzweiflung wenig Aussicht, originell zu werden, denn wie für alles andere, ist man auch für sie mit Anlässen überversorgt. Fast unmöglich, sich hier nicht gehen zu lassen, von den objektiven

Gründen seines Trübsinns zu sülzen, gleichwie die Frauen des Westens die Leerheit ihrer Bäuche mit der Weltlage begründen.

Die Verzweiflung wie der Trübsinn bedürfen des Stolzes. Er bildet die Eingangstür ins Unglück, das – o Scham – sogleich hinter der Schwelle droht. Die blutige Nase, die man sich – unerfahrener Eindringling – im Zusammenprall holt, bedeutet einem unmißverständlich: im Stolz gibt es nur euch beide, dich und dein Unglück.

Wenn man sich mit dem Unglück vertraut machen konnte, dann will einem der Stolz die überflüssigste aller Regungen scheinen und eine schädliche noch dazu: wirft sie nicht unsere Nächsten zur Seite, als ob wir eines privilegierten Unglücks bedürften und nicht eines, das überall zu haben ist?

Man muß Erfolg haben, ehe man verzweifeln darf. Sonst kommt ein falscher Ton in die Verzweiflung.

Die Erfolgreichen sind seriös, denn sie leben in Zusammenhängen, in Zusammenhängen des Ernstes des Erfolges der Verzweiflung.

Der Zyniker – ein enttäuschter Idealist, der Verzweifelte – ein enttäuschter Realist.

Die Verzweifelten – voreilige Progressive, Leute, die das wurmige Ende von allem jetzt schon wollen und an sich.

Der Kampf mit der Verzweiflung ist ein Schauspiel, vor dem sein Sieger sich von Anbeginn langweilt.

Der Wert der Verzweiflung besteht in dem, was ihr Eigentum bildet und sich nicht besitzen läßt. Man verzweifelt, denn man ist wer.

Die Nichtigkeit von allem ist nicht etwas, das man einsieht, sondern was man ausspricht bzw. ausspeit bzw. was einen ausspeit.

So wie der Familienfromme von seinen Ahnen, muß sich der Verzweifelte beobachtet meinen von allen Selbstmördern, allen Vorgängern.

Ethos des Selbstmörders, die Welt besenrein zu verlassen.

Goetheanismus der Verzweiflung: Ich träume von allseits gebildeten Persönlichkeiten jenseits aller Formung durch Gulag oder Freihandelszone, ich träume von der durch Unglück entwickelten Persönlichkeit.

Verzweiflungsreichtum: für manche Leute eine Tautologie.

Verzweiflung ist vollständig gewordene Gleichgültigkeit. Gleichgültig ist nicht mehr bloß alles, was man sieht, sondern auch, was man ist, mit anderen Worten: man ist nichts anderes als alles andere, man kann sich sehen und muß nicht mehr sein.

Ich dulde die parfümierten und fliehe die stinkenden Verzweifelten. Wer verzweifeln will, sollte geruchlos sein. Allerdings nicht von der aufdringlichen, erpresserischen, aufreizenden Geruchlosigkeit einer Gebleichten, sagen wir einer Gerda Fischel.

Fast hat man Scheu, die großen Verzweifelten zu berühren angesichts der unsauberen Geister, die an ihrer Rückseite kleben.

Die Verzweiflung – ein Neuankömmling in komplexen Anordnungen von Menschen und Dingen, dem das Nächstbeste zu Willen sein und zum Unglück gereichen muß. Eine Art gefährlicher Unschuld vom Lande …

Verzweiflung ist etwas, das von innen nach außen führt. Eigentlich ist es die Unfähigkeit zur Außensicht auf die eigene Person überhaupt. Deshalb der vielbemerkte Mangel an Ernst in den Versuchen weiblicher Selbsttötung: Frauen töten sich seltener als Männer – oder wenigstens auf solche Weise, die ihr Äußeres unzerstört läßt. Die echte Verzweiflung scheint nur ein Geschlecht und einen Ausweg zu kennen, sie ist eine simple, zielhaft wirkende, durch Ziellosigkeit tödlich vereinfachte Bewegung. Sie kann nur weg von sich, ›nach außen‹, weiß aber, daß nichts ihr Widerstand leisten bzw. Halt geben wird – die Verzweiflung durchdringt alles, sie ist ein hemmungsloses, vom Erkenntnistrieb nicht unterscheidbares Streben. Ihr Außen kann nur in ihr selbst zu finden sein – das wird der Haß des Verzweifelten auf seinen Körper, auf die Tatsache, daß etwas seiner Verzweiflung entgegenlebt, ohne sie zum Aufleuchten und Verlöschen zu bringen. Erscheint der eigene Körper den Verzweifelten als Widerstand, in den sie sich mit versöhnungsbereiter Wut stürzen, oder als lästiges Gewicht an der Freiheitssucht ihres Wütens? Sie nehmen ihr Geheimnis mit an den Friedhofsrand.

Die Verzweiflung? Ein Trübsinn, der begonnen hat zu tanzen. Der Trübsinn? Eine Verzweiflung, die zu Boden gegangen ist.

Begründete Verzweiflung ist zweifelhaft.

Brauchst du noch einen Pessimismus, um verzweifeln zu können?

Momente, Monate der Verzweiflung, da dir jeder Atemzug die Kehle enger macht.

Das Feigenblatt eines Pessimismus – herunter damit von der nackten Verzweiflung!

Wir ächzen unter verwirklichten Träumen.

Dem Sein, dieser hingebreiteten Verzweiflung, dieser faden Gewalttätigkeit, kann man nicht Widerstand leisten. Aber dem, was uns widersteht, uns Böses will und angreift, kann man beipflichten und gleichziehen, man kann sich ihm gleichmachen und endlich den Einsturz einer richtungslosen Aggression erleben von innen her.

Der reine Genuß des Unglücks macht niemanden froh. Der Geist und seine Getränke ermöglichen dagegen das Erlebnis, den Genuß der Desperation, der Betrunkene erst tritt neben sich, er wird Stammgast seiner Verzweiflung.

Verzweiflung ist vollständig gewordenes Unglück, es gibt keinen Ort zwischen den Polen, wo man nicht unglücklich wäre. Das heißt aber nicht, daß man zwischen Familie und Arbeit, Daheim und Draußen unbeweglich wäre (schon das Versinken in ihnen wäre eine Bewegung). Im Gegenteil. Die durch nichts gestörte Spannung zwischen den Weltenden des Unglücks treibt einen hin und her, wirft einen hin und her in die Arme häuslichen und weltlichen Unglücks.

Man macht sich fremd, um ins Ausland zu kommen, und man gibt sich fremd dort, um an die daheim zu erinnern. Man bleibt ein Vertreter. Die Reise: eine bewegte Verzweiflung, die nichts bewegt.

In der Verzweiflung wird man nicht alt. Sie hält immer am selben Fleck. Sie verjüngt sogar: Nach dem Hochmut des Erwachsenwerdens führt sie den reifen Menschen zurück auf die Verranntheiten seiner Jugend.

Am Leben des verzweifelten Menschen erstaunt am meisten die Achtung, die er allmählich vor dem eigenen Leben, eigentlich: der Lebendigkeit seines Leibes, gewinnt. Weil sich der Mensch nichts wert ist, tastet er seinen Leib nicht an.

Wenn man einen der großen Verzweifelten liest und hinterher erfahren muß, daß er klein von Wuchs oder bucklig oder ungeschickt mit den Frauen war – wie ist man dann enttäuscht! Wieder einer, dessen Elend auf einen Grund bauen durfte …

Die Produktivität der großen Verzweifelten, dieses Übermaß triumphierender oder heulender Trübsal, provoziert manchmal unwürdige Wünsche und Vorstellungen: man wünscht einem Nietzsche, einer Bachmann die ewige Leber und den Anblick des Federvolkes, das von dieser sich nährt.

Im Unglück, in der Verzweiflung ist die Lähmung ununterscheidbar von der Erwartung; was einen am Leben hält, ist der Vorblick auf künftige Lähmung, die keine Erwartung herbeiführt, die keine Lähmung herbeiläßt.

In der Verzweiflung ist eine ökologische Tendenz, die zur Vollendung drängt. Der Verzweifelte ist in einer Bewegung, die seine Umwelt verschont. Seinen Rohstoff, das Unglück, findet er zu Hause vor. Sein Umgang damit, dieses Produzieren und Konsumieren, ist nur als feinstes Zittern wahrnehmbar. Seine Impulse könnten eine ökologisch gebaute Welt durchfluten ohne winzigsten Raubbau an deren Stoff. Was nicht nach außen dringen würde, könnte dem Vorrat dienen, den langen Wintern der Erinnerung an vergangenes Unglück.

Man sieht ohne weiteres, daß den Verzweifelten ein Potential zur Weltrettung oder -erlösung innewohnt, wozu gehört, daß sie niemals Gebrauch von ihm machen.

In der Verzweiflung hat man keine Angst mehr, wie schon in der Langeweile davor.

Statt zu verzweifeln, sollte man sich über sein Alter wundern.

Der Blick auf vergangene Verzweiflung macht sentimental. Natürlich auch grauen, mit Blick auf ihre Zukunft.

*

Durch eine Unachtsamkeit oder Großmut der Verzweiflung bleibt neben ihr das Leben. In seiner ersten Hälfte sieht es die Verzweifelten in einer Wut, alles zu zerschlagen, worin sie mit ihm zusammenhängen, zuerst also die eigenen Körper. Aber die Wut ist so rein und groß, daß sie schon ahnt, daß mit einem Schlag zuviel vorbei oder zuwenig zerschlagen wäre. Der Furor läßt weiterleben, Karriere machen, Kinder usw. In der zweiten Lebenshälfte bestehen Größe und Reinheit der Verzweiflung in ihrer Demut. Sie wünscht das Ganze zum Teufel, kann also selbst nichts mehr tun. Die Einsicht, daß Tun und Sich-Antun aus einem Holze sind, ist hier durchgehend. Deshalb verschwindet auch nichts. Mit Sack und Pack, mit sich und den Ihren kommt die Verzweiflung bis ans Ende.

V. Die Erkenntnis des Unglücks

Anblick des Unglücks

Unglücklich sein, die Dinge und die eigene Lage sehen, wie sie ist – das geht selten auf einen Entschluß zurück und öfter auf eine Angewohnheit und noch mehr auf eine Annahme, eine angenommene Gewohnheit.

Natürlich läßt sich stets ein *Grund* der Trübsinnigkeit ausfindig machen. Er ist das, was man ist, wenn man an den Trübsinn denkt, anstatt ihn zu empfinden.

Man mißtraut einem Tragischen, der nichts sein will als das, und man nimmt einen Komiker nicht ernst, der noch anderes sein will als das.

Im Unglück plagt uns die Klarsicht oft so sehr, daß wir, uns zu helfen, zwei, drei trübe Sätzchen für die Philosophen absondern, getunkt in eine Schwermut, die nicht mehr ganz die unsere ist.

Die tiefe Verzweiflung nagelt einen auf der Stelle fest, und in dieser Starre sieht man Dinge und Menschen umher allmählich zu lockerem Verhalten finden.

Mag man auch an nichts mehr die Feile ansetzen, so kann man doch noch an seinem Lächeln hobeln.

Den Unglücklichen macht erst das Pathos präzise.

Angesichts eines Lächelns wollen wir, daß es uns gilt, oder wir wollen, daß es grundlos sei. Wir sündigen mit unserer Eitelkeit oder gegen unseren Verstand.

Begriff des Unglücks

Das Unglück trägt alle Merkmale dessen, was sich selbst trägt, es ist für nichts anderes da, zu nichts nutze, und hat daher immer jene verführen können, die einmal etwas Nutzloses tun oder fühlen wollten. So hat das Unglück schließlich jenen Ruf erlangt, der in härteren Zeiten dem Kunstwerk oder der Theorie zukam. Wenn man sieht, wie die jungen Leute zu diesen beiden freiwillig und in Strömen drängen, dann ahnt man die kultivierende Kraft, die das Unglück inzwischen besitzen muß.

Das Unglück rechtfertigt, es trägt seinen Lohn in sich wie das schön Geschaute oder klar Begriffene. Wer Unglück und Schauen und Begreifen professionell betreibt, also von fremdem Unglück lebt, vergißt das leicht. Ein wenig Übelstand, ein wenig eigenes Unglück kann hier wahre Wunder wirken an Rücksicht und Feingefühl: ein in Betrachtung oder Begreifen des Unglücks Gestörter begreift an seinem Unglück, warum das Unglück sein soll in der Welt und für die Welt.

Unglück ist das Gegenteil von Unschuld. Die Unschuldigen erwecken den Eindruck, die ganze Welt sei bevölkert von ihnen, weil sie dort überall unterwegs sind und vorwärts kommen. Das Unglück, von der Form eines Häufleins, bleibt zu Hause, es verharrt im Angesicht von etwas, das durch die Unschuldigen nur vorübergehend verdunkelt scheint. Die Unschuld ist ja die Fähigkeit, die Dinge als Vehikel zu nehmen, sie zu nutzen, sich daranzuhängen und voranzukommen mit ihnen; dem Unglücklichen fehlt jedes Vertrauen, an irgend etwas haften zu können. Statt herunterzufallen, statt zu stürzen, bleibt er lieber zu Hause. Nur die Unschuld treibt sich umher. Sie hat nichts zu befürchten. Der Unglückliche fürchtet fast alles außer seinem Unglück. Ohne Vertrauen in die Angelegenheiten, die Umtriebe der Unschuld, geht er nicht ein in sie, dann zu sehen, was eigentlich sie verdunkeln; er sieht nichts, ohne Vertrauen ist er voller Glauben.

Vermögen des Unglücks

Allein das Unglück formt den Menschen. Überzeugungen sind austauschbar, Verwundungen nicht.

Der dauernde Umgang mit dem Unglück läßt die *expressive* Fähigkeit einer Seele ins Kraut schießen zum Nachteil der *diskursiven* – es fehlt fast völlig die Illusion einer anderen Sache, über die und um die man sich mit anderen hermachen bzw. balgen könnte. Allenfalls die Fähigkeit zur *Anbetung* bleibt der unglücklichen Seele erhalten: geübt ist sie und jederzeit bereit, mit ihresgleichen vor einer größeren Not auf die Knie zu fallen. Und endet nicht jedes luxuriöse, also unglückliche Seelen-Leben mit dem Einbruch irgendeines unabsehbaren Unheils, das einen zusammen mit Tausenden auf die Knie zwingt oder wenigstens in die Schützengräben?

Die unglückliche Seele büßt alle Fähigkeit ein, ihren zugehörigen Menschen, der sich ganz auf sie verlassen hat, mit anderen zu vergleichen; in einer bestimmten Hinsicht weiß sie sehr wenig von sich. Sie weiß vielleicht gerade soviel, daß ein Vergleich den Unglücksmann sofort in die Alternative von Hochmut und Demut hineinzwänge, also hinaus in jenes Gallert des Unglücks, darin er sich durch die Jahre eingelegt findet.

Erforschung des Unglücks

Man erwartet von uns klare Auskunft über unser Unglück, aber wenn wir in der Klarheit wären, würden wir nichts weiter tun als unser Unglück erdulden.

Trockene Einsicht ist's, die uns aufheulen läßt.

In der Erforschung eigenen Unglücks gerät man schnell auf die Alternative: Unglücklich, weil du nichts willst? weil du das Falsche wolltest? Sie ist nicht zu entscheiden, und so begnügt sich auch das Unglück schließlich mit dem Falschen, das man nicht gewollt hat und neben dem man nichts will.

Jedes Glück stirbt für sich.

Marktforschung und Philosophie leiten den Menschen auf eine Erforschung seiner Wünsche, deren Gründlichkeit sich in der Gekränktheit beweist, mit der er fortan das Faktum seines Geborenseins verzeichnet.

Nichts ärgert uns mehr als ungenügende Darstellung unserer Miseren. Wir leiden tiefer und wir wissen es besser. Im übrigen erkennen wir uns in keiner Darstellung wieder.

Was einem die letzte Stunde vorab verekelt, ist die Aussicht auf das zusammengedrängte Begreifen dort. Welt und Leben auf kleinstem Raum! Welche Einsichtenfülle! Nur – so genau will man es gar nicht wissen …

Die edle Seele wütet am liebsten gegen sich selbst. Kein Wunder, daß sie sich für ihre Raserei der billigsten Anlässe bedient, nur um schnell enttäuscht zu ihrer ursprünglichen Wunde zurückzukehren.

Wer das Unglück, das er nicht teilt, verstehen will, der muß ihm seine Muße, seine Langeweile gleichstellen; eine verleugnete Langeweile, ein unverstanden geglaubtes fremdes Unglück ergeben bloß die Komödie.

Die *Schule des Unglücks* lehrt, eine halbzerfallene Welt zu zerlegen und mit aller Sorgfalt, allem Grauen wiederaufzubauen. Sie gibt dem Schüler einen Halt, der ein wenig der *Seriosität* ähnlichsieht. Ist man nicht gerechtfertigt im Unglück? Aber das schulmäßige Unglück befreit von dem Wunsch, sein Wissen übers Unglück und sich selbst jederzeit parat zu haben; nicht für das Leben – all der anderen, Zuschauenden –, sondern für die Schule wird hier gelernt, lebenslänglich, nicht anders als im Aufbauwerk des Glücks.

Metaphysik des Unglücks

Was das Unglück für metaphysisch gestimmte Gemüter so anziehend macht, ist seine Unproduzierbarkeit. Das Glück mag herstellbar sein, wenn auch nicht für den eigenen Bedarf, das Unglück ist es nicht. Daher die Faszination, die unglückselige Menschen und Zeiten auf ein Geschlecht von Herstellern und Verbrauchern ausüben. Die berufenen oder selbsternannten intellektuellen Vertreter dieses Geschlechts finden im Unglück ein Synonym für Gott, Schicksal, Natur, kurz: für alles, was sich von menschlichem Machergebaren nicht beeindrucken läßt. Und die kühnsten oder verworfensten Geister entdecken in ihrer eigenen Unglückseligkeit eine Intimität mit dem Übersinnlichen, von der sich andere oder frühere Menschen nicht hätten träumen lassen. Das Unglück und seine Seligkeit scheinen nämlich, in einem tätigkeitsbeflissenen Weltalter, aus jeder Ritze des Daseins zu fließen, ja, es scheint sich um das Sein selbst zu handeln, das nicht wird noch zu machen ist. Denn wo alles tätig-werdend nach dem Glück unterwegs ist, da kann der Untätige seinerseits nur am Ziel, das heißt schon im Unglück sein, das für die anderen ein gemachtes Glück erst werden muß. Weshalb die Sinndeuter einer glücksbeflissenen Welt nur die Unglückseligen und nichts als Unglückseligen sein können, die, während alles andere Dasein über sich hinausdeutet, gar nichts anderes bedeuten, also sein dürfen und darum im Unglück sind.

Sache des Denkens

Denken bedeutet, daß man weder im Glück ist noch zu ihm unterwegs; die Sache des Denkens ist das Unglück. Der *philosophische* Verrat am Denken besteht in der Verleugnung des Unglücks. Im Angesicht des Unglücks ist das Denken rein bei seiner Sache, das Denken ergibt sich im aktuellen Unglück, das einen Menschen betrifft zu einer Zeit, die nicht vom Menschen gemacht ist. Weil das Unglück selbst bestimmt, was und wie es gegenwärtig sei, verbietet sich die Kontemplation (die Nachsicht in gemütlicher Langeweile) oder die Vorsicht (der ängstlich präventive Eifer), diese Grundmuster des Philosophierens. Im Unglück kann das Denken seiner Sache nicht ausweichen; wo es ausweichen kann, bleibt es eine Sache der Philosophen. Auch in der Erinnerung bzw. dem träumerischen Nachdenken bzw. dem gehaltvollen *Traum*, auch in der *Liebe*, auch in der mühseligen *Arbeit* ist der Mensch ganz bei der Sache, sein Denken geht da aber auf süße Trauer, Lust, Reichtum, es ist nicht unnütz. Unnütz ist das sachgemäße Denken, das Denken im Unglück, es ist so unnütz wie das Unglück nutzlos. Die Nutzlosigkeit des Unglücks, die der Fachmann ›erhaben‹ nennen könnte, bestimmt die Gegenwärtigkeit des Unglücks und seines Erwählten, des Denkens: dieses kommt und geht mit dem Unglück. Man kann da nichts lernen, die Zerrüttung auf den Gesichtern der Denker ist nichts, was sich weitergeben ließe, das gedachte Unglück, das Unglück des Denkens schafft keine philosophia perennis, man kann nicht leben von ihm.

Im Unglück kommt nicht die Frage auf nach größeren oder kleineren Gedanken, sowenig wie das Problem, ob man in seiner Gegenwart mehr oder weniger gedacht habe. Man hat keine Gelegenheit, im Unglück originell zu sein, das Unglück bringt es also weder zu Größe noch zu Geschichte, wie die Philosophen. Diese kennen kein Unglück und *beschäftigen* sich mit dem Denken, *lieben* die Weisheit, *fragen* was Wahrheit ist – und nicht, was wahr sei. In der *Beschäftigung mit dem Denken* erreichen die Philosophen eine Stetigkeit, die dem sachgemäßen, verunglückenden Denken fremd ist. Das dauernde Redenkönnen vom Denken, in der philosophischen Glücklosigkeit betreffs des Unglücks, bringt jeden Philosophen in die Nähe von Nutzen und Arbeit. Hier beginnt der Verrat der Philosophen, denn nun sind Entscheidungen übers Denken verlangt, die nicht sachgemäß sein können. Die philosophische Unfähigkeit zum Unglücklichsein stellt das Denken in die Verfügung der Philosophen, die es zur nutzlosen Arbeit oder zur Arbeit an fremdem Nutzen erklären müssen. Altertümliche Philosophen erwarteten,

daß andere für sie arbeiten – daß das Nützliche getan werde, damit sorglose (unnütze) Gedanken sich breitmachen könnten, neuzeitliche wollen für andere arbeiten mit nützlichen Gedanken. Den sorglosen Gedanken der Alten steht die gedankenlose Sorge der Neueren gegenüber, denn die sorgen sich ja gerade um die Gedankenlosen, denen sie das Resultat ihrer Arbeit zudenken. Die Gedankenlosigkeit der Philosophen erweist sich in dieser Prätention einer Nutzlosigkeit bzw. Eigennützigkeit oder Nützlichkeit des Philosophierens, das heißt, Gedanken haben die Philosophen ja, nur sind es nicht die eigenen, sondern einer fremden Sache zugehörige; ihre eigenen Gedanken können sie sich zwar machen, aber diese bleiben dem Denken, auf das sie sich berufen und von dessen Ruf sie zehren, äußerlich.
Was in sich selbst ein Glück sein soll oder für fremdes Glück arbeiten will, kann kein sachgemäßes noch unglückseliges Denken sein – muß es aber auch dessen Verrat heißen? Ob sich das Denken verraten bzw. ein fremdes Unglück ausplaudern läßt, ist als Sachlage unstrittig und nurmehr Rechtsfrage; für solche Fragen im Übergang vom Unglück zum Geplauder und vom Denken zur Philosophie sind aber weder Denker noch Philosophen zuständig, das sind Fragen für Moralisten und Historiker.

Denken des Unglücks

Wohin man auch schaut oder hört – selten fand man solch ein inständiges Nachdenken übers Beglücktwerden, selten das Glück als Objekt von soviel grübelnder Insistenz. Das Glück scheint alles andere als ein Zufallendes geworden, ein letzter Schliff oder Glanz auf anderweitig schon Gelungenem. Es gleicht eher einer Grund- denn einer Randbedingung des Daseins. Da jedermann zunächst das eigene Dasein vom Glücksgebot vor die Nase gesetzt ist, bietet sich dem Beobachter viel Komik – es ist komisch, soviel Ernsthaftigkeit auf sich selbst bzw. eine antizipierte Welt aus lauter ›seinesgleichen‹, lauter Glückswürdigen eben, verwandt zu sehen. Das Glück eine Grundbedingung des Daseinmüssens, des Nachdenkenmüssens – das besagt aber – nichts, die Komik speist sich ja gerade daraus, daß ›ernsthaft‹ schon über *alles* Mögliche nachgedacht wird …
Man vermutet hinter diesem Denkeifer einen Verwirklichungseifer, einen Machbarkeitsglauben. Ist der eitel? Aber – selbstverständlich ist doch Glück machbar! Nur eben nicht das eigene bzw. das Glück dessen, der sich daranmacht an es. Im Gehege von Liebe und Arbeit, worin sich die Neuzeit gegen

andere Weltalter abschirmt, tummelt und behauptet, ist dies längst erkannt und anerkannt, im *Rigorismus des Gefühls wie der Tatkraft*. Beides soll seinen Lohn in sich tragen, um seiner selbst willen geschehen – so sprechen resignierte Eudämoniker. Die Angst vor einem Glück, das einen unverdient überfällt, quillt noch aus den fugenlosen Bauten der Autonomiemoral, der Homogenitätsethik.

Der Wille, durch Liebe und Arbeit von hier nach dort, aus der Gegenwart in die Zukunft zu kommen und dort sich doch wiederzuerkennen, garantiert die neuzeitliche Trostlosigkeit. Täuscht dieser Wille sich vielleicht, hat er ein heimliches Ziel, will er sich selbst und dennoch nicht alles von sich wissen? Manche sehen in ihm einen Sterbewunsch am Werke. Die Ernsthaftigkeit, womit man neuzeitlich den eigenen Tod vorbedenkt, ähnelt tatsächlich dem Eifer, mit dem man dem vergewisserbaren Glück nachstellt. Aber auch der Sterbewunsch bringt den trostlos eifernden Willen nicht über sich ins klare. Der Tod soll ja ebensowenig zufallen wie ein Glück. Man läßt sich mit dem Sterben – in Taten und Gedanken – nur ein, auf daß man sich sterben *sieht*. Keinen Millimeter soll der Tod ins Leben ragen. Das Sterben ist ein Machwerk des Lebens, ganz zwanglos ist daher der Pessimismus aus dieser Gleichsetzung. Lieben, Sterben, Arbeiten sind durchaus machbar, souverän zu machen, dadurch aber auch zu trennen voneinander.

Völlig unverständlich ist darum dem glücksverfallenen Menschen die *primäre oder traditionelle Verfugung* dieser drei beispielsweise unterm Zeichen des ›Alles stirbt‹, ›Was ist der Mensch‹, ›O vanitas vanitatum‹: da stützen Gattungs- und Selbsterhalt, Heim- und Weltarbeit, Familien- und Freundesliebe einander gegenseitig; Liebe und Arbeit büßen aneinander ab, das macht ein Leben bis zum Tode. Der Glücksverfallene ahnt davon etwas, am ehesten angesichts der *zweiten oder falschen Verfugung,* der Romantik, dem Sichwichtigmachen des einen am andern, der ›interessanten‹ Liebe, die von der Wichtigkeit der Arbeit borgt, der ›interessanten‹ Arbeit, worin die Liebe zum Werk eingegangen sein soll; Träume des Bürgertums. Träume von ›Ganzheit‹ – machbar nur im kleineren, sichtbaren, greiflichen Machtwillen der Künstler und Kunstmenschen. Romantik – Machtanmaßung der Kleinen und Ganzen.

Und auch in diesem Träumen ist ein wildes, bohrendes Grübeln am Werk, das über die Fugendichte einer aus Liebe und Arbeit genagelten Existenz wacht; das Bürgertum wacht sorgsam über die ›Echtheit‹ des romantischen Unglücks, es spottet, wenn das nach der einen oder anderen Seite zu frei ausschlägt, wenn der Künstler nicht ins Werk hinein an seiner Liebe leidet oder wenn er gar zu gewissenhaft zu Werke geht. Tatsächlich ist das romantische Unglück zu unverborgen, zu offensichtlich, zu augenscheinlich, es findet sich neben dem bürgerlichen Beglücktseinwollen, es gibt nicht zu denken.

Wie kommt das Denken aufs Unglück? Wie gewöhnlich das Sein durchs Erscheinen, verbirgt sich das Unglück durchs Glück. Man kann sich das durch einfache Verkehrungen bürgerlicher Selbstverständlichkeiten klarmachen. So ist die bürgerliche Arbeit Glück und Streben, die bürgerliche Liebe Glück und Lohn, der zufällt aus der Arbeit, wohin er wieder treibt usw. usf. Dabei zeigt sich: in der Liebe wird das Unglück – *erstrebt*, in der Arbeit – das Unglück *erlitten*. Ein Blick in die zugehörigen Gesichter verifiziert das umstandslos. Demütigung der Arbeitenden und Selbstdemütigung der Liebenden sind Gesichtsnorm. Das Unglück zeigt sich hier zunächst als die andere Seite des Glücks, doch ist es in seiner Offensichtlichkeit auch von anderem Schlage als das Glück: das Unglück ist, was es ist; das Glück borgt vom Unglück diese Positivität, indem es – auf deren Nutzbarkeit, Beständigkeit, Neutralität vertrauend – das System seiner Unterscheidungen eröffnet, zuvörderst von Erwartung und Erfüllung. Woran aber soll einem klar werden, daß man glücklich geworden sei, wenn nicht am selben Unglück?

Wie ist dieses Unglück zu denken? Man hat von Seinsfrömmigkeit, Andacht usw. gesprochen, als es um vergleichbare Zusammenhänge von Enthüllung und Verborgenheit zu tun war. *Was nun, wo das Unglück alles Erscheinende bestimmt?* Das Unglück ist ›allhie‹. Nicht also eine Epoche, worin unsere Suche nach dem, was ›wirklich ist‹, ›besteht‹, ›gewährt‹ usw. geprägt wäre von Mißgeschicken, üblen Erfahrungen, kurz: ›von lauter Unglück‹ – sondern umgekehrt: das Unglück bestimmt, was überhaupt sein kann. Das sind fast immer und überall – Glückshoffnungen. Alles, was wir tun, muß auf sie zu beziehen sein, alles, was wir leiden, müssen sie kompensieren. Man beobachte an sich selbst oder anderen die Rigidität, womit gerechnet und gewogen wird. Das *Unglück* ist, was unser Hin- und Hervernünfteln übers Glück gewährt. Das Unglück ist der Boden des Glücks und ebenso die Sonne, die es bescheint. Was kann uns dann die Andacht zum Unglück noch gewähren? Nichts als den – reinen – Schein des Glücks, unser nimmerzuspiegelndes, niemals irgendwo erscheinendes nachdenkliches Gesicht, wenn wir dem Unglück unverstellt durch die Umwege des Glücks nachstellen … Denkwürdigkeit solchen Gesichts, Schafsmäßigkeit auf ontologischer Höhe!

Erfahrung des Unglücks

Wenn das Unglück unterm dünnen Mäntelchen des Glücks so breit und selbstverständlich herrscht, dann fragt sich, ob es bei seiner Ausgedehntheit überhaupt Raum zu seiner Erfahrung lasse. Man kennt das Problem: beliebter Trick der Philosophen, vereinzelte Erfahrung zum Symbol aufzublasen für ein allgemeines Ungemach. Aber: das Unglück ist zuerst gar nicht als Erfahrung gegenwärtig, sondern – als Grund von Erfahrung? Wieder sehr ›philosophisch‹ gesprochen! Das Unglück begründet zwar, jedoch nicht alle Erfahrung, sondern nur die ums Glück gruppierte. Wie aber wird da jemals das Unglück erfahrbar? Am meisten verschlägt hierfür die Analogie des *Schicksals*. Es trifft einen als ein Schlag, gegen den man nichts ausrichten kann. Schicksalsschläge beenden keinen Kampf, in dem man selber einst ausgeholt hätte, der erste Schlag ist hier vielmehr der letzte. So auch die Erfahrung des Unglücks, die sich schlagartig einstellt. Man hat es, wie beim Schicksal, mit etwas *Übermächtigem* zu tun.

Das bedeutet aber auch, daß das Unglück dem Unglücklichen nicht ganz entzogen ist, als Übermacht ist es doch eine *Macht*, erkennbar in ihrem Tun, etwas, zu dem man sich stellen kann. Der Glückliche bzw. Glücksuchende verhält sich als Opportunist der Macht, er redet ihr nach, stellt sich gleich. Darum verfehlt er das Unglück, das sein Leben bestimmt. Der Unglücksfromme dagegen unterwirft sich der Übermacht ohne viel Federlesens, denn er erkennt, daß er vom Unglück nur fürs Unglück freigelassen ist. Er versagt sich das Zappeln repräsentabler Beglücktheit, er stellt nichts dar, er läßt – in sich, an sich – das Unglück sich darstellen. Er wird, zum Beispiel, Phänomenologe des Unglücks.

Als ein Nichts, als eine Verschwindensgröße in einer beglückt wimmelnden Welt, verhilft er dem Unglück zu persönlichem Erscheinen. Er besteht nicht mehr auf seinem Glück, das alsbald in einem allgemeinen Unglück versinkt wegen der Grundlosigkeit aller Glücksinsistenz. Gelassen unbeglückt zwingt er das Unglück heraus in eine persönliche Größe; die namenlose Traurigkeit, die sich sorgfältig eines konkreten – namhaften – Grundes enthält und doch himmelweit entfernt ist von aller Beliebigkeit der Melancholie – sie zeichnet ihn aus in der Überfülle der Glücksverfallenen. Sie macht sein Gesicht durchsichtig für ein Unglück, mit dem er sich nicht schmücken muß, sein Unglück legitimiert seinen Träger, indem es seiner ganz und gar unbedürftig scheint, sein Unglück verschafft ihm einen Namen in einer Welt namensüchtigen Glücks.

Der Mensch im Unglück

Der Mensch im Unglück ist nichts weniger als mit sich zerfallen. Was sollte ihn denn, mitten im Unglück, mit sich entzweien? Vielleicht eine Scham, unglücklich zu sein. Solche Rücksicht nimmt aber nur, wer nicht ganz im Unglück ist (und überdies auch nie ganz glücklich sein kann), die Scham über den Schein des Unglücks kommt vom Geist, von einem freilich, der nicht der eigene ist; somit kann der vom Unglück Beschämte auch nie ganz im Unglück sein. Der Mensch im Unglück dagegen hat die Rücksichten des Sozialen, des Geistes der Institutionen, in denen ›kein Platz für Trübsalblasen‹ sei, wie es dort röhrt und rattert, hinter sich gelassen; der unglückliche Mensch ist der Einzelne und eben jenes Individuum, das die Mächte der Weltbeglückung fortwährend propagieren.

Der Mensch im Unglück ist so ganz und rund und vollständig darin, weil im Unglück zu sein bedeutet, reines Bewußtsein zu sein, also mit nichts anderem beschäftigt als dem, woran es ist, hier eben: dem Unglück. Es ist eine philosophische Verleumdung oder zumindest Verkennung, vom Unglücklichen zu sagen, daß er seines Lebens Fülle außer sich habe, einen grundlegenden Mangel leide, sich ständig entgehe. Derlei Geläufigkeiten des Scheiterns sind dem Unglücklichsein ganz fern, das sind Anthropomorphismen, Bilder des Unglücks nach dem Vorbild des Menschen, dem irgend etwas fehlt. Die Erfahrung des Unglücks lehrt etwas anderes. Das Unglück hat diese höchste Kraft und Notwendigkeit, weil es weder Tat noch Geschick, sondern Sein, Substanz, Wesentlichkeit ist, es zieht das Bewußtsein immer wieder auf sich, den Menschen stets von neuem zu sich zurück, man kehrt von selbst dort ein. Allerdings *verfügt* man nicht über das Wesen seines Unglücks. Ist es darum aber von falscher Freiheit, gar beliebig?

Wie steht es um die *Notwendigkeit des Glücks*? Der glückliche Mensch ist mit sich im reinen, stimmt mit sich überein – woran, worin denn? In einer gleichgültigen Form, einer bereitgestellten Allgemeinheit. Die Notwendigkeit, *in seinem Glück* zu kreisen, es zu wiederholen, zu bestätigen usw. ist: *weil du mußt*. Das kann gedankenloseste Leere sein. Hingegen kehren deine Gedanken immer wieder *zum Unglück zurück, wenn du nicht anders kannst*. Die Substanzfülle, der Gedankenüberfluß und Trauerreichtum des Unglücklichen kann dem glücksgeformten Menschen wohl einmal Ärger erregen: Was hast du denn, was ist denn das? möchte er rufen. ›Was ist das Unglück?‹ Was ist das Sein? Niemand fragt so außer Witzbolden und Philosophen. Das Unglück ist nicht mißzuverstehen, also erst recht nicht zu verstehen. Dem

Glück lassen sich Worte abringen, weil es gar keine hat. Das Unglück spricht ständig still mit sich.
Selbstbewußtsein im Unglück erwiese Selbstverliebtheit als sein Revers. Ein Bewußtsein, das nur sich selbst nachhängt, wie das ein Glücklichwerdenwollender tut, findet als seinen Stoff allein das Unglück. Wenn nun das Glücklichseinsollen den Weg des Menschen insgesamt bestimmt, dann finden Liebe, Begierde, Sterben und dergleichen nur momentanes Unglück, denn das Glück hat ja die Form zusammenhangloser Präsenzen angenommen – was kann die füllen außer dem täglichen Unglück? Du lernst dieses Unglück zu lieben, gerade wenn dein Erotismus auf Wegbereitung verpflichtet ist; immer unterwegs, findest du nichts anderes als ein kleines Unglück. Du liebst es, weil sich andere Objekte nicht finden, weil sich nichts finden kann, das es an Liebenswürdigkeit mit der Würde und dem Ernst deiner Wegsamkeit aufnehmen kann. Das Unglück ist nicht liebenswürdig, gewiß. Aber du hast die Komödie satt, zu deinem Glück irgend etwas liebenswürdig zu finden.

Definitionen, Axiome

Das Unglück ist der stärkste Trost, ist der Trost selbst. Es nimmt einem alles, was genommen werden kann. Übrig bleiben nur der Trostsuchende und das Unglück. Das sieht der Glückliche nicht. Das Glück macht untröstlich.

Das Glück ist immer bedrohlich, ob durch Einmaligkeit, ob durch Wiederholtheit. Das Unglück hat noch keinen bedroht, es hält sicher und warm, es hält fest.

Das Glück ist ohne Zusammenhang mit allem anderen, es kann einen jederzeit treffen. Das Glück beleidigt.

In den Kränkungen, die das Glück zufügt, ist es aufrichtiger als in den Heilungen, die es verspricht.

Urteile, Schlüsse

Aus dem Glück folgt nichts. Daher die ungeheuren Erwartungen an die Zeit nach einem Unglück.

Kein Glück ist so groß, daß es nicht größer wäre, darauf zu verzichten.

Zum Ende hin läßt einen das Glück alt aussehen. Es besteht jetzt darin, daß einem die Zeit schneller vergeht.

Du erwartest nichts. Jemand kommt und stört dich dabei. Wenn du Glück hast, ist nichts von ihm zu erwarten.

Im Unglück die Zeit schlürfen, die nicht vergeht, im Glück die Gegenwart schlucken, die nicht zu fassen ist.

Von Erwartung geschwächt, so sehr, daß nichts kommt als das unerwartete Glück.

Es gibt einen Grad von Erwartung, der selbst das Unglück scheuen läßt.

Hoffnung kann sich nicht jeder leisten. Man muß in die Jahre gekommen sein, wenn nichts mehr schiefgehen soll.

Das Glück rechnet sich nicht, man läßt es, wo es ist, in seinen Teilen.

Das Unglück rechnet sich auch nicht: Summe des Unglücks – stets mehr als seine Teile.

Das Unglück streicht einem über den Scheitel und die Glückssüchte fallen von ihm ab wie totes Laub.

Die Abwesenheit des Glücks hinterläßt eine größere Lücke, als seine Anwesenheit füllen könnte. Hier springt das Unglück ein.

Wenn man das Unglück größer findet als sich selbst und das Glück kleiner – dann fühlt man einen Reichtum der Person, der seine Mitteilung entbehrlich macht.

Nichts entblößt ein Lebensalter so sehr wie seine Stimme, wenn es mit seinem Unglück spricht.

Glück ist, das gefunden zu haben, was ertragen läßt, was man vorfand.

Eine Reihe von Unglücken zwingt zu wählen, welches die meiste Aufmerksamkeit verdiene, und sie zwingt doch zur Demut gegen jedes einzelne der aufgeschobenen Desaster; eine Anzahl Glück läßt in der Auswahl jede Würde zerbröckeln, sie macht unzufrieden und böse und wütend. Das Wüten dessen, dem mehreres Glück zugeschickt wurde und der wählen und verwerfen muß.

An allem, was zum Glück führen soll, zeigt sich ein gewisser blödsinniger Ernst, ein Eifer ohne Anmut oder Eleganz. Wen – wie zum Beispiel diese gewisse Nation – die Verfassung seines Daseins zum Glück verpflichtet hat, der bewegt sich lebenslang im Reich der Zwischenschritte, er bekommt die Weide nie zu sehen, auf der er mit seinesgleichen bimmelt. Dagegen ergreift und erschüttert das Unglück sofort mit seiner Heiterkeit, dem durchdringenden Ton aus gesprungener Glocke.

*

Im Glücksverfolg: strenge Notwendigkeit; das Unglück fällt dir zu.

Welche Arbeit könnte dein Dasein rechtfertigen, wie es einmal der Schmerz tat?

Selbst im Glück ist man nicht sicher davor, gelobt zu werden. Nur das Unglück beschützt vorm Lob. Sein Sudel klebt in sich selbst.

Man erinnert sich ans Glück, wenn es mit anderem Glück zusammenhängt, man entsinnt sich des Unglücks, wenn man sich selbst besinnt.

Glück ist, was am Wege liegt oder wohin dieser führt. Unglück ist, wovon man ausgeht. Wird man nicht an sein Unglück erinnert wie an eine Heimat?

Wenn man ehrlich ist mit sich und im Unglück, wird man sich sagen müssen: das Warten auf ein Glück, das ausbleiben oder eintreffen kann (es mag auch ein Mensch sein), ist an Rauschhaftigkeit nicht zu übertreffen, das Eintreffen solches Glücks, die erste Nachricht schon davon, muß verstören.

Der Gleichmut, der um den Unglücklichen weht, und die Gleichmütigkeit im Unglück. Welche Indifferenz ist generöser? Die zweite, wenn man davon ausgeht, daß ein Unglück den Reichtum der Empfindung freisetzt. Ein Unglücklicher zeigt Regungen der Duldsamkeit, der Toleranz, ja der Nächstenliebe, er räumt anderen Menschen Platz ein für ihr Unglück, räumt dem Unglück Platz ein in den Menschen.

Das Glück begegnet einem, das Unglück entführt und überkommt.

Unglück vertieft, Glück wechselt die Farben. So erhält vor der Schwärze oder dem Grauen oder dem Blau der Welt jedes Ding seine Farbe im Unglück; das Glück läßt alle Farben unangetastet. Es mengt im Hintergrund, zu einem Anblick, der das Auge beleidigen würde, wenn es nicht an den ergrauten Dingen hängenbliebe.

Wenn man das bißchen Glück, das einem widerfährt, nicht abtrennen würde von dem monströsen Gehäuf an Glück, das man sich verdient, dann käme einem auch jenes Bißchen unverdient vor.

Glück als die Abwesenheit von Unglück, die Abwesenheit selbst jedes Gedankens daran, jedes Gedankens überhaupt. Glück – Gedankenlosigkeit, ein Bewußtsein ohne Inhalt. Man begreift die Welt, die ein solches Bewußtsein erträgt … man begreift diese Welt des Unglücks.

Da das Glück traurig macht, sollte man es im Unglück wenigstens fertigbringen, melancholisch zu werden.

Die Niedergeschlagenheit ist geistiger Höhenflug zur Einsicht, bei dem der Körper lastet wie das Dasein selbst.

Die Gewöhnlichkeit beleidigt am Unglück mehr als am Glück, sie beleidigt das Auge und den Sinn.

*

Es gibt kein gestundetes Glück. Es gibt gestundetes Unglück.

Man soll das Unglück suchen, bevor es einen gefunden hat.

Welches Volk wäre schon seines Unglücks würdig gewesen?

Unglück findet in den Worten nicht statt, aber kein Unglück kommt aus ohne die Worte.

Lügen, die man über sein Glück verbreitet, sind unmittelbare Selbsterkenntnis.

Das Unglück liegt auf der Straße, denn das Glück ist nichts, wonach man sich bücken müßte.

Das Glück ist kein Trost dem Unglück. Wer das einmal gesehen hat, läßt vom Unglück auf immer.

Wen das Glück nicht schon aufgelöst hat, den hält der Überdruß beisammen.

*

Wir träumen von einer Welt, in der die Dummheit gerecht, das heißt gleichmäßig verteilt ist – in der niemand mehr dem Blöden das stille Glück neiden muß.

In der Abhängigkeit ereignen sich die Glücksfälle. Abhängig sein, das heißt: nicht mehr aufstehen fürs Glück, das Glück für sich stehen lassen.

Ein, zwei Mal im Leben erhält man die Freiheit, sein Glück zu erwürgen, man bemerkt es nicht einmal und stirbt gedemütigt und nicht unzufrieden.

Das Glück ist Anwesenheit, die nur sich selbst aufhält, das Glück ist Tautologie.

Die Ereignisform des Glücks ist Demütigung.

Wir sind im Glück. Aber wir können dessen Anfang nicht vergessen. Deshalb fürchten wir uns.

In der Gleichgültigkeit erscheinen die Objekte, unter ihnen erscheint das Glück, Objekt unter Objekten.

Wir töten unser Glück, wenn es im vollen Saft steht, nicht wenn es schon vertrocknet unter einen Fuß paßt, wir sollen es erwürgen müssen, nicht: zertreten können.

Zweierlei Glück war im Angebot: Traumlosigkeit des Schlafens und Bewußtlosigkeit des Wachens.

Wir haben noch nicht alle Kapazitäten des Unglücks entdeckt. Das Glück sammelt und verschwindet. Es verändert seine Leute. Wer das Unglück anzieht, der verbreitet es auch. Im Unglück sein heißt: im Mittelpunkt stehen.

Weitere Definitionen

Was die Würde des Menschen bilden soll, wird unfaßbar, wenn man es zu definieren versucht. Das Unglück macht da keine Ausnahme.

Was ist das Unglück? Immer bleibt ein Rest, wenn die Frage beantwortet scheint. Das Unglück erschöpft sich nicht in den Arten, es zu erleiden. Ist es deren Basis? Deren Inbegriff? Weder – noch. Das Unglück läßt alles unverändert. Es beginnt erst dort, wo man um diesen Gang der Ereignisse weiß. Man läßt sie zu – und das mit aller Kraft. Nur bei voll funktionstüchtigen Leuten stellt sich das Unglück ein. Darum träumen diese am meisten von der Stille, worin man sich ein wenig Schmerz zukommen läßt. Sie träumen von großen Empfängen für das Unglück, träumen von der *Melancholie*.

Melancholie ist Vertrauen in die Trägheit, die Einfallslosigkeit der Natur. Der kleinste Furunkel trifft den Melancholiker wie ein Schicksalsschlag.

Leben ist, was stillhalten kann, ohne krank zu sein.

Leben ist, was sich nicht bewegen kann und doch nicht krank sein muß.

Die Seele ist der Geruch, der sich selbst die Nase zuhält.

Die Seele ist die Wunde, die sich selbst das Bluten beibringt.

Die Trauer ist eine Sprache, die uns von dem trennt, was wir sind: sprachlose Schwermut.

Der Depressive: ein niedergelassener Melancholiker. Der Melancholiker: ein praktizierender Depressiver.

Das Unglück als Substanz

In gewissen Denkweisen, Theorien, Philosophien ist kein Platz für das Unglücklichsein, weil es in einer Positivität und Gründlichkeit beschrieben ist, daß nur ein anderer *Name* noch seinen Platz einnehmen kann. So etwa überall dort, wo man an ›Substanz‹ und ›Substanzen‹ glaubt. Schweres Ungemach bringt oftmals solch ein Glauben und Denken auf den Weg, das allerdings nicht zum prinzipiellen Ungemach, zum Unglück als Substanz von Sein und Denken etwa, erhoben werden soll. Tatsächlich läßt sich *Unglück*, falls man schon irgendwelchen metaphysischen Befangenheiten unterliegt, kaum verwechseln mit zustoßendem *Ungemach*, mag sich dieses auch bis zur Größe eines Schicksals mausern. Das Unglücklichsein wirkt auf jedes unbefangene Auge substantiell, der Schläge und Anlässe unbedürftig, es scheint durch sich selbst zu sein. Im Unglück sein heißt demnach, außerhalb von actio und reactio zu sein. Das Unglück ruht still in sich, unkokett und unempfindlich, weder reizbedürftig noch aufreizend. Deswegen kann man ihm auch nicht nachsagen, was ein modernerer Jargon dem verarbeiteten Ungemach, der wiedergekäuten Widerfahrnis anhängte: daß es sich um ›Identifikation mit dem Aggressor‹ handelte. Das Unglücklichsein ist niemandem etwas schuldig. Es muß sich nicht verstellen, etwa in der Unterstellung unter fremde Maßstäbe. Eher scheint es eine Heimsuchung durch das Existieren selbst zu sein.

Das Unglück ist stets ›in Fassung‹ – nicht ›in Tränen aufgelöst‹. Das besagt zweierlei: Der Unglückliche *hat eine Form*, seine Regel sozusagen ... ohne Wiederholbarkeit gibt es kein Unglück. Was es gibt – was sich dem Menschen ergibt oder ergeben kann, ist freilich der Schicksalsschlag, das Ungemach, aber er wird sich darum nicht unglücklich nennen. Was hat derlei Dreinschlagendes mit dem Glück zu schaffen? Und zum andern ist der Unglückliche in die Form gefaßt, er assimiliert nicht Unglück, noch transpiriert er es; den sehr geringen Austausch mit der Umwelt des Unglücks betrifft das Wort vom ›dicken Fell‹, der Egozentrik des Unglücklichseins: äußere Fühllosigkeit bei dichtem Beieinandersein der eigenen Trübsale.

Das Unglück als formende Kraft

Mehr denn alles ist das Glück eine Form, eine Institution. Selbst noch als Falle, die zuschnappt, beweist es dies: Man mag darin zappeln, ziellose

Luftschläge vollführen – doch man erhält seine Form im Glück, es übernimmt alle Verantwortung für einen. Glücklich sein – mit sich im reinen sein – in Form sein, das Allgemeine realisieren, Liebe, Arbeit, Vormitternachtsschlaf. Der Glückliche spürt, wie er etwas ausfüllt, er schwillt ohne Furcht vorm Zerplatzen, so fest hält ihn die Form. Schöpferisch ist er nicht, muß er nicht sein, die Glücksform selbst scheint plausibel als Geschenk aus Schöpferkraft. Dagegen ist das Unglück, was einen selbst ausfüllt, es *verlangt* nach einer Form, und man weiß, welche Formungen es erzwingt. Seine ursprüngliche Kraft ist das Chaos, die Unbegreiflichkeit, das leuchtet selbst durch die sprachliche Spärlichkeit der Moderne, wonach das Unglück (wie die Krankheit, das Alter, der Tod) ›individualisiert‹. Das Unglück führt weg vom Allgemeinen, hin zur individuellen Form. Im Unglück sein heißt zunächst, aller Gestalt ledig zu sein, zitternder Aspik, förmlich auf jeden prüfenden Blick, jeden Hauch eines menschlichen Machtwortes hin. Ein heftiges Streben, das Unglück zu ergreifen, meldet sich, seine unglückliche Gewißheit bildet das Faktum, daß es nie von seinem Ziel entfernt ist – man ist ›immer schon‹ im Unglück, während man Glück nur hat wie anderes auch.

Das Unglück gleicht einer Macht, die nur freiläßt, damit man sie ergreife und sich in diesem Griff als Unterworfener winde, sie ist die Übermacht, die ohne viel Gewese die Freiheit schenkt, damit man ihre Allmacht adäquat anbete. Im Unglück kommt alle Bewegung vom Unglück selbst, damit ist aber auch die Form des Unglücks fortwährende Schöpfung, unabschließbare Formung. Das alle Form überschreitende Unglück trifft allein den Menschen außer aller Form, den Menschen von einer wesentlichen Formlosigkeit, der alle Rollen spielen kann außer vielleicht der Komödie des formgefestigten Glückes: die formgebende Erkenntnis des Unglücks besteht darin, es lebendig zu durchleiden, lebend darin zu bleiben und frei und beliebig zu zappeln wie ein Glücksbeschenkter, kurz: zur Notwendigkeit sich zu bekennen. Ein unglücklicher Mensch kennt allerdings keine anderen Notwendigkeiten als andere Menschen auch, es sind die Allgemeinheiten, die Institutionen, Arbeit, Liebe, Verkehr, Kreditwesen, die er – anders als der Glückliche mit seiner kleinen Freiheit des Drüberhinauszappelns, des individuellen Wohlseinsgrunzens – nimmt, als wären sie zum Glück gemacht, die er also mit ganzer Person durchleidet ohne Ausflüchte. Der vom Unglück Geformte ist auch dessen unlösbar Angestellter, er ist Beamter des Chaos auf Lebenszeit.

Realismus und Rezeptivität

Das Glück soll kein Zufall mehr sein. Nur noch das Unglück bleibt dann als die Unruhe, die aufs Glück hin treibt. Wenn Glück und Unglück so die Epoche unter sich aufteilen und wieder zusammenfügen, wird es dem Sinn eng, der ja immer nur zwischen zweierlei Namen, zweierlei Sein spielen kann. In allem Glücksverfolg bekundet sich ein Unglücklichsein, und das Unglück selbst ist es, dem die Idee des Glücks entsprang. Selten schien das Unglück so dienstbar, so arm an Eigensinn. Aber man muß nicht verzweifeln, man kann selbstherrlichen Sinn finden – sofern man sich von den Dienstbarkeiten des Glücks löst. Man kann zwar das Glück nicht wieder zum Zufallenden ernennen, es bleibt ganz außerhalb aller Hoffnung und Betrachtung. Aber man kann sich im Unglück anders betten, indem man sich ihm zuwendet; darin ist man ja schon.

In einer äußersten Verstiegenheit, die sich von der Glückserwartung abschauen läßt, mag man beispielsweise dem Unglück mit einer Bereitschaft begegnen, die seinen Eigensinn ohne Nachfrage voraussetzt. Eben das hieße, Realist zu sein im alltäglichen wie erkenntnistheoretischen Verstande: es gibt einen Sinn, über den man nichts vermag und an dessen Sein man glaubt, man hält sich bereit für ihn. Glück *kann* das nicht sein, es ist, als Zufall, den man gerne greift und schluckt, das Gegenteil von Sinn, es ist ohne Wesen und Notwendigkeit. Ebenso lächerlich daher die Formel, Sinn müsse man dem glücklosen Dasein *geben*, wobei man heftig aufs Glück schielt ... das sich schon einstellen werde als gemachtes Glück angesichts soviel gemachter Daseinskräftigkeit, angesichts der Glückseligkeitswürde aus ehrlicher Verbohrtheit ins Machen. Nein, das Glück kann einen nur die Empfängnisbereitschaft lehren, die im – nun emanzipierten – Unglück aber mit der Empfängnis zusammenfällt. Um es mit dem Fachmann zu sagen: die Möglichkeit der Erfahrung des Unglücks ist die Möglichkeit der Gegenstände der Erfahrung des Unglücks; die Bereitschaft fürs Glück ohne alle Hintergedanken, die Gleichsetzung von Erfahrung und Gegenstand ist das *souveräne Unglücklichsein*. Werfen wir einen Blick darauf, um die Verwandlung unserer durchschnittlichen Unbeglücktheit näher zu verstehen!

Das Unglücklichsein hat seinen Sinn ganz in sich, weil es nichts anderem mehr dienen kann; wer ihm allein dient, der weiß sich in der Fraglosigkeit. Diese Gewißheit ähnelt der des Glaubens, die dem solcherart Beglückten ebenfalls zu einer Würde und Ruhe verhilft, wie sie nur die Gewißheit der Existenz einer Sache unbeschadet ihrer An- oder Abwesenheit gibt. Man versteht hieraus, wie die Glücksfrömmigkeit als der geeignete Kandidat für solch einen gläubigen Realismus auftreten konnte. Glück als Zufallendes paßt zu einem realistischen Begriff von Erkenntnis, es gibt da etwas, das einfällt oder nicht. Dieser Realismus ist zuerst und ursprünglich stets angespanntes Hören, ob etwas einfalle. In einer Überanspannung dieses Hörens entsteht der Eindruck: nichts fiel an. Das nun aufkommende innere Geräusch droht zum Gegenbeweis des Glücks zu werden, dieses Summen im Innern – muß das Unglück sein. Doch nichts ist einem geschehen.

Die hochgebildete Rezeptivität, die sich jetzt im Umgang mit nichts übt, führt auf das Gegenteil von Realitätssinn bzw. Realismus, sie wird Reflexivität, souveräne Geräuschmacherei. Man nennt das, was nun im unerfahrenen Menschen folgt, auch ›Konstruktivismus‹, Heimwerkertum des Sinns. Dieser kann durchaus da sein, sich ›im Menschen‹ finden etwa. Der Gegenzug zum Realismus besteht darin, daß die Herkunft des Sinns uninteressant wird und unerörtert bleibt. Damit sind Glück und Unglück ununterscheidbar geworden. Sie haben ja denselben Sinn, selbstgemachten nämlich. In dieser Ununterscheidbarkeit sind Unglück und Glück gleichermaßen unfühlbar, sie sind nicht zu vernehmen, sie sind ein Geräusch geworden, das der Mensch selbst macht. In einer Welt von Glücksbeflissenheit und Zweckverstand muß genau diese Unbezüglichkeit gegen alles Nicht-selbst-Gemachte den Realismus und die Rezeption des Unglücks bedeuten. Die souverän in sich kreisende Herstellung des Sinns schert sich ja nicht um begegnendes Glück und Unglück. Das Glück der Reflexionslosen, der bemühten Menschheit also, ist ihr dabei genauso gleichgültig wie der Anschlagscharakter und Außerweltanspruch des Unglücks; dadurch ergibt sich aber die Möglichkeit zur *Rezeption des Unglücks.* Es tritt nämlich gar nicht mehr als Unglück in Erscheinung, bewohnt als unvernehmlicher und unproduzierter Sinn den Menschen selbst. Der Mensch im Unglück hat nichts von ihm vernommen, der Sinn des Unglücks trifft nicht den Sinn des Menschen, darum darf das Sein des Unglücks als unfraglichste aller Gewißheiten gelten. Der Mensch hat es mit nichts als Unglück zu tun, ihm wende er sich jetzt zu.

Schmerz

Philosophen, die über Rangfolgen des Schmerzes und des Sinns nachdachten, haben sich ungern mit dem unteren und dem oberen Ende dieser Stufung abgegeben, mit dem Bodenlosen und der Langeweile. Wer immer vom

Schmerz spricht, glaubt sich am oberen Ende. Das ist ein Boden, den nichts trägt, der nicht nachgibt und der nach Schmerzen rufen läßt, damit wenigstens er zu spüren sei. So ein Schmerz-Imitat ist das Denken aus Langeweile. Sein vorzüglicher Gegenstand sind die Schmerzen der Vergangenheit. Diese ist überall, wo man selbst nicht ist und wo keine Langeweile herrscht: in der Geschichte, der Arbeit, der Armut. Die Schmerzen, die man dort leidet, haben nur einen Ausdruck: sie weisen auf die Langeweile hin als ihre offenbare oder heimliche Sehnsucht. Und im Sinnen nach solchen Sehnsüchten, die man unmöglich noch verspüren kann, stellt sich, vom Boden der Langeweile aus, eine feinere Rangfolge her: der Fähigkeit nämlich, sich schon auf geringeren Niveaus der Erfüllung zu langweilen, sich zufrieden, halbzufrieden, unzufrieden, schließlich am Ende zu fühlen. Menschen und Völker, die das können, kennt man, man war bei ihnen zu Gast oder hat sich von ihnen entfernt. Ihre schnelle Befriedigung markiert ihren Untergang, sie sind vorgeschichtlich, denn die Erfülltheit mit etwas, das langweilt und dessen Verlust zerstören würde, markiert den Aufgang der Geschichte. Was man hier sieht, ist der Versuch, aus der Langeweile herauszukommen, indem man expandiert und doch das Seine festhält, die Effekte dieses Versuchs sind nicht absehbar, verlieren sich im Aussichts-, im Bodenlosen.

*

Man wehtönt von der Vergeßlichkeit, von dem vergessenen Unglück. Aber das Unglück will vergessen werden, wie alles, dem man täglich Platz verschafft.

Man vergißt den Schmerz, weil er ohne Aufwand in seiner ganzen Fülle sich herstellt, augenblicklich. Ein Wunder an Präsenz. Fühlt nicht jeder Leser einer Geschichte, was hier fehlt und über seine Schulter mitliest?

Von der Unterscheidung des Realen und Idealen und dem Rausch solcher Unterscheidungen ist nichts geblieben als die Ungeduld, mit der man das Ende eines körperlichen Schmerzes wünscht, um den Kopf frei zu haben für die allereigenste Verzweiflung.

Der Schmerz erniedrigt mitunter, mehr aber demütigt die fehlschlagende Erinnerung an ihn, die erst des *Warum* verlustig geht und schließlich auch des *Was* – die nur ein Aufblitzen ist von Weißnichtwas …

Aus dem Schmerz wächst die Fühllosigkeit, aus der Fühllosigkeit der Übermut, aus dem Übermut die Heiterkeit, aus der Heiterkeit das Glück, aus dem Glück der Überdruß, aus dem Überdruß die Wut, aus der Wut die Zerstörung, aus der Zerstörung der Schmerz.

Da wir uns verboten haben, am Unglück einen Schmerz zu empfinden, sind wir befugt, uns im Unglück zu langweilen. Statt des Stichs bestimmt ein ausgedehnter Druck unser Unglück. Das Kopfweh, die Unaufmerksamkeit und das Untalent zur Erzählung sind die drei Winkel unseres Unglücks, deren Summe wächst.

Dieses Bedürfnis, sich selbst zu quälen – wen hätte es nicht schon einmal beunruhigt? Es entspringt aus einem wesentlich zu Ordnung und Sorgfalt angelegten Naturell. Man erträgt in einer Reihe quälender Anlässe, kürzer: einer Welt der Qual, jene Lücke nicht, die man selbst ist und die durch ein Ausscheiden nur vergrößert wäre.

Kopfweh und Schlaflosigkeit, die Berufskrankheiten der Verzweiflung. Wie alle Berufskrankheiten erworben im Umgang mit etwas, das nicht daran erkranken kann.

Wenig bleibt von einer Leidenschaft, wenn man ihren Schmerz abzieht.

Nur Schmerz, der jeden treffen kann, macht dich unverwechselbar.

Krankheit

Das Unglück personalisiert, wie die Krankheit. Man wird (sich) erkennbar, wenn man nicht mehr ganz in seiner Form ist. Als diese Form gilt das glückliche Leben; man nennt es ›gesund‹. Der Gesunde ist zu allem fähig und empfindet nichts, er stimmt mit sich überein, füllt seine Rolle aus, die Gesundheit ist die Hauptrolle der zivilisierten Welt. In ihr spielt man, idealerweise, sich selbst. Eine ironische Notwendigkeit will es nun, daß erst im Unglück und in der Krankheit etwas wie ›Individualität‹ zu erfahren ist. Darin besteht ja die bürgerliche Verheißung, daß Glück und Gesundheit sich selbst schmecken mögen. Der Glückliche, der Gesunde empfindet aber nichts. Weil er pure Faktizität, breit thronendes Sein ist? Das Kräfte abgibt? Doch mag er auch

über sich hinausgehen, sich verwirklichen, gesund und am längsten leben, er spürt ja wieder – nichts. Nur ein Schicksalsschlag verschafft ihm den Geschmack seiner selbst. Krankheit und Unglück leisten das. Der Brauch der Selbstbestimmung verlagert alle Möglichkeit von ›Individualität‹ nach außen, sie wird zum Angriff auf das Selbst. Darum ist die Romantik der Krankheit und des Unglücks unvermeidlich der bürgerlichen Gesundheit und Langeweile beigegeben. Die Kranken und Unglücklichen sind zweifellos eigenartig. Diese Eigenart einer Abweichung, die man unmöglich wollen kann, kann man dennoch als Form begreifen. Sie ergibt dann einen höheren Begriff der Gesundheit: die Krankheit, die man will. Oder das Unglück, als das man einhergeht. In einer Welt aus lauter Glück und Gesundheit kann dies nicht anders sein. Das Unglück trifft den einzelnen als Geschick – doch von wo ging es aus? Von nichts und niemandem. Es ist das eigene Unglück, das Form verleiht, ein Schicksal also, es als Geschick zu erfahren. Darum ist eine Welt aus lauter Gesunden, Glücklichen, Gesundheitsbesorgten, Glücksbeflissenen gar nicht von einer Welt aus lauter Unglücklichen zu unterscheiden. In seinem Unglück stimmt dort jeder mit sich überein. Ist einer unglücklich, wie sollten es da nicht alle sein?
›Individualität‹ bedeutet Selbstbezogenheit und Eigenart. Wo wäre man gründlicher, sachlicher mit sich beschäftigt als im Unglück und in der Krankheit? Sie zwingen einen, immer wieder auf sie zurückzukommen. So bleibt man derselbe, indem man sich dem Stoff widmet, der einen zerfrißt. Wo er einen ganz ausfüllt, kann man sich ohne Eitelkeit sehen lassen als eine Individualität.
Gesundheit schwellt einem die Brust nicht so wie der Vorblick auf dieses Ende, da alle Eitelkeiten abfallen.

*

Wo, beispielsweise mangels Geschichte, Geschick, Schicksal, das Unglück knapp wird, da bleibt als einzige Rechtfertigung individuellen Seins die Krankheit – als Leiden, das sich in allseits sichtbarem Unglück vollendet, als *angeborene* Erkrankung und als *erworbener* Habitus. Es versteht sich, daß eine an Unglücksgeschicken arme Welt den *Star* hervorbringen mußte, jenes Unglück, das aufgeht wie ein Gestirn oder ein Geschwür. Der Star als das manifeste Unglück hat mehr gelitten als alle, er bringt Neid und Zweifel bei den vielen zum Verstummen, die immer wieder einmal über die Form ihres Unglücks hinausschielen. Der Star ist die Eigenart überhaupt, der Superstar die Eigenart aller Eigenarten. Sein ganzes Dasein ist Vertieftsein ins Unglück, in die Schicksalskrankheit, die zum Ausdruck zwingt. Der Star wendet sich ausdrücklich seinem Unglück zu. Heftig in sich selbst vertieft, heißlaufend an seinen Infektionen, leuchtet er dabei von ihm selber ganz unbemerkt. Beneidens- und bewundernswert ist das sternenhelle Unglück deshalb, weil es sich täglich wiederholen darf – Tausende helfen dem Star hierbei. In endloser Wiederholung leuchtet nun das Glück des Stars: sich nicht mehr zu spüren, reine *Form* des Unglück zu sein. Es fällt deshalb nicht schwer, im Star den Glücklichsten und den Unglücklichsten aller Sterblichen zugleich zu entdecken. Sein Leben ist sich Ausleben, das heißt sich nicht mehr Spüren; anders als beim vulgären Unglück, das ›seine Fülle und sein Wesen außer sich hat‹, lebt der Star von morgens bis abends in der Bestimmung seines Unglücks. Was für ein Glück, sein Unglück mit einem Lächeln ausdrücken zu können, statt es damit verbergen zu müssen!

*

Unsere Krankheit ist, zu verstehen, wie die anderen uns durch ihre Gesundheit verstehen.

Die Krankheiten halten auch den Schwermütigen auf Trab, sie verleihen ihm die seriöse Grimasse.

Was einen gegen das körperliche Gebrechen so erbittert: daß es abhält vom Genuß des reinen Trübsinns.

Niemand glaubt mir, daß ich das Rauchen aus Hoffnungslosigkeit aufgegeben habe.

Im Alter bringt uns die Gebrechlichkeit jene Überraschungen, die wir einst von der Leidenschaft erhofften.

Die Darstellung einer Gemütskrankheit oder -kränkung sollte dem Darsteller so natürlich sein wie ihr Gegenstand; jegliche Stockung oder Stauung sollte ihn bewegen, die Krankheit zu wechseln.

Sie zwingt den Blick auf sich und hält das Wort fern: leibliche Geschlagenheit. Genaues Gegenteil der seelischen …

Nur die körperlichen Gebrechen fesseln ans Leben, sie sind von Projekten nicht zu unterscheiden.

Es gibt Krankheiten, die von dem Widerstand leben, den man ihnen leistet, und Krankheiten, die mit ihm leben.

Weniges ist rätselhafter als eine Krankheit, der man nichts entgegensetzt. Gibt es eine Ratlosigkeit des Virus?

Gedanken über die Krankheit sind der Schweiß, den sich die Gesundheit abwischt.

Aus der Sicht des Lebenskranken scheint jeder Gesunde an einer Wunde zu leiden, deren Ursprung unerforschbar bleibt.

Krankheiten disziplinieren, zwingen zur Regelmäßigkeit (Medizin, Ernährung), sie stellen damit auf höherer Ebene die Ordnung wieder her, die das gesunde Leben auf niederer nicht plausibel machen konnte.

Mitunter finden wir zur Selbstbesinnung, ohne daß eine Krankheit hilfreich eingesprungen wäre; es genügte irgendein Zug von Traurigkeit in der Visage unseres Widersachers.

Das Gehirn sagt sich vom Gedärm los, die Traurigkeit wird grundlos und nennt sich Melancholie.

Im Trübsinn vergißt du Welt und Körper, doch in den Körper holen dich die Krankheiten und in die Welt holt dich der Tod zurück.

Was kann man für die Gesundheit einer Seele tun? Ihr Ausmaß verschweigen.

Was uns in fremde Arme sinken läßt, sind Gier und Gebrechlichkeit, also genaugenommen die Gebrechen.

Nur für den Tod sind wir unersetzlich.

Da man sich mit ihr brüstet, muß selbst die Verzweiflung ein Laster geworden sein.

Die große Krankheit, die große Liebe usw. kränkt dadurch, daß sie ihr Opfer – ihr ›Subjekt‹ – zum Weiterleben zwingt, ja geradezu sein Leben in die Hand nimmt.

Rekonvaleszenz des Leibes – die einzig anständige Art von Fortschritt.

Krankheit vereinzelt, vereinzigt unter Umständen sogar. Von seiner Gesundheit kann ein Individuum kein Bewußtsein haben, nur die Masse kann das. Tölpelei des Vitalismus: von individueller Lebensbejahung schwafeln.

Es ist vor allem die Krankheit, die einen wieder unter Menschen bringt. Ein Schmerz, das Nachschlagen im Kompendium, dann der Gang zum Mediziner – und man ist wieder eingereiht in die große Ordnung, worin man ins Ende einmarschiert.

Weit entfernt, uns zu isolieren – zu ›vereinzigen‹ –, muß uns die Todesangst sozialisieren, weil auf längstvergessenes Schamgefühl zurückführen: Man hat verlernt, seine Person anderen zuzumuten, wie man es als bewegungsloser Körper unfehlbar tun wird.

Irgendwann müssen wir uns beschauen lassen, ohne Gegenwehr. Für wie viele von uns mag nicht der letzte Atemzug der erste Vertrauensakt sein?!

Die Jasage zum Leben: Ausdruck einer Infektion, zumindest einer Schwächung. Der ganz und gar Gesunde sagt bevorzugt nein zu sich, schlägt die Zähne ins eigene Fleisch, weil er überzeugt ist, kein besseres zu finden. Und so fügt sich alles wieder zum Bilde, denn erkennt man im solitären Essen des Gesunden nicht auch wieder den Schwachkopf, den volk- und familienlosen Kretin?

*

Von den anderen Krankheiten unterscheidet die Schwermut auch das schlechte Gewissen: Die Dysfunktion ist gewollt, und der Schwermütige fühlt sich schuldig. Von seinem Unglück erfüllt, bedarf er nichts oder wenig, das Wenige aber muß er mit schlechtem Gewissen erbitten. Er tut es mit leiser (gedrückter) Stimme, er weiß, in welchem Mißverhältnis alles Erbetene zu seinem Unglück steht. Schwermütig wird man nur durch eigene Schuld, indem man sich den

Ordnungen entzieht, die Glück oder Unglück zuschicken. In seinem eigenen Unglück ist man ein anarchisches Absolutum.
Ein Absolutum, das für seinen Erhalt Bittgänge tun muß, erinnert allzusehr an eine Gottheit, die vom Zehnten lebt. Der sozial tuende Schwermütige fühlt sich schuldig vor den andern wie vor seinem Unglück – dort als Überzähliger, denn die Ordnung, die ihn bedrückt und die er darum verließ, soll ja eine geschlossene sein, hier als Abtrünniger, denn das Unglück bedarf außer des Unglücklichen nichts. Und so verliert sich das Schuldgefühl nur bei regloser Vertiefung ins Unglück, bis dieses nicht mehr von den Dingen und Menschen unterscheidbar ist, aus denen sich die Ordnung aufbaut.

Traurigkeit

In manchen Ländern und Zeiten ist die Melancholie epidemisch, so wie die Glücksbesessenheit dort. Die Unfähigkeit, an einem derart einfachen und allverbreiteten Leiden teilzuhaben, wird dann ihrerseits oft zum Daueranlaß einer tiefen Traurigkeit. Im Unterschied zu den Glücksbesessenen weiß der Traurige ganz genau, was ihm fehlt: ein wenig Einfalt, sagen wir ruhig Dummheit, die in ihrer tröstlichen Wirkung so ganz und gar den anderen zugedacht ist. Die Melancholiker des Glücks haben von diesem eine Vorstellung, die gleichfalls den geraden Gegensatz zum Mangelgefühl des Traurigen bildet: Das Glück ist für sie etwas jederzeit Zugängliches, also eigentlich etwas derart Billiges, daß darüber zu trauern nicht lohnen würde. Ganz anders wiederum der Traurige in den Zeiten massenhaften Glücksstrebens gleichwie der Massenmelancholie. *Er* weiß die Dummheit zu schätzen, die unerreichbare, ihm ist *bekannt*, was er nie erfahren wird. Die Traurigen sind also eigentlich die Melancholiker zuzeiten des planetarischen Glücksgefühls – in einer solchen Welt, auf einem solchen Planeten verdient jeder *traurig* genannt zu werden, der noch sagen kann, was ihm fehlt – der an einem konkreten Kummer leidet, auch wenn dieser der Unerreichbarkeit der allgemeinen Einfalt gilt.

*

Die Traurigkeit, die wir vernachlässigen, überkommt uns.

Es gibt ein Unglück aus der Unfähigkeit, eines gewissen Glücks zu bedürfen.

Wenn man sich der rechten Traurigkeit überläßt, dann gibt es keinen Frevel, den man sich nicht ersparen könnte.

Die Trauer ist objektiver als die Freude, die alles aus sich selbst gewinnen muß, denn sie kann nichts aus sich selbst gewinnen; das Verlorene wie das Unerreichbare spotten ihres Unvermögens.

Wer nicht deprimiert sein kann, weiß nicht, worauf die Dinge fußen.

Man müßte verzweifeln am Reichtum der Welt, wenn nicht die Trauer wäre.

Die Trauer belehrt: Man ist allein. Das bedeutet, irgend etwas verfügt nunmehr gänzlich und schrankenlos über einen. Man beugt das Knie vor dieser Abhängigkeit. Bedeutet das, man war freier vor dem Verlust, in den Geschäften, vor der Trauer?

Ich habe bemerkt, daß der Kummer genügsam macht. Das unterscheidet ihn vom Glücklichsein, das bald der Spiegelung bedarf und verschwenderisch mit Spiegeln und Menschen umgeht. Der Bekümmerte hingegen ist seines Unglücks unmittelbar gewiß. Allerdings kann seine Gleichgültigkeit gegenüber Trostgründen und Trostmitteln verschwenderisch wirken.

Ich war immer traurig. Solange ich denken kann. Die Segnungen der Melancholie blieben mir fremd, gleichwie die Welt, vor deren Gleichgültigkeit sie sich entfalten. *Ich* wußte immer, *was* ich verloren hatte.

An den fröhlichen Menschen fällt nicht selten ein gewisses Spezialistentum auf. Sie brauchen ihr Fach, um über seinen Rand zu quellen. Dagegen könnten die Traurigkeit und ihr Dilettantismus das letzte Lebenszeichen des universellen Menschen sein.

In der Traurigkeit kennst du keine Furcht. Aber auch das Umgekehrte gilt: die Freude macht dich furchtsam.

Nur die Trauer überzeugt unmittelbar, sie flößt Respekt ein. Eben deshalb mag man den Trauernden nicht beitreten. Sowie man trauern sieht, weiß man: nicht berühren!

Was ist Trauer ohne Furcht? Eine ziemlich prosaische Bewegung in die eigene Mitte. Erst ängstigte einen das Jenseits, dann das Sterben, am Ende das Leben.

In einer gewissen Trübsal käme einem der Gedanke äußerst ungelegen, daß sie in Ameisenstaaten gang und gäbe, ja vielleicht Hochschullehrstoff sein könnte.

Trauer, die es aus Melancholie wurde: vom Rücktausch ausgeschlossen.

Melancholie: nachlässig gewordene Traurigkeit. Nimmt ihre Anlässe unbesehen hin und braucht endlich keine mehr.

Könnte man die Schwermut als eine Niederlage auffassen, dann würde man mit mehr Munterkeit die weiße Fahne der Existenz schwenken, woran sie geheftet ist.

Es gibt einen Ehrgeiz, nicht an mittelmäßigem Trübsinn zu leiden, der direkt in den Liebeskummer führt.

Man verströmt seine Trauer in einer Freundlichkeit, die andere zu büßen haben.

Die Depression befreit von dem Zwang, vollständig zu sein.

Die bewegendste Entdeckung ist, daß es die Leere gibt, nicht, wie sie gefüllt und verlassen wurde.

Deine Trauer magst du überwinden. Aber daß du niemals deine Geburt überwindest …

Melancholie, schöner Umweg der Dinge, sich zu zeigen. Von der Traurigkeit, die unvorzeigbar ist, geht es stracks zur Verzweiflung.

In der Furcht, wahnsinnig zu werden von Fühllosigkeit, greifen wir nach der Trauer wie nach einer ausgestreckten Hand, die wir, fühllos, zerquetschen.

*

Es fällt nicht leicht, seine Traurigkeit zu pflegen, wenn man einem Volk von Schwermütigen angehört. Dieses ihr Leiden hieß einmal Trauerblödigkeit, was den Aspekt der Unfähigkeit zum begründeten und gepflegten Gefühl gut ausdrückt. Die Impotenz, wie so oft, rächt sich mit Verleumdung, wenn sie den Trauernden eine zu enge Bindung ans Betrauerte, wenn sie ihnen die Eigenschaften, gar die Ununterscheidbarkeit von ihren Gegenständen nachsagt. Trauerklöße nennt man sie. Doch die Traurigen sind nicht nur traurig, wenn sie klumpen und kauern über dem Verlorenen, sie gehen auch umher mit ihrer Traurigkeit auf den Gesichtern; unabtrennbar ist ihr Verlust, wie sie auch stehen und gehen. Man vergleiche damit das dumpfe Brüten der Schwermütigen, dem nichts entspringt, weder ein Verlust noch ein Werk! Die Werke der Traurigen dagegen erleuchten die Welt; es sind die Hinterlassenschaften derer, die nichts trösten konnte und die darum verschwenderisch sein durften in allem ihren Tun.

Untröstlich macht einen nichts Allgemeines, Verwaschenes, Nebulöses; in der Untröstlichkeit bettet man sich nicht wie in der Melancholie. Eher gleicht sie der Trauer, die stets weiß, was Sache ist bzw. verloren sein muß. In Trauer wie Untröstlichkeit erreicht man einen Punkt, da man jeden Trost annehmen würde. Dieser Gleichmut gilt der Welt, in der man untröstlich ist. Zum Trost wird sie einem in der Unempfindlichkeit, der Blindheit für Unterschiede. Das gilt auch für den Platz, an dem man untröstlich ist in der Welt. Man erwartet hier alles und nichts in seiner Trostlosigkeit. In solchem Gleichmut trifft einen die Meinung der Welt über den Platz, an dem man trostlos ist. Diese Meinung heißt Anteilnahme. In der Regel wird Leidenschaft daraus. Die Affäre mit dem Tröstlichen ist der Grund aller Traurigkeit.

Jedes Eifern für eine etablierte Instanz dieser Welt führt in den Trübsinn. Man ›engagiert‹ sich eben nicht ungestraft für Instanzen, die einem voraus- und nachgehen. Nur wer im Trübsinn heranwuchs, ist gegen die Versuchung zu solchem Engagement gefeit. Er hat es nur mit sich und der Welt, mit seinem Leiden an der Langeweile der Welt und seiner Langeweile an den Leiden der Welt zu tun. Das Hin und Her dieser Leiden bzw. langen Weilen, durch keine Zwischeninstanzen und ihre Verpflichtungen gehindert, ergibt den verschwommenen Zustand, den Trübsinn. Er ist, mit seinem Doppelbezug aufs Icheine und Weltganze, von metaphysischer Art und Würde, auch in seiner Verantwortungsfreiheit; man kann ihn ansehen wie eine Erkenntnis aus vollkommener Trübheit. Dieser zu entkommen, muß man sich auf die anerkannten Sinnesweisen verlegen, etwa des Scharfsinns, des Tiefsinns, muß ein Gerede und den unvermeidlichen Streit anfangen mit konkurrierenden Sinnesweisen, kurz: die Vollkommenheit der Trübsinnserkenntnis gegen das Ansinnen von Einzelfällen eintauschen.

Wollte man den phänomenalen Reichtum des Unglücks auf die Seriosität eines philosophischen Problems herabbringen, hätte man damit keine Schwierigkeit. Wer vom Unglück spricht, der kann bald von ihm sagen, was er auch von Zeit, Gott, Sein, Mensch usw. sagen müßte: ›Fragt man mich nicht, was es ist, so weiß ich es, fragt man mich, so weiß ich es nicht.‹ Gerade dem Philosophen zeigt sich das Unglück lediglich als Stimmung, von der man entweder männlich schweigen oder weiblich sprechen kann – die Träne der Frau, ihr Schluchzen ist direkter Ausfluß ihres Unglücks, tut diesem nichts an, erschöpft es freilich, verschwindet also mit ihm. Die salznasse Rede ist Ausdruck und Ausfluß des Unglücks, nicht Aussage, diese wäre Gegenstimmung und müßte es verfälschen, darum bleibt, wem Zwitterrede zuwider ist, nur die Wahl zwischen Stummheit und Stumpfheit, verschwiegenem oder verplappertem Unglück. Die bürgerlich-käufliche Welt will allerdings alles Unglück zum Reden bringen, Männlein und Weiblein in sich gehen und wortreich wieder herauskommen lassen, man soll hier von seinem Unglück sprechen können wie von seinen Wünschen. Die Misere soll also auf den Tisch wie eine x-beliebige Perversion, damit man zu ihrer Benennung und ihrer Befriedigung finde. Aber das Unglück – ist ja nicht zu befriedigen, einmal wegen seiner Autarkie aus Unerwünschtheit, also Unproduziertheit, zum anderen wegen seiner Unersättlichkeit. Der Mensch kann vom Glück genug haben, das unmenschliche Unglück aber nicht genug vom Menschen. Nichts kann einem solchen Ding weniger entsprechen als eine Stimmung, die verfliegt wie ein Nebel über dem Fels des nackten Elends, und doch kann in einem bedürftig-bedarfsdeckenden Weltalter das Unglück überhaupt nur Stimmung sein: Was denn tun für etwas, wie denn helfen etwas, das immerzu da ist und allen gehörte?

*

Je länger man darüber nachdenkt, desto mehr erscheint einem das Unglück als das geheime Ziel des Philosophierens, das seinen ruhigen Gang aus der Gewißheit schöpft, dort niemals anzukommen. Das Unglücklichsein bietet ja so vieles von dem, was die Philosophen erstreben oder versprechen –

Substanz, Wahrheit, Evidenz, Selbstgewißheit usw. usf. Im Unglücklichsein ist man geschützt gegen jede Art von Entwicklung, gar von Überraschung; sich als unglücklich entdecken heißt, sich als ›je schon‹ unglücklich entdecken. Niemand muß sich durch irgendeine Argumentation, gar Beweise, zum Unglück vorarbeiten und seine Bestätigung aus professionellem Kopfwackeln oder Abnicken empfangen; das Unglücklichsein stellt sich augenblicklich ein, überdauert keinen Augenblick – man wird nicht klüger davon! – und muß daher täglich wiederholt werden.

Geradezu das Vergessen oder Verschleudern aller Gedankenarbeit ist es, was das Unglück mit seiner unmittelbaren Präsenz belohnt; es wirft den Gedankenschweren, aber doch auch Gedankenlosen augenblicks zurück auf sich. Es vermeidet die Komik des ›philosophischen Eros‹, der Hunger und Liebe mühsam nachahmen und zugleich vermeiden muß, indem er beide mit einem Handstreich aussetzt ... kein Magen knurrt, kein Herz dröhnt dem Unglücklichen. Sein und Tun sind im Unglück eins – die einzige Karikatur des Absoluten, bei der sich der Mensch nicht lächerlich vorkommen muß. Auch die feineren bzw. verquasteren philosophischen Ideale bedient das Unglück, ohne daß es dafür den kleinsten spekulativen Finger krumm machen müßte. Man denke etwa ans sogenannte Ganzseinkönnen. Wer stimmte vollständiger mit sich überein als der Unglückliche? Wer wüßte besser, woran er ist? Aber auch innerseelisch bietet sich im Unglücklichsein eine Harmonie, die kein vernünftiger Mensch beziehungsweise sein Anwalt, der Philosoph, wünschen kann. Für den Unglücklichen als typisch gilt zum Beispiel die Willensschwäche.

Tatsächlich ist dem Unglücklichen die Welt so leer wie das Herz schwer, es gibt nichts zu wollen. Man muß aber näher sehen, in welcher Harmonie diese Schwere gefügt ist. Der Absenz des Willens entspricht die volle Präsenz des Denkens und Fühlens, die einander zugewandt sind: der Unglückliche fühlt, was er weiß, und weiß, was er fühlt, seine Gedanken schmerzen ihn, und seine Schmerzen werden lauterer Gedanke. Das unglückliche Denken ist so phantastisch wie das unglückliche Fühlen hellsichtig, sein Objekt fassen und durchdringen ist ihm eines, da ist nichts mehr zu wollen übrig, der Unglückliche ist mit sich (und seiner Welt) im reinen. Spontaner und rezeptiver zugleich kann man nicht sein! Unter der Herrschaft des Willens sind Spontaneität und Rezeptivität absolut unvereinbar, Glück ist hier fühlloses Tun und gedankenloses Leiden – ›Lustgefühl‹; solch eine gleichsam zwischen Stoß und Ruck hin- und hergeschleuderte Menschheit lebt in einer Welt des Unglücks, das ihr in seinem vollen Sein unzugänglich bleibt, es ist bloß

agiertes Unglück, ortlose Tristesse. Dieses vagabundierende Unglück lebt in Zwecken und Berechnung, es denkt, um empfangen zu können, es strebt, um zu fühlen; zwischen gefühlloser Strebung und unfühlbarer Erfüllung verfliegt sein Leben, vorbei an den Evidenzen gesättigt-sättigender Trübsal.
Man erkennt leicht, wie nahe hier die Abhilfe liegt. Einen Moment die Luft angehalten – unter Wollenspflichtbedingungen heißt das freilich: Willensverzicht –, und schon stellt sich das volle Unglücklichsein, in lauterster Durchsichtigkeit ein. Strebsamkeit und Geliebtseinwollen erreichen beide – so findet der willenlose Blick – nichts, darin sind sie ununterscheidbar, es handelt sich um eine und dieselbe Herzensleere. Da sie sich aber, von keinem Willen mehr getrieben, an Unerreichbares nicht mehr verschwendet, erfüllt sie das ganze Herz, wie nur das Unglücklichsein. Ein Schluchzen markiert zuverlässig den Moment, der auswärts des Okzidents ›tat twam asi‹ heißt, ein Aufschluchzen in dem Stich der Einsicht, daß nichts zu holen und nichts zu empfangen sei, was nicht im Unglück schon bereitstände.

Unheilbarkeit

Die Schwermut ist nicht heilbar. Wenn man sich selbst die Sache überlegen darf, sieht man das ein. Unheilbar ist alles, was man gewollt hat. Die Schwermut ist unmittelbare Gegenwart ihres Anlasses, sie hat weder Geschichte noch Erscheinungsbild wie andere Krankheiten. Diese Präsenz behauptet sonst nur das Glück. Die Schwermut ist Bewußtsein des Glücks.

Liebt man einen kranken Menschen, so fühlt man sich fast immer wie ein Komödiant. Die Ärzte sind für diesen Körper so umfassend zuständig, daß dem Liebenden nur ›alles andere‹ bleibt.

In der Dummheit ist etwas Melancholisches, wie in jedem Glück. Manche Männer finden es unwiderstehlich.

Wer von uns kann noch ein Unglück sehen, ohne ihm sofort abzuhelfen?

VI. Der Geist des Unglücks (Götter, Völker, Menschen, Tiere)

Götter vorm Unglück

›Ich bin unglücklich.‹ Wer könnte so sprechen? Der Schöpfer, vor seiner Schöpfung. ›Ich bin im Unglück.‹ Wer darf das sagen? Das Geschöpf, in fremder Schöpfung. Unglücklich ist und kann nur sein, der auch ohne sein Unglück sein könnte – wie eben ein Gott nach vollbrachter Schöpfung, ein Schöpfer vor vollendeter Vergangenheit. Es gibt nichts, was er sonst von sich sagen könnte, das vollendete Unglück der Schöpfung ist das einzige Prädikat, das er sich anhängen kann. Einem Geschöpf, das sich unglücklich nennt, darf man irgendwann mißtrauen, denn wie kann man immerfort unglücklich sein? Einem Gott muß man das glauben, so wie man sich in seiner Schöpfung glauben muß – und man kann ihn anbeten in seinem Kummer, seiner Transzendenz vorm Unglück des Seins. Wie kann man sich darin finden? Eben nur als Geschöpf. Das Unglück, darin man sich findet, klebt fest an einem, es umgibt einen fugenlos – eben darum kann es nicht das eigene, das verdiente, das wesentliche Unglück sein – es ist ein unvordenkliches Unglück, in das man sich eingesetzt findet. Man ist da in etwas hineingeraten, das wie schon gemacht aussieht, gemacht allerdings für jedermann, ein gemachtes Bett des Unglücks.

Das Unglück der Völker

Völker, die dumm aus der Wäsche ihrer Vorgeschichte gucken – das sind natürlich nicht die, denen ein Glück aufgeschwatzt wurde, sondern jene anderen, die sich ihr Unglück abschwatzen ließen.

Völker, unbeweglich und ratlos im Glück – das sind die geschichtlichen Völker, den vorgeschichtlichen riet man zu nichts, sie verschwanden im Unglück.

Für sein Unglück arbeiten und es nicht bloß säen und ernten – erst das ist Verdienst, Selbstlosigkeit, Anspruch auf ein unverdientes Glück.

Das Unglück mancher Völker, das glücklicheren zunächst heftiges Wohlwollen eingeflößt hat, kann diese später noch zum Mitleid reizen; sie haben gelernt, in diesem Unglück das eigene zu sehen.

Das Unglück – eine Sprache für alle Völker, gewiß. Und ein Wort, auf das niemand hört.

Das Schreien übers versagte Glück erreicht in den Zivilisationen die Geläufigkeit eines Gähnens.

Das Unglück trifft die Tätigen in jeder Lage, weil es kein unverschuldetes Unglück gibt; das Unglück stammt aus der Industrie. Das Glück trifft nur die Gleichmütigen, es berührt sie nicht und würde wachsen und verdorren; es stammt aus dem Ackerbau, es läßt sich ernten.

Das Unleidlichste am Unglück ist, wie es zu guter Laune verpflichtet. Man lacht sich deshalb eins beim Anblick der Völker, die einem seit zwei, drei Jahrhunderten vorantanzen müssen.

Das Glück ließe sich nicht verheimlichen. Wo entdeckt, wäre es geteilt. Es sind der Überdruß und das Unglück, die man den Völkern der Erde vorenthält.

Das Volk hat seinen Stolz, es vermeidet kränkende, ekelhafte Situationen. Stolz ist die Volksausgabe des Ekels.

Keine Frage, das Unglück individualisiert, prägt aus, keine Frage unter den Völkern, deren Menschen jeder geprägte Münze, geschlagenes Wesen, geprügelte Würde ist …

Der Norden muß lernen, sich im Glück und Schmerz des Südens nicht zu langweilen, und der Süden muß lernen, sich nicht zu langweilen im nördlichen Unglück, dieser Lust an sich selbst.

Die Langeweile, die sich nach dem Unglück sehnt – wofür sprang sie ein? Die alten Völker kannten doch diese Sehnsucht nach dem Unglück ebenso und langweilten sich nicht. Vielleicht, daß ihr Unglück ein leises Zittern war, das gezügelt sein wollte, wo es später Fülle, Runde, Härte war, der vom Abbröckeln träumt.

Die Verheißungen von Wirtschaft und Politik würden uns nicht so sehr verärgern, wenn wir in ihnen nur die Last spürten, die sie auf uns laden wollten, jenes Glück, das zu tragen und zu mehren ist – wenn wir in ihnen nicht die Klaue dessen spürten, der uns unser Eigenstes, unser Unglück entreißen will.

Zweifellos kann man in der Schwermut der Deutschen eine Spur ihrer Schläue entdecken – die verhindert hat, daß sie ihr Unglück dem Salon oder einer dritten Welt zum Opfer brachten.

Ein Volk, das so tiefe Erfahrungen mit der Lächerlichkeit gemacht hat, kann nicht lächerlich sein.

Man unterscheidet zweckmäßig die Form des Unglücks von seiner Materie: in ersterer ist das Unglück immer gegenwärtig, darauf beruht seine unmittelbare Überzeugungskraft – hier fällt das Mitgefühl nicht schwer. Man begreift, warum Völker kein Mitleid erwecken, die von vergangenem Unglück leben, sei es erlittenem, sei es zugefügtem. Nach zwei, drei Generationen fühlt so ein Volk das auch, gereizt und weinerlich steht es neben seinem Unglück.

Nichts hat mehr Unglück über die Welt, mehr Geschichte über die Völker gebracht als unzureichende Übersicht der Arten des Unglücks. Für jedes Unglück steht ein größeres bereit zu seiner Heilung, es ist vom selben Schlage und aus derselben Richtung. Man weiß nichts davon und murkste an einem respektablen Unglück mit irgendeinem kleinen, blassen, fernverwandten Übelchen herum, bis das größere Unglück jeden Respekt und jede Heilsgeduld verliert.

Ein Volk im Unglück

Wer einmal die Süße selbsterzeugten, auf dem Boden der Langeweile frei gezogenen Unglücks gekostet hat, den wird jede Krankheit, jede Störung mit äußerster Ungeduld erfüllen. Man begreift die Ungeduld der fetten Völker vor dem Glück der mageren.

In einer letzten, heroischen Anstrengung könnten die gelangweilten Völker ihre Malheurs gegen die Nöte der glücksuchenden verteidigen – die Unglücklichen könnten sich in die fette Erde verkrallen, aus der sie ihren Kümmerwuchs bezogen.

Das Unglück sammelt, fesselt, konzentriert seine Leute, es scheint der Unglücklichen irgendwie bedürftig, es zerstreut sie nicht in alle Winde wie das Glück die Beglückten.

Das Unglück in diesem Land ist allgegenwärtig, so daß man Anwesenheitslisten führen sollte, um sicherzustellen, wer wo welches Unglück erfuhr.

Mit seiner großartigen Tradition von Käuzen hat Deutschland bewiesen, wie man sich jenseits von Geschäftstüchtigkeit und Schwermut breitmachen kann.

Nicht sein Unglück ist, was dieses Volk bekümmert, sondern daß sein Unglück zu nichts nütze sein soll.

Unter den alten Regimes macht die Angst schweigsam, unter den neuen gesprächig.

Ein Volk, das Klarheit nur als Härte kennt.

Man lebt unterm Zeichen des aufgeschobenen Unglücks. Nur das Glück läßt sich nicht aufschieben. Wo ein Volk glücklich ist, lebt es unterm Unglück selbst.

So dumm sein, daß das Unglück einen Bogen um einen macht. Aber ein ganzes Volk ist selten vorm Schicksal sicher, es sind immer ein paar Kluge und Klügere darin, die ziehen das Unglück an.

Ethnologisch gesprochen, bringt man sich um, weil man glaubt, der letzte seines Volkes zu sein. Eine Epoche des Völkerzerfalls wäre denkbar, in der die Straßen vollgestopft sind mit Selbstmördern, die glauben, einzigartig zu sein.

Das einzige, was mich mit meinem Volk verbindet, ist seine Angst davor, kämpfen zu müssen, um sich wieder langweilen zu dürfen. Also vor der Wiederkehr, Wiederherstellung einer einsinnig, nämlich aufs Ende gerichteten Bewegtheit. Der beobachtbare Wechsel von Unglück und Langeweile und die erfahrene Wandlung von Unglück in Langeweile sind zwei Perspektiven, die sich nicht vermitteln lassen. Darum die Gereiztheit der Sonntage, das Schlag-mich-oder-anderes-tot zur Wochenmitte.

Wir gehören nicht zu den erlesenen Völkern, die ihr Unglück im Heimatverlust finden. Wir haben uns in ein Unglück verkrallt wie in eine Heimat.

Die vorsätzliche Neigung zu fremden Völkern und anderen Geschlechtern ist herablassend.

Das Verenden mancher Völker ist ihre erste souveräne Tat.

Die Völker stehen Schlange, um von uns mißhandelt zu werden, doch uns ging alles Prinzip der Reihenfolge verloren. Unsere Indifferenz ist unser nacktes Leben.

Unsere Männer und Frauen tragen ihr Unglück vorm Gesicht wie andere Schnauzer und Schleier.

Man ist es leid, sich von hergelaufenen Fremden für sein Unglück verachten und beschimpfen zu lassen, von welchen also, die nur ein Weltalter von Schimpf und Verachtung trennt. Sie sprechen aus einer Vorzeit zu uns, deren Unglück und Überdruß ununterscheidbar geworden sind. Man wird sagen, daß die Zeit und die Trennung doch nur eine Ausflucht sei. Aber es ist unsere Ausflucht, also auch unser Unglück.

Fast vergessen die Zeit, als die Völker uns die Bude einrannten, um nur ein Zipfelchen unseres Trübsinns zu erhaschen. Sie nannten es unsere Schwermut, wenn wir auf die Gaben ihrer Exile verzichteten. Wir haben sie enttäuscht mit der Festigkeit unseres Trübsinns.

Inmitten meines verfaulenden Volkskörpers hie und da Hinweise auf ein Rekonstruktionsprogramm, das rasch ins Ökumenische reifen könnte: die vielen Deutschen, die sich am wohlsten fühlen mit Menschen, die von ihnen abhängig sind – die ihre Frauen und Freunde *den Völkern der Welt* entnahmen.

Man weiß nicht, was man von diesem Unglück und von diesem Volk halten soll, aber man sieht, wie da getrennt und verbunden wird: Das junge Volk kann nicht länger von einem anderen leben, sondern nur noch von einem alten, es lebt fortan von dem Unglück seiner Vorfahren.

Was ist der Feind? Die einen sagen, daß er sich von einem selbst nicht unterscheidet. Die anderen sagen, er sei das Unvorstellbare. Was uns betrifft: wir sind uns unvorstellbar.

*

Ein sehr altes, sehr häßliches Volk. Ein Volk, das immer gewartet hat – das vom Warten häßlich geworden ist.

Nirgendwo so schöne Individuen gefunden in einer so häßlichen Rasse …

Ein Volk, das darum bettelt, geliebt oder gehaßt zu werden. Wer hier nicht ratlos wird, geht unter sein Niveau.

Sein Gott liebt es nicht. Da sucht dieses Volk nun von anderen Völkern geliebt zu werden – statt von anderen Göttern.

Die Omnipotenzträume von Heimatlosen verdrießen in ihrer Unterschiedslosigkeit: alles beherrschen zu können, worin sie jemals zu Gast waren.

Will man zu einem alten, vergangenen Volk gehören oder lieber zu einem jungen, vergänglichen? Wie dem auch sei, Grauen erweckt das untote, erdalte Volk, das Volk vor und nach den Völkern.

Von der Entdeckung, auffällig zu sein, stigmatisiert, begnadet, ist es ein Schritt zu dem Verlangen, geliebt zu sein von allen Unauffälligen.

Ein Volk von Unglücklichen … unter Völkern sind sie das Salz, das sich für die Suppe hält.

Staat, Gesellschaft

Für den unglücklichen Menschen ist Gesellschaft ein leeres Wort, dennoch kennt er mancherlei Geselligkeit: Der Mensch im Unglück sucht die Gesellschaft der Unglücklichen, mehr vielleicht als andere Menschenart ihresgleichen Gesellschaft sucht, er ist oft voller harmoniesüchtiger Ideen – träumt von Versagensformen, kompatibel zueinander. Sogar eine Tischrunde aus lauter Spezialisten für Verschiedenstes kann da Gewinn abwerfen, wenn diese ihre Einheit, ihren ›gesellschaftlichen‹ Einheitsgrund nur recht gründlich vergessen haben. Dann stehen sie einander gegenüber mit jenem ratlos-schiefen Lächeln, das ein Eingeständnis des Unglücklichseins nicht schöner formen könnte. Die Verlegenheit, in die Spezialisten voreinander geraten, verflüchtigt sich freilich wieder in ihrer spezialistisch-arbeitsamen Einsamkeit, dagegen ist der unglückliche Mensch am verlegensten – universell allein, in dem Grübeln, was er in Gesellschaft solle …

Privileg des Geisteslebens in Diktaturen: die Dummheit muß sich objektivieren, ist äußere Ordnung, doch zugleich personal und handgreiflich in den jeweils repräsentativen Dummköpfen. Somit ein Höchstmaß an common sense in der Bevölkerung, da der Lug vor Augen gestellt ist und nicht aufgeführt, ausgedrückt werden muß; realistische, distanzierte Stellung zu vielen Dingen. Gleichzeitig Freiraum für Leidenschaften und erhabenes Unglück.

Wir Unglücklichen können nicht leben ohne aufgeklärte Despoten. Ohne Aufklärung vielleicht, keineswegs jedoch ohne den Despoten. Seine Aufgeklärtheit über uns … Wir könnten nicht atmen ohne die Illusion eines geheimen Einverständnisses.

Wenige Staatsformen sind dem Unglück und dem darauf gegründeten Gehirnschaffen günstiger als der aufgeklärte Absolutismus. Ein Herrscher, der sich selbst um Kleinigkeiten kümmert, sich mit der Dessous-Versorgung oder dem Zuckerpreis beschäftigt und dem unglücklichen Geistesarbeiter nichts ins Zeug des Unglücks fährt, das in getragenen Kleidern einhergeht. Der aufgeklärte Absolutist als Herrscher hat aus der sozialen Empörung ein System gemacht, er hält die Revolution als Haustier, das zuverlässig kläfft, wenn was Fremdes, Unzuträgliches an der Tür kratzt. Nur hier erreicht das Unglück, die private Verzweiflung ihre ganze Tiefe, wo sie nicht in die Breite einer öffentlichen Rolle gehen muß. Staat und Öffentlichkeit sind eines. Diktatur? Eher freigelassene Verständigkeit, delirierende Vernunft, dem Gefühl also aller Raum gelassen, sich zu entfalten, gegen sich zu wüten unabgelenkt. Stabile Außenbedingungen, die nur Empörung erregen, wenn sie sich als Pappwerk und Täuschungsbau erweisen … dann muß auch der sorgfältigste

Romantiker des Unglücks ein paar Wochen vors Haus treten, um die Pappwände seiner sozialen Existenz mit einzutreten.

Man kann keine authentische Existenz im Geistigen führen ohne den Beistand des Unglücks. In den despotisch-proletarischen Staaten muß man das Unheil aushalten, das den geistverfallenen Menschen angeht, in den demokratisch-pekuniären sich das Unglück, etwa den Trübsinn, selbst organisieren, indem man ihn heimlich empfängt. Die sogenannten geistigen Berufe erzeugen in beiden Staatsformen ein namenloses Unglück, das keinen existentiellen Gewinn abwirft; man steckt so darin wie in einem morastigen Weg, zwar für immer, doch immer auch mit würdelosem Übergangsgefühl: Das wird ja bald ein Ende haben.

Woher diese Masse von Individualisten, die von überall in die Leerräume unserer Gegenwart eindringt, woher aber auch die Geistleere dieser Leute? Ihre Subjektivität, ihr Individualismus – das sind Anforderungen bereits beim Verfassen eines Lebenslaufes; keine Bewerbungsunterlage ohne den Überbau solcher Hirngespinste. Es ist eine Subjektivität ohne die Erfahrung, was es heißt, ein Individuum zu sein, es ist geistlose Selbstgewißheit: Der Geist bildet sich allein am Gefühl eines universellen Ausgeworfenseins (heiße die Auswerfungsmacht nun Leben, Kultur, Gesellschaft), geistvolle Subjektivität entsteht aus begehrter, aber mißglückter Integration. Das Ganze ist zu löcherig, als daß man an bestimmter Stelle ihm zugehören könnte, immer zieht es irgendwo, es bläst ein Wind – der einen schließlich auswirft. Man steht davor, fühlt sich in Betrachtung des Auswerfenden als reiner Geist und hat, solcherart exklusiv, nicht nötig, irgendeine Originalität zu entwickeln.

Glück, Bewußtsein, Technik

Glück ist, ganz bei der Sache zu sein. Ist so nicht auch das Bewußtsein bei seiner Sache, nämlich dem Sein? Also hat das Glück die Form des Bewußtseins, das Unglück dagegen wäre – Selbstbewußtsein. Wie gerät man aus dem Glück ins Unglück, wie wird aus Bewußtsein Selbstbewußtsein?
Einmal durch die Sache, bei der das Glück gesucht oder vermeint wird. Ist sie zu selbstgenügsam, selbstgefällig, selbstverliebt, so kann das Bewußtsein sie nicht in sich, noch kann es sich an sie halten. Man denkt hier zunächst an den Fall des Narziß, wo ein fremdes Begehren weder Halt noch Anhalt

fände, in solcher Selbstliebe finden sich nicht Öffnungen noch Vorsprünge, sie ist unzugänglich. Aber auch ein junonisch dampfendes oder jovial herabregnendes Muttitum, ›das Sein‹ gewissermaßen als großzügig-gleichmütige Nährsubstanz von allem und jedem, stößt aus dem glücklichen Sachbezug fort. Nicht selten ist es eine von Müttern, von Archetypen überfüllte Welt, die einen ins Freie des Unglücks fliehen läßt.
Zum anderen entgeht einem das Glück durch eine Unfähigkeit in der Zuwendung, durch Teilnahmslosigkeit. Das Bewußtsein hascht sich selbst hinterher, was wörtlich und zeitlich zu nehmen ist: der dem Unglück Bestimmte wird sich einer – wachsenden und darin aber auch entgleitenden – Fülle von Präsenzen, von beglückenden Anwesenheiten bewußt, denen er nicht hinterherkam, in stiller, selbstgemacht-schuldiger Erinnerung ist er in sich selbst vertieft, bis solche Vertiefung ihn zuletzt das Selbstbewußtsein und das reine Unglück lehrt.
Beides treibt zur Konstruktion von Glücksbedingungen, das eine aus Langeweile, das andere aus Not; das Glück wird *Technik*. Nach dem Verlust der glücklichen Sachbezogenheit bzw. Selbstvergessenheit hat das abermals zwei Aspekte: der Techniker des Glücks sucht das Sein, das ihn abwies oder langweilte, zu beleben – ihm Bewußtsein einzuhauchen, er umgibt sich mit einer Welt belebter, zum Beispiel sprechender, schmeichelnder, zahlender, rechnender, stöhnender usw. Objekte, mit Marionetten des Glücks gewissermaßen, Verpuppungen des Seins. Da ihm, zum anderen, durch die Unfähigkeit zur Hingabe an unbelebtes, unkonstruiertes Sein das Bewußtsein verloren- und als Selbstbewußtsein wieder aufging, findet er dessen einzigen Halt in der Kontinuität, im Seinsaspekt dieses Bewußtseins also, das hierzu sich selbst wollen muß. Ein sich selbst aufrechterhaltendes, von sich selbst erfülltes Bewußtsein auf der einen, eine Fülle bewußtseinsbewegter Objekte auf der anderen Seite – das ist die Welt des Unglücks.
Keineswegs muß man sich darin schlecht oder gar unkomfortabel befinden. Welt ist ja hier nichts mehr, worin man geriet, sondern was man erfüllt – mit all seinen Techniken, denen der Weltkonstruktion ebenso wie der Selbstherstellung. Als ›subjektiv‹ gewähltes und erstelltes ist das Unglück kein Vorfall, sondern durchweg ›objektiv‹, es ist kein Unglücks*fall*. Das Unglück ist nicht variierbar, und hierin *kann* ein Glück liegen, wenngleich es dem in der Unglückswelt gewollten Glück vollständig unzugänglich und abgewandt sein mag. Das Glück im Unglück? Alles selbstgemacht ringsum, nichts mehr zu bewegen, kein flüchtiges Verhältnis – überhaupt kein Verhältnis. Das Unglück, alles zufallende Glück, alles Glück auch aus der Selbstvergessenheit

vereitelt zu haben, ist nichts, wozu ›man sich verhalten‹ könnte, es zwingt vielmehr den Blick auf sich in einer Weise, daß er die Unterscheidungskraft verliert. Man erkennt nichts mehr im Unglück, man rührt sich keinen Millimeter weg vom Unglück. Es glückt.

Das gemachte Glück

In der neuzeitlichen Theorie und Dichtung des Glücks ist dessen Langeweile beinahe sprichwörtlich. Man hält das Glück deswegen für kaum denk- bzw. darstellbar, entdeckt die ›Modernität‹ der Glückseligkeitslangeweile bereits in Dantes Paradiesschilderung. Die Langweiligkeit des Glücks als Erfüllung betrifft dessen *Zustand*, wie er als Zielschema jeder hedonistischen Existenz vorgegeben ist. Die Erfüllung ist nicht positiv fühlbar wie Schmerz bzw. Mangel, aufs Gefühl ist im Hedonismus aber alles angelegt. Deshalb kommt man aus hedonistischer Glückserfahrung viel schneller als von anderswo zum Verlangen nach Unglück als einem positiv fühlbaren Zustand. Das ändert sich, wenn Glück nicht mehr mit fühlbarer Zuständlichkeit, mit behaglicher Gegenwart gleichgesetzt ist, sondern als Begleiterscheinung von Wollen, Handeln, *Prozeß* gilt.

Diese Grenze verläuft beispielsweise zwischen Schopenhauers und Nietzsches Theorien des Glücks. In Schopenhauers Glücksgedanken spielt die Langeweile eine ungleich größere Rolle – aus der Erfahrung eines weitgeöffneten, gefräßigen sensuellen Apparates heraus. Nichts kann da genügen. Nietzsche kennt die Langeweile oder will sie kennen, wie der stillgestellte Adel sie im 17. Jahrhundert zur Schau trug, als ein Leiden der Edelgeborenen des Geistes, dem dieser jederzeit ein Ende machen kann. Wie im zeitgenössischen Dandytum überwiegt hierbei die Außensicht auf den Ennui. Die *Erfahrung* der Langeweile verschafft sich auf andere Weise Einlaß in Nietzsches Prozeßkonzeption des Glücks, die eigentlich eine Abfall-Konzeption ist: Glück soll sein, was dem Lebensreichen, dem Verschwender abfällt, ein Begleitfunken im Hämmern der Überschußschmiede. Glück im Schaffen, im Zuwachsgefühl der Macht, als Nebenphänomen individueller Kraftauslösung ist Erfindung, nicht mehr Fund und Zufall. Dieses Ingenium pflegen die letzten Menschen, die Glückserfinder, Glücksmacher. In ihrem Machen und Machten selbst liegt ja das Glück – und also auch die Langeweile. Große und kleine Menschen? Nurmehr Grade des Aufwands. *Im Prinzip* legt sich doch jeder ins Zeug! Weil dies unaufhörlich tätige, gern ja ›verschwenderische‹ Dasein das Glück

unfehlbar an sich hat, begegnet ihm auch die Langeweile nicht mehr wie ein Unglück. Die Langeweile ist immerzu am Werke, am Glück. Unglück allein ist nun, was noch begegnen kann. In kleinen Dosen genossen, kann es eine Delikatesse sein. Man muß nichts dafür tun, nicht also zum Beispiel es sich verdienen. Man muß sich – einen Spaltbreit nur – dafür *öffnen*. Bereits das Bewußtsein, sich jederzeit *öffnen* zu können, ergibt eine Art Vorgefühl des Glücks, eine Vorfreude aufs Unglück: die Melancholie. In der Arbeit, in der Überarbeitung der Macher immer wieder *ein Seufzen – um nichts*. Schwante Nietzsche, daß die Immanenzmenschen, die Willensmächtigen des Glücks auch die Letztmenschen, die Blinzler und Ringelreihentänzer des Glücks sein würden? Worum soll es denn dem Willen, der seine Bedingungen setzt und dem kein Glück begegnet, noch gehen, wenn nicht um das Glück? Die blödsinnige Beflissenheit der übermenschlich Überarbeiteten – all der diktatorischen Frühaufsteher oder Nachtarbeiter, all dieser Rasenden des Menschenglücks und des Völkerunglücks ... emporgefallen aus den Höllen der Langeweile und des Mangels.
Nietzsches »Der Mensch strebt nicht nach dem Glück, nur der Engländer tut das« ... Doch die Engländerbetriebsamkeit, das beständige Paratstehen hat das Glück nicht außer sich als Strebensziel. Es ist ein Glück, ein kaum verhohlenes Mitleid des Engländers, des tatkräftigen, machttüchtigen Weltverwerters, seinen schwächeren, grundsüchtigen Mitarbeitern vorzugeben: dies alles geschehe *für ein Glück*.

Der fallengelassene, zweckentlassene, gottverlassene Mensch kann sich nur noch an der Liebe und an der Arbeit festhalten, es sind die Krücken seines Fortschritts. Aber der Fortschritt leitet auf verschiedene Wege, historisches Hinken aus je einseitiger Abgestütztheit: In der einen Welthälfte erniedrigt man den Menschen durch die Arbeit, indem man ihm von ihrer Würde schwafelt, in der anderen erniedrigt sich der Mensch selbst, da er sich die Liebe aller Welt verkauft.
Die gelobte Arbeit und die gekaufte Liebe umschreiben vollständig das Unglück des Neuzeit-Menschen, des Fortschritt-Verfallenen. Hat dieser Verfall Größe? Er hatte jedenfalls Temperament bewiesen, wenn auch ein recht ausgetüftelt wirkendes, ein zwei Jahrhunderte altes Feuerchen, an dem man sich heute noch wärmt: Die Liebe als Passion, die Arbeit als Aktion, Kreation, Inspiration – die zwei romantischen Notlügen des verlassenen Menschen, der wenigstens Opfer seiner Innenleere und Täter seiner Umweltfülle sein will. Kurz: die Doktrin vom Genie zum Unglück.

Die Liebe drängt, die Arbeit drückt. Ohne eine Epoche scharf ansehen zu müssen, kann man doch sagen: Das Unglück einer gewissen Menschheit entsprießt der Umkehrung dieser Verhältnisse. Die Menschheit im Unglück will die Liebe als Passion, die Arbeit als Aktion, sie hat zu ihrem Unglück genaueste Vorstellungen von Leidenschaft und Handlung. So findet sie sich doppelt gedemütigt: *in dem Wunsch, daß Leidenschaft sein solle*, Gesamtverhältnis zu greifen, Liebe zu genießen mit all der anhängenden Pornographie des Totalisierens; *in dem Zwang, arbeitend seine Notdurft zu decken* mit der Visage eines freien und Luxus-Tuns. Die Liebe als ›Erleben‹, die Arbeit als freie Handlung – mit solchen Ideen schickt man die Gefühls- und Tatneulinge in eine Welt, deren leblose Fülle (weißes, fettes Fleisch) und betriebsame Leere (verduftendes, sich davon blähendes Kapital) die Unglücklichen in *einer* Lautfarbe überkommt. Eine Menschheit, der nurmehr die Liebe und die Arbeit geblieben ist – zu ihrem Glück, wie sie inständig-elendig hofft. Glaubenslos gefangen zwischen den Unmöglichkeiten des Glücks, bleibt nur noch die Flucht in die Zukunft, die aus fortgesetzten Gegenwarten solchen Mißlingens besteht – die Flucht in die Selbstdemütigung als Übergangsepoche des Glücks. Unglück regiert eine Welt, in der man an den Fortschritt glauben muß, weil man es unter freiem Himmel nicht aushält – weil man die industrielle und die erotische Bewölkung benötigt, um nicht den allgemeinen Mangel an Notwendigkeit zu atmen. Keine Not drückt, keine Not drängt – im Fortschreiten aus diesem Gefühl, nicht diesem Zustand, schafft sich der unbeglückte Mensch seine Nöte, seine Religion. Ist Fortschritt nicht ernsthaft und erhaben erst dort, wo er nur mit seinen Folgen zu tun hat?

Der Raserei, die den Planeten verwüstet, haben die Menschen im Glück nichts entgegenzusetzen, denn im Weltalter der Raserei heißt Glücklichsein: nichts werden lassen, alles selber machen, stets auf der Höhe seiner Gemächte sein. Die Stumpfheit, die man an den für glücklich Ausgerufenen bemerkt, kommt aus eben dieser Pünktlichkeit gegenüber dem zerstörerischen Prinzip: sie weichen keinen Millimeter von ihm ab, folgen oder präludieren ihm nicht, sind vielmehr immer auf seiner Höhe. Wenn Glück bedeutet, bei seiner Sache zu sein, dann haben die Glücklichen im Weltalter der Raserei die weltgeschichtlich niegesehene nächste Nähe zum Prinzip des Rasens. Es besteht in der Verleumdung aller Gegenwart, um irgendeiner Zukunft willen. Die Rasenden selbst, die Prinzipiellen der Raserei, wissen gar nichts von Glück und Unglück. Ihr Rasen ist ein Mittelding zwischen der Ekstasis des Unglücks, seiner steten Bewußt-, Getrennt-, Verlorenheit, und der innerlichen Feistheit und Kompaktheit des Glücks, das sie aus einem Zustand zur Bewegung wendeten. So bewegen sie jeden Tag die Einsicht, daß sie Unglück schaffen, ohne sie selbst zu erleiden. Bei diesem Stand der Dinge kann das Heil allein von den Unglücklichen der Erde kommen. Sie bleiben von dem Ziel des Fortschritts wie seiner Bewegungsart getrennt, sie bleiben hinter den fortschreitenden Zerstörungen zurück. Und dennoch ist es schwierig, auf die rechte Art unglücklich zu sein, wo alle Welt sich fortschreitend von einem entfernt – man wird da schnell vorzeigbar und versucht, seinem Unglück, seinem Abstand, zu *entsprechen*, eine innere Miene zu machen zu seiner Zurückgebliebenheit: schlimme, langbekannte Versuchung, sich als *Auserwählte* zu fühlen. Wer wollte es den Auserwählten des Unglücks da verdenken, daß sie sentimental werden, sich in die Zeiten denken und fühlen, als einem das Unglück noch nicht davonlief, sondern von allen Seiten Druck machte, als man unter der Knute, der Despotie des Unheils lebte, als sich der Fortschritt der Zerstörung von staats- und herrschaftswegen gegen einen voranfraß – als man innerlich sein durfte und sein Unglück hüten?

Die Entscheidung für den Trübsinn ist weder Widerstand noch Anpassung gegenüber der modernen Welt, sondern einsichtige Bejahung ihres Unglücks. *Bejahbar* wird das Unglück in der Moderne, weil diese dem Glück eine *Form* gegeben hat, nämlich als Dauer von lauter Präsenzen, als wohlfeile Gegenwart einander ebenbürtiger Augenblicke, produzierbar am Stück, konsumierbar ein jeder für sich. Diese Form wird durch nichts leichter gefüllt als durchs Unglücklichsein, populär und gewöhnlich: durch den Trübsinn. Der Trübsinn, voller Einsicht in die Unmöglichkeit eines glücklichen Geschicks, verschafft ein Kontinuum aus ebendieser Gewißheit, um die eigene Leergehaltenheit nämlich; die Trübsal stiftet einen Zusammenhang, den ein glückliches Geschick nicht bieten könnte. Kontinuität schließt Schicksal aus. Glück aber, ohnehin nur bekannt und genossen als ›gute Stunde‹, ›schöne Zeit‹, ›lichter Augenblick‹, ist vollständig ersetzbar durch die alltägliche Wiederkehr der glückssüchtigen, unglückseligen Lieb- und Freudlosigkeit, die den seelischen Raum ebenso zu erfüllen vermag wie das Momentanentzücken. Beides besteht unabgestuft, regiert ganz und gar, läßt nichts zu wünschen übrig. In der modernen Arbeit und Liebe, in Arbeit als Aktion und Liebe als Passion, im formalen, durchgängigen, homogenen Arbeitskontinuum und im Liebeszucken aus lauter unvergleichbaren, also wertgleichen Augenblicken aus dieser neuzeitlichen Doppelformel produziert-konsumierten Glücks, werden Glück und Unglück letztlich vertauschbar, ununterscheidbar.

Arbeit am Unglück

Der ganze Mensch, von dem Humanisten und Romantiker je auf ihre Weise träumten, kann sich nicht mehr durch eigene Kräfte zusammenhalten, diese hat er in seinen Spezialisierungen verausgabt. Alle diese Handwerke, die erst die Neuzeit über die Welt gebracht hat, zeugen vom Spezialistentum des Glücksverfolgs, das sich von innen nach außen, vom Zentrum an die Peripherien bewegt. So zerfällt ein jeder Mensch, ein jedes Lebenszentrum im *pursuit of happiness*. Würde er das Glück nicht verfolgen, könnten die Kräfte des Menschen beieinanderbleiben. Das Glück könnte ihn treffen und erheben, alle Kräfte, die unverausgabten, verstärken. Eine Ahnung von dieser Sachlage gibt zu Glücksverfolgszeiten nur das Unglück. Sein Schlag zwingt den Menschen, der sonst zerfiele, zusammen. In dem, was er nicht wünschen und vorhersehen kann, versagt der *ganze Mensch*, wenn auch nur der neumodische. Wer sein Unglück bejaht, hält einsam die Stelle der Humanität. Und gilt es denn nicht als ein Unglück, sich nicht verausgaben zu können, weil etwas *hemmt*?

Unglücklich zu sein ist wahrscheinlich die einzig anständige Weise, ›aus seinem Leben etwas zu machen‹. Denn zweifellos ist der Unglücksmensch bis zum Rande von der Idee der Selbstverwertung voll, aber eben auch von Skrupeln gegenüber allem Lebendigen. Das Unglücklichsein ist emotionale Subsistenzwirtschaft, es wird kein fremdes Leben eingeführt; was der Unglücksmensch auswirft als allerunbrauchbarstes Produkt, ist hochanständig dahingeschiedenes Lebendigsein.

»Da schwärmen die Menschen aus ins Weite oder streben in die kälteste Höhe – und fänden doch ihr Abenteuer, ihre Grenze in sich selbst, in ihrem Unglücklichsein, das sich nicht befehlen läßt, in *welcher* Fremdheit es einem begegnen werde …« Findet sich noch ein Petrarca von so zweifelhaftem, herzwärmendem Humor?

*

Gemachtes Glück – Parodie des Unglücks.

Niemandem schaden und doch vollauf beschäftigt sein – im Unglück sein.

Es gibt Naturtalente des Trübsinns, die warmes Mitgefühl erfüllt angesichts der Existenzen, die diesem Gefühl mit *Kulturarbeit* nachstellen.

Wer arbeitet, ist unglücklich. Wer nicht arbeitet, gelangweilt oder verzweifelt. Man kann nicht mehr genau sagen, was das Gegenteil von Unglück ist. Das hat die Arbeit getan.

Ein Volk, das unempfindlich ist gegen den Unterschied von Arbeitenmüssen und Nichtarbeitendürfen, das Einsamkeit so gut erträgt wie Gesellschaft; ein Volk, vor dem selbst dem Schöpfer und Vernichter grauen müßte.

Der Verflucher, der den Menschen in die Nacht der Arbeit versenkte und ihn durch stille Maschinen wieder ans Licht heben ließ, hat seine frohe Zwischenlaune mehr als wettgemacht: er hat gemacht, daß sich die Arbeitenden täglich einander zeigen müssen.

Es gibt Fragen, so dumm, daß man darauf nur ehrlich antworten kann. Die ehrliche Antwort auf das Geschrei der Welt ist das Verschwinden ihres Herstellers.

»Sind Sie glücklich?« Die Geläufigkeit, mit der einem diese Frage gestellt werden kann, bezeichnet präzise den Grad der Obszönität, den eine Kultur erreicht hat; Glück ist und bleibt ein unanständiges Wort, daran ändert auch nichts, daß man es zum Schlußwort ernannt hat.

Die Beglücker der Menschheit prahlen mit einer Effektivität die sich nur bei den Unglücklichen findet. Denn zum Unglücklichsein reichen zwei Dinge hin: ein unbelehrbarer Glückswille und ein glasklarer Verstand. Woraus hinsichtlich Willen und Verstandes der Weltbeglücker folgt …

Der traurige Mensch, der im Beruf erfolgreich ist, muß sich vorkommen wie ein Clown, die Gesichtszüge von Seriosität verzerrt.

Einige Menschengewohnheiten verraten sich als Krankheit dadurch, daß ihnen der Gegenstand abhanden kommen kann: das Spielen, das Trinken. Das Arbeiten ist noch nicht als Krankheit des Menschen erkannt, es hat zu viele Gegenstände angehäuft.

Der weitaus größte Teil der Beschäftigungsmenschheit verbringt sein bewußtes Dasein in leichter Übermüdung, häuft Material zu Einsichten ins Unglück, ohne darum zu wissen. Wer bewußt leben will – wer fürs Unglück leben will –, der wird vermeiden, allzu gut auszuschlafen. Einem klaren Kopf stößt zuviel zu, in einer ausgeruhten Leere macht sich zuviel breit, etwa ein Glück.

Die unbesungenen, unbeschriebenen Leiden derer, die sich nicht langweilen, die sich nie langweilten, die über unendliche Gründe von Zeit geboten am Anfang, die stets wußten, was sie nicht zu tun hatten, denen eine Weltgeschichte von Beschäftigungsprogrammen widerfuhr, von Zwangsernährungen nach dem Maße derer, die sich umbringen, weil sie an langer Weile nicht leiden können, die pausenlos von ihrem Ende schreien und kein Stück Zeit lang werden lassen, die jenen anderen also die Geschichte verdorben haben von Anbeginn …

*

Der Unwert mancher Dinge zeigt sich darin, daß man um sie kämpfen muß. Überschüsse sind nicht abzuschöpfen von allen, sie sind aber auch nicht von allen herzustellen. Das Glück ist so ein Überschuß. Es tritt nur noch in der Mehrzahl auf. Es ist stets übergenug, darin ein Zufall jedem Genügen. Die Zufälligkeit des Glücks bleibt also auch im Zeitalter seiner Produktion erhalten: Man weiß nicht, wieviel davon die wenigen Menschen trifft, auf die man das viele Glück häuft. Nicht hier, in den Häufungen des gefertigten Glücks, sondern an ihrem Ursprung, um ihren Ursprung muß gekämpft werden gegeneinander. Man kämpft, um Ursprung des Überflusses sein zu dürfen. Der Kampf kann sich auf keinen Mangel berufen oder höchstens auf einen Mangel an Überfluß, den der Verlierer leiden würde. Man kämpft ja nicht mehr ums Sein oder fürs Gute, sondern um Glück. Der Ernst dieses Kampfes ist unverwechselbar. Erst wo es an nichts mangelt als an Überschüssigem, entsteht die Seriosität, der bürgerliche Ernst. Das Ausgezeichnete daran ist seine vollkommene Würdelosigkeit. Das Dasein in der seriösen Welt, die nichts als Werte kennt, hat keinen Wert, und es gibt auch nichts Gutes sonst. Also ist man in dieser Welt am Dasein, an einem Leben, das sich nurmehr verlängern läßt. Das heißt: ihm Wert geben. Man kämpft nicht ums Dasein, kaum ums Mitsein, sondern ums Mitmachendürfen, am Machen des Glücks.

Das gemachte Glück hat keinen Wert, muß also einer sein. Das läßt sich ernsthaft versichern.

*

Der Mensch macht sich durch Arbeit *selber*? Mag sein. Doch der Mensch ist für den Müßiggang *gemacht*, mag dieser im Verzehr der Früchte seines Feldes oder seines Trübsinns bestehen.

Bei jedem Desaster sich fragen, welche Art von Stumpfsinn damit abgewendet wurde. Sich eine Weltgeschichte verhinderter langer Weilen erschließen.

Wer für seine Schwermut ökonomische, politische, soziale, kulturelle, historische Gründe sucht, der hat ein Recht weder auf sie noch auf ihre Abschaffung.

Kapitalismus wie Kommunismus scheitern vor der Schwermut: jener, indem er ihr ein Recht zugesteht, dieser, indem er es bestreitet. Einzig der Katholizismus erlaubt, mit Würde seine Schwermut zu tragen, da er sie zum Laster erklärt.

Fast jeder selbstverschuldet Überarbeitete, den man ins Freie zwänge, würde in Schwermut oder Stumpfsinn verfallen, vom Unglück labern usw. Woraus folgt, daß das Unglück nicht bloß Ursprung, sondern auch Ziel der Arbeit sein muß.

Daß die Arbeit und das Unglück gleichermaßen auf was hinauswollen, täuscht einen darüber, daß beide aus der Müdigkeit kommen, in der man so vieles geschehen läßt. Was ist denn die Müdigkeit anderes, als die Dinge loszulassen, sie laufen zu lassen und am Ende mitzulaufen?

Jemand, von dem man nichts, aber auch gar nichts benötigt. Der aber nicht hinzukommt, auftritt und anfordert, sondern der da war, dagewesen sein mußte, damit er einem jetzt überquillt ins Unverwendbare. Das ist ja überhaupt das Unglück der Neuzeit, daß die Überflüssigen nicht die Neuen sind, sondern die Alten.

Eine Verblödung, so porentief gründlich, daß ihr jeder Atemzug geschuldet ist, daß man sie für das Glück halten muß. Sie hält sich selbst sprachlos, darum hält man sie für das Glück. Man muß die Ihren nur einmal anreden, um sich davon zu überzeugen: sie kennen nicht mehr an Wörtern als welche für das Glück und für das Unglück. Sobald sie von sich reden, verfallen sie ins vollendete Schluchzen.

Arbeit, Familie. Vaterland

Nachkommen großzuziehen, für sie arbeiten zu gehen – all das wäre tragbar, wo einem das Fehlen jeder freien Minute garantiert wäre, die zum kränkenden Nachdenken darüber führt, was man da tut.

Schwierigkeit, für Zufriedene zu arbeiten. Was kann einen Zufriedenen noch erregen? Ein Selbstzufriedener.

Perversionen der Beständigkeit: Nur das Mißgeschick verleiht einem Dasein noch Zusammenhalt aus eigener Kraft.

Man kommt zusammen, um zu reden, und man bleibt zusammen, um zu schweigen. Ein Mitleben, das plötzlich zu sprechen anfinge – Vision aus Schreckenskabinetten.

Die Familie, das Volk, die Kette der Wesen: Versuche, zwischen der Grundlosigkeit des Bewußtseins und der Indifferenz der Materie zu vermitteln, die Sache aufzuschieben, und nicht die schlechtesten Versuche …

Diese wunderbare Entlastung vom Eigensinn durch Nachkommenschaft, aus dem Wissen, daß da jemand durch meine Schuld zu leiden habe, komme was wolle an Jahren …

Man findet niemanden, für den man Geld verdienen möchte. Man muß für sich selbst verdienen. Das ist das ganze Elend.

Was kann die Nachkommen noch in der Nachwelt halten, wozu soll man den Söhnen und Töchtern raten? Wozu soll man den Nachkommen raten?

Zur Naturwissenschaft und zum Seelenleben, zur Raumfahrt und zum Unglücklichsein.

Wer schon einmal einen Nachlaß zu verwalten hatte, dem dürfte das Mißverhältnis aufgegangen sein: zwischen der Geläufigkeit des Sterbens und der Unbeweglichkeit der Überbleibsel.

In dem Prozeß, den die Kinderlosen gegen sich führen, hängt all ihre Hoffnung an einem Untersuchungsrichter, der ihnen eine unentdeckte Unfruchtbarkeit entdecken möge.

Je heftiger wir die Kindheit in uns fühlen, desto unerträglicher der Anblick von Kindern, überhaupt Kindlichkeit ... *des Kindes außer uns*.

Wer wollte noch Kind sein in einer Welt, in der die ersten Schläge nicht mehr von den Eltern kommen?

Man will beides: fortkommen und seine Stelle behalten. Man geht in Stellung.

Das Carpe Diem, die Pflicht zur Selbstnutzung: Urworte des Pornographischen.

Der Trübsinn treibt uns morgens aus den Betten und begrüßt uns dort abends, wenn wir nichts mehr vom Tag sehen, den wir vertrieben.

Dieses Winseln um Arbeit in seiner Rückläufigkeit, bald das Winseln um Knechtschaft, schließlich das Winseln um Leben, um Schöpfung ...!

Wer wollte am »Fortschritt im Bewußtsein der Freiheit« zweifeln? Die zur Unterwerfung bestimmt sind, halten sich zunächst an Götter, finden dann hin und wieder Menschen und begnügen sich zuletzt mit Ideen.

Es ist lächerlich, auf Kinder, Familie, Urlaubsfreuden usw. zu verzichten mit der Begründung, daß irgendeine Sache, eine Arbeit das nicht erlaube, daß sie gar dieses Opfer fordere: Die Ernsthaftigkeit der Verzichtserklärung verleiht der Person, die derlei verlautbart, unübersehbar eine Aureole der Dummheit, der blanken Unwissenheit. Hier offenbart sich ein Eifer, der noch bewußtloser ist um sich – um seinen Ursprung, sein Ziel – als der naive Zynismus des Erholungsuchers, des Kinderfreudenpreisers. Das Talent in sich zu spüren, das Leben zu opfern, und es dann einer Sache zu opfern statt der Absenz aller Sachen, die dem verratenen Leben ›zum Trost‹ gereichen sollen, dem reinen, leeren, klarflüssigen Unglück … das ist Begabung zum Stumpfsinn, die alle Person übersteigt. Sie muß das Werk von ›Gesellschaft‹ sein.

Geschlecht

Der Geruch des anderen Geschlechts stellt unmittelbar vor die Frage, ob wir am Tatsächlichen oder am Offenbaren interessiert sind.

Unter den Scholastikern zweifelten manche, ob der Frau eine Seele zuzusprechen sei. Später zweifelt niemand mehr daran, mit den Seelen verschwand der Zweifel.

Der Frauenbetrachter kann kein Frauenfreund sein – sowenig wie der Frauenliebhaber.

Zwei Menschen übervölkern die Einsamkeit mehr als hundert.

In einer großen Seele hat alles Platz, selbst die Hygiene und ihre Skrupel.

Ohne Bezug zur Angst und zur Langeweile ist die Erotik ein trübseliges Geschäft.

Die Analyse der Liebschaften verstößt weniger gegen den guten Geschmack als die Analyse von Freundschaften.

Die Sehnsucht ist eine Art Übermut.

Bei manchen Menschen ist Unglück der Garant des Geschmacks.

Unter den Künsten ist das Warten mehr geachtet als die Liebe.

Wohltaten, die man in der Liebe austeilt, müssen ihre Empfänger in eine Art Lähmung versetzen, so daß sie verhindert sind, durch sofortige Dankbarkeit ihren schlechten Geschmack zu beweisen.

Das Unglück, das man aus der Liebe erfährt, ist weder Strafe noch Schicksal, sondern Beispielgebung.

Wo die Liebe fehlt, sollte das Unglück sein.

*

Die Liebe und die Menschen können es einem so eng und traurig machen, daß man geneigt ist, einen Ausfall zu wagen – mit Menschenliebe zurückzuschlagen.

Mehr noch als Furcht vorm Scheitern kann Furcht vorm Gelingen einen zurückhalten, die ›Projekte‹ zu vollenden; man weiß doch, wie ein Ende das andere aufzufressen pflegt.

Strebt nicht alles nach dem guten, dem einfachen Leben – das nur Geldsorgen und Liebeskummer kennt …?

Von einer Liebe träumen, die statt das Jahr, den Weltzyklus, die Gestirne usw. den Fortschritt karikiert … die statt des Auf und Ab der Leiber ein übergeschnapptes, weil ziel- und anlaßloses Streben ins Endlose nachahmt.

Nur wer liebt, weiß wirklich, wie einsam er ist. Daher die zwei Lieblingslaster der Einsamen: Wissenschaft und Leidenschaft.

Wir versagen den -anern und -isten, den -istinnen und -astinnen unsern Respekt, wie allen, die ihr Unglück verrieten, indem sie es in Form brachten.

Der Untergang des Abendlandes dürfte kaum mehr Einsicht in Mensch und Welt geben als eine Liebe, die aufhört.

Die Neigung kann nicht trösten, sie kann nicht dauern: es muß langweilen, jemanden stets von sich selbst sprechen zu hören.

Eine, die man nicht liebt, die aber Entschuldigung erbittet für wiederholte Anwesenheit und so allerzärtlichstes Jucken verursacht.

Jemand, der – ungezwungen und ununterbrochen – einen anderen von sich selbst sprechen läßt, muß entweder ein Idiot, ein Schuft oder ein Sklave sein, gern auch alles zusammen.

Güte ist Nachlässigkeit, jedenfalls gegenüber denen, die von ihr profitieren.

Die Gegenwart der Passion: Eingang in ein Gähnen.

Das Vergnügen, das reine Vergnügen hat sich als untauglich erwiesen, uns vom Bewußtsein zu befreien. In diesem Bewußtsein leben wir weiter. Die Stumpfheit unserer Visagen verbirgt die Liebeskundigkeit unserer Gedanken.

Die Passion – ein mangelhaftes, ein unvollkommenes Unglück, ein Unglück mit einer Glücksgeschwulst.

Vom Haß fühlt man sich immer erkannt, anders als von der Liebe, die sich mit der Verachtung verträgt.

Die Unfähigkeit, sich von einer Liebe beleidigt, mißhandelt, herabgesetzt zu fühlen – Resultat welcher Versteinerung oder Vertierung?

Bei jeder lächerlichen Frau kommt uns irgendwann die Frage, ob wir sie nicht liebenswürdig finden sollten?

Wem es immer wieder gelingt, in Objekten die Frau zu entdecken, der kann nicht seelenlos sein – der muß den beseelenden Blick haben.

Diese Rangfolgen noch im Unglück der Frau … ob sie einer Frau davon erzählen muß oder dem nächsten Mann berichten darf.

Die Beziehungen zu Menschen und Dingen erfüllen sich im Besitz, dann in der Gewohnheit, dann in Verteidigung, schließlich im Verlust. Und da man nichts anderes als Menschen und Dinge besitzen kann …

Das Ende der glücklichen Liebe läßt uns unglücklich, das Ende der unglücklichen läßt uns ratlos zurück.

Wer von uns würde nicht sogleich sein Unglück für ein, zwei Brüste verraten, wenn er an ihnen davon brabbeln dürfte?

Wollust und Mitleid bilden die Grundlage jeder tiefen Passion, auf der sich nichts erhebt.

Nur aus dem Munde von Frauen erfährt man, wie gewöhnlich die Liebe ist.

Treulosigkeit: eine Art Schwachsinn, Mangel an Bestimmungs-, an Fassungskraft.

Die *Geschichte* einer Passion? Hier gibt es keine Fakten, nur Interpretationen. Faktisch bleiben: die Geborenen und die Ungeborenen.

Man würde sich an den treulosen Menschen schnell langweilen, wenn sie sich nicht gelegentlich in einem Betrug verwirklichten.

Die Frau bleibt die Geschlechtskrankheit des Mannes.

Nach jeder Liebe verharren, in respektvoller Verachtung.

Ein Geschlecht, näher am Tier, das der Mensch ist.

Eine stärkende Verwandlung wäre es, wo Frauen in sich etwas Hündisches entdeckten – nicht des mannhaften Dienens, nicht der befehlenden Nebenherrschaft, sondern der sozialen Wahrnehmung: dieses unendlich ihnen vorlaufende Schnüffeln noch vor jedem wirklichen Kontakt, dann das Beschnüffeln des Geschlechts, vereitelnd alle Peinlichkeit des Blickkontakts.

Wenn man zu den Sorgfältigen gehört, die sich schwer verlieben, dann gerät tatsächlich jedes Verlangen zu einer mitfühlenden Raserei.

Eine Art männlicher Rache für ertragenes Starren und Schnüffeln: das grunzende, jaulende, sinnenlose Weib weitgeöffneten Auges zu betrachten.

Findet man die einsichtsvolleren Väter nicht unter jenen, die sich fühlen wie Prinz Claus im holländischen Fruchtfleisch?

Die Reue, sublimste Form des Selbstmitleids, beschert Lüste, von denen die mitleidlose Unschuld der Tat- und Lustmenschen nicht zu träumen wagte.

*

Die verlassene Frau erfreut sich höherer Achtung als der verlassene Mann. Unübertrefflich und unerträglich wäre diese Überlegenheit, wenn verlassene Frauen gleich noch ihr Leben lassen würden, wie einst ehrpusselige Kerls.

Die höhere Klarsicht (und die tiefere Komödie) des Geschlechts, das sich von Anfang an als Objekt sieht …

Das weinende Weib wirkt im höchsten Maße seelenlos.

Jede erfüllte Passion ist ein Schauspiel dessen, was man allein schon immer gewußt hätte.

Manches harte Wort löst sich in einer Träne eher als in einer Antwort.

Die Traurige geht hinter dem Schwermütigen wie ein Lächeln hinter dem Verlust.

*

Das Leben bewahren, es nicht in die Welt lassen.

Das Unglück, der Frauen nicht mehr zu bedürfen, des Vorwandes von Ekel, Lust, Traurigkeit entbehren zu müssen; die Erniedrigung, Gründe zu finden für die Verschüttung von Leben, von Unglück.

Aus abgründigsten Abgründen: die Kokotte, allein.

Selbst erwachsene Frauen, selbst kummerlose, erinnern manchmal an kleine Jungen, die davon träumen, schöner Leichnam zu sein und aufgebahrt und umstanden von reuigen Verwandten.

Augen, Hände, notfalls Füße. Alles andere fällt unter die Bedürfnisse.

Den Entzückungsstich, den uns ein kühischer, dunkler Blick gewährt, mildert der Kommentar, den das Lippenpaar darunter sogleich nachliefert.

Wenn es ein Glück mit Menschen gäbe, und wäre es nur einen Abend lang, so hätte man es aus einer Jahrtausende-Erzählung von Menschenfrauen erfahren.

Was uns ihr Geschwätz ertragen läßt, ist Furcht vielleicht vor einem Wahnsinn, der in ihrem Schweigen liegen könnte, vielleicht aber auch vor einer unerträglichen Überlegenheit darin.

Man sehnt sich nach der reinen, der voraussetzungslosen Dummheit, jener Dummheit, die nicht erst durch eine gewisse Stufe der Intelligenz möglich wird. Man findet solche Dummheit – dieses Glück aller seiner Zeugen – demnach auch nicht im Bereiche der Verständigkeit, des Erkennbaren, sondern der Gefühle, des zu Pflegenden, man findet sein Glück an der Fühllosigkeit.

Schweigende Dummheit, letzte Hoffnung.

In schwachen Momenten dieses Lechzen nach Nähe, nach Sprachlosigkeit.

Dummheit, die verstanden werden kann, ist Anmut.

Die dunkle Erde des Unglücks bleibt als einziges, worin eine bis auf die Knochen abgemagerte Lichtgestalt einkehren kann, ein Lichtritter, ein Geiststrahler. Einkehr, Rückfall, Einsturz – Formen der Neigung, die nichts mehr befruchtet.

Von einer Menschheit träumen, die nur noch aus ihren Extremen besteht: dort die allerhöchste, harmlos gegen sich selbst wütende Zweifelsucht, hier das fühllose, gemütlich mampfende Müttergetier; verduftet, verwest die Zwischenschicht aus unerzogenen Meinungsinhabern und folgsamen Ausarbeiterinnen ihrer Systeme.

Das Weib des Unglücklichen

Der wahrhaft Trübsinnige hat beides: ein erfülltes Eheleben und eine lebendige Erinnerung an die Leere zuvor; man könnte darum fragen: wie verheiratete sich der Trübsinnige? In aller Schwermut liegt die Tendenz, Trauer zu werden um einen greifbaren Verlust, in allem Trübsinn liegt das Verlangen nach einer Form, sich in ihm zu betten. Aber im echten, umfassenden, eingeborenen Trübsinn, der von der sogenannten Wirklichkeit vollständig trennt, wird die Form zufällig, eben Person, und die Trauer, nämlich um den schwindenden Trübsinn in seiner trüb fischenden Freiheit – sie wird dauerhaft, eben Ehebund. Der von Welt und Menschen trennende Trübsinn läuft auf die eine Frau zu wie auf die letzte Ecke einer Zimmerflucht, durch die sich der getrübte Menschengeist gehetzt findet, mit anderen Worten: der Trübsinn tendiert zur Monogamie. Er kann nicht anders in seiner Universalität, denn einer solchen kann *alles* Konkrete ›begegnen‹; der Indifferentismus nimmt ›die erste Beste‹ und bleibt dabei.

Von der Schwermut, jedenfalls von ihrer allzu läppischen Form als Melancholie, ist der Trübsinnige nun erlöst, ihn befällt dafür Trauer, zunächst wegen der Unangemessenheit und Wesenlosigkeit seiner Wahl. Er hat sich ja auf eine Person, einen lebendigen Menschen geworfen, alles, was dieser tut und ist, muß ihn nun betrüben, der einst graue Trübsinn nimmt bald das Blauschwarz der Trauer an, beginnt nach Tabak und Alkohol zu stinken. Welches Weib kann aber dem Trübsinnigen überhaupt das erste beste sein? Gewiß nur eines, das ihn wegen seines Trübsinns liebt, das ihn allen Weibern der Erde entzogen weiß in dieser Getrübtheit und Indifferenz, das um seine Sehnsucht nach erlaubter Betrübnis weiß.

Diese Erlaubnis gewährt das Weib des Unglücklichen. Bei seinem Weibe scheint ihm aller Trübsinn von legitimer gleichwie zeugenfreier Geburt. Bei seinem Weibe kostet der Unglückliche seinen Trübsinn wie eine nieberührte Frucht, er verbeißt sich darin wie in eine überirdische Nahrung, ein Manna über den Früchten der Erde und der Menschen. Sein Weib macht ihm alles Weltbrot wertlos und vergiftet ihn mit dem Hochmut der Verzweiflung, daran wird er blöde, traurig-blöde, trauerblödig. Übrigens hat die Trauer des Verblödeten soliden Grund, auch wenn er noch nichts von seinem Weibe weiß; er ahnt doch, daß es schon vor der Welt da war, um ihren – stets ungezählten – Kreaturen Erlaubnisse zu erteilen zum Hohn und Draufspucken, aber auch zum Auflesen und Hochheben des Bespieenen. Das eben ist die verkehrte Welt der Trübsal, die vom Weibe fleckenlos empfangen und ausgetragen wurde und in die, ganz zum Ende, zum traurigen, der Trübsinnige gestellt wurde mit seiner Wort- und Gestaltlosigkeit, der Indifferenzmann, der Schöpfungsschwächling überhaupt.

Platonische und romantische Liebe

Platonische und romantische Liebe – zwei Wege, jenem Nihilismus zu entgehen, wo man ›nur noch das Gefühl übrig hat‹ – also nicht auf es setzen kann? Platonische Liebe läßt die Syntax der Begierde intakt, wechselt nur die Semantik – philosophischer Eros, ein Streben an sich, ein ewiges Streben. Umgekehrt die romantische Liebe, die mit der Anerkennung des Unglücks (der Enttäuschung) als Integral der Begierde die erotische Syntax verändert und deren gewöhnliche Semantik – es sich gut sein lassen – aufs unbefangenste beibehält.

Die romantische Liebe ist von ferne mit der platonischen verwechselbar, weil die ununterbrochene Folge der Enttäuschungen einem endlosen Kontinuum des Verlangens ähnlichsieht; erst beim Nähertreten entdeckt man die vielen schmerzlichen Einschnitte. Romantik bedeutet Verliebtheit ins Unglück, weil den Glauben an endlose Lust aus einem begrenzten Unternehmen; beschämt oder berauscht durch solche Wünsche muß man sich durch das sichere Unglück zu Würde verhelfen. Die Romantik ist die moderne – zuerst Schlegel-Schleiermachersche – Platon-Übersetzung. Mannigfache Täuschungen verdecken ihre Verwandtschaft und Entfremdung gegenüber dem Original. Der originäre Platonismus reformiert das Wollen, indem er dessen Gegenstand austauscht – die Begierde trifft auf nichts Handgreifliches mehr, geht durch Ätherisches, scheint endloses Streben wie die moderne Episteme überhaupt, die intellektuelle Leidenschaft. Jedoch blieb das Streben nach Erfüllung (Schau, Strebensauflösung, erlösende Theorie) gerade unangetastet. Das ›Ätherische‹ aus einer Vereitelung, einer Selbstüberlistung der Begierde, die sich Ungehemmtheit ihres Wollens durch Reinheit verspricht.

Der Romantik wiederum ist die Begrenztheit denkbarer Willensmotive eine selbstverständliche Voraussetzung. Kantische Vorschule: Endlichkeit als Sinnbedingung; die Romantik greift dennoch nach *dem* Fleisch, das die platonische Steril- bzw. Homoerotik verschmähte. Wie kann es nun erklärter- und erlaubtermaßen weiblich enttäuschen? Indem frech die Struktureinsicht – jeder Wunsch gebiert neue, Unglückseligkeit hält bei der Stange – zum Willensmotiv erklärt wird. Man will sein Unglück, um, besserer Platoniker, unendlich wollen zu können. Man vergräbt sich, selbst steril, in ein Fleisch, das nie Früchte tragen kann. So ist das Unglück, das rein aus nichts wächst, eben aus der Nichtigkeit des zugelassenen Glücks. Man versagt sich ja nichts, so geht es immer weiter, man hat sich auf das Begehren der Begierde selbst spezialisiert. Das gilt als Ehrlichkeit, aller Blues, alles Chanson heult und krächzt davon.

Junge und Alte

Wer noch verzweifeln kann, wird so schnell nicht alt.

Mit den Jahren wächst die Trauer, welkt die Schwermut.

Jugend – Trauer über das, was man tun muß, Alter – Trauer über das, was man ist.

Das Alter vereinsamt, die Krankheit vereinzelt, das Unglück vereinzigt uns.

Angehörige, Zugehörige … Erst wenn sie sterben, merkst du, daß sie ein eigenes Leben hatten.

Das Alter verstört uns durch seinen Überreichtum an bewegungsloser Einsicht.

Wohl niemand, den das Alter nicht zum Geizkragen gemacht hätte. Die Melancholie der Jugend verschwendet sich ohne Anlässe, die Traurigkeit des Alters kennt und zählt sie.

Mit den Jahren verlieren wir, die uns bewundert haben, und fühlen uns beschämt, da wir unseren Wert selbst bestimmen müssen.

Der Trübsinn weiß: Erwachsen zu werden heißt, hinter die Einsichten seiner Jugend zurückzufallen. Darum wirkt kindisch, was er auch tun mag.

Manche weiblichen Gesichter werden liebenswürdig nur wieder durch die Hilflosigkeit, hilflos nur durch die Kindlichkeit, kindlich nur durchs Unglück.

Das Glück der romantischen Liebe endet ratlos, daher ihr Kinderreichtum.

Die schlechteste Vorbereitung für die Jugend ist die Kindheit. Das wissen alle, die ihre Kindheit an die herrschende Jugend verloren.

Man möchte gesund ins Alter kommen, um sich seiner letzten Krankheit zu übergeben.

Als angemessen gilt, das Leben hinzunehmen, das Sterben auszuüben.

Was nicht schon die Jugend eine Abtreibung dessen, was als Kind hätte reifen und sterben müssen?

Das Altern – wahrscheinlich ein Entgegenkommen von etwas, dem man in der Jugend allzu aufdringlich nachstellte.

Wenn man nicht aufpaßt, dann erscheint einem die Kindheit wie ein hinausgezögerter Tränenausbruch.

Es heißt sein Kindheitsglück beflecken, wenn man ihm eine Erfolgslaufbahn anhängt, statt um seiner Erinnerung willen zu scheitern.

Das Abenteuer des Alterns vertreibt die Langeweile der Entwicklung, und die Aussicht des Endes ersetzt die Fadheit des Vollkommenseins.

In der Jugend erkennt man durch den Trübsinn die Welt, oder besser: die Welt wird zu einer Sache der Erkenntnis, weil der Trübsinn dazu reichen Anlaß gibt. Dennoch hält man all die trüben Sätze für Hypothesen, die sich erst zu bewähren haben; daher das heftige Eintreten für sie. Im Alter weiß man, daß das meiste falsch, unbeweisbar oder trivial ist, man weiß es, weil der Trübsinn der Sätze eintrat in einen.

Kindloses Unglück

Der alternde kinderlose Mensch hat am Unglück sein Leben, seine Substanz. Kindlos, nicht leblos, pflegt und züchtet er sein Unglück, auf daß es dereinst für ihn weiterlebe wie sonst nur neues Leben, wie Gattungswerk. Zugleich vertritt das Erziehungs- und Aufziehungswerk am Unglücklichsein aber auch die Gattungsarbeit – die Kultur und ihre Gebilde. Der Kindlose flüchtet sich ja fast immer in solch ›höhere‹ Allgemeinheit, um nicht den Kümmerling des Individuellen zu geben; kindlose Kümmerlinge führen sich gegenüber ehrlichen Pflanzern und Brütern neuen Lebens auf wie dessen berufene

Verwalter und Entwickler. Alles lächerlich, dann aber kaum noch erbarmungswürdig: Kindlose versäumen die Familien zu schaffen, die sie wie Haus- und Arbeitstiere halten, verlieren die tantenhafte, darin aber doch einzelnen Wesen zugewandte Güte. Die Kindlosen übervölkern die Welt mit Wichtigkeiten, die sie aus ihrer Gesamtvertretung des Lebens herleiten. Darum ist, wen heute etwas Geist vom Leben abgeschlagen hat, so schlecht ›objektiv‹ und ›wichtig‹ sein: man glaubt sich diesen Ton nicht mehr, man glaubt nicht an die Bedürftigkeit des Lebens, sich von allerlei Vertretungen verdecken zu lassen. Man sieht zu deutlich das Leblose dieser Repräsentationen, gerade aus ihrem Anspruch der Selbstherrlichkeit, der Eigenlebendigkeit. Die Komödie des kinderlosen Wichtigtuns in den ›objektiven‹ Gebilden des Geistes, irgendwelchen Spielen und Notwendigkeiten, lockt kaum mehr ein Lächeln ab; man wendet sich ab, schamhaft. Wenn dich der Gattungsauftrag, der Rudeldrang nicht mehr drückt und du dich trotzdem am Leben finden willst, dann mußt du dich im Unglück fortzeugen, anderes bleibt nicht. Machst du es so und wie alle – wie Mensch und Kultur um dich her?

Seinesgleichen

Die Menschen machen ihr Unglück selbst, aber sie machen es nicht aus freien Stücken, sondern unter vorgefundenen usw. – wovon ließe sich derlei nicht sagen? Sagen ließe sich auch: Die Menschen machen sich unglücklich, aber haben sie sich, hat das Unglück sich selbst gemacht?

Das Bild des Friedens, den das Unglück schaffen könnte, will nicht recht froh machen: ein umzäuntes Stück Weide, darauf die Männer, die saftige Büschel des Trübsinns in sich stopfen, Melancholiker bei der Ernährung, mit trauerblöden, halb abgewandten Gesichtern ohne Feindseligkeit, aber im Kauen und Starren doch von einem gewissen Nachdruck, Affengöttern gleich, die sich Köpfe und Hintern kratzen mit Krallen, die einst fangen und reißen mußten. Außerhalb der Weide? Wüste, durchwimmelt von groben Weibern mit rotbackigen Gesichtern und Herzen, unerzogene Raubtiere, denen vielleicht eben die Geschichte aufging an dem Anblick der Wiederkäuer.

Das Auftreten von Glück als Idee, Zweck, Ziel, Wert, Sinn zeigt zweifellos eine tiefgreifende Störung an, eine Verwerfung des menschlichen Seins. Man ist nicht mehr in seinem Element, wo man über das Gute nachdenkt, das einem

zufällt, wo man nachdenkt, wie man es gut oder besser macht, daß einem was zufalle. All das mutet an wie die Suche nach einem Element, worin man schwimmen will wie ehedem – das ›glückende Leben‹ heißt das, ein Glück mittelbar zum Sein. Was kann solches Denken anderes bedeuten, als daß man außerhalb des Glücks *sein* kann, was kann das anderes bedeuten und befördern als ein tiefes, autarkes Unglück – das Unglück als Lebensform?
In dieser Welt selbstverständlichen Seins im Unglück ist das Glück als Ziel des Handelns ausgerufen, das Glück ist erstrebt. Was aber *ist* das Glück? Sich selbst auszurufen ohne Peinlichkeit, sich selbst zu erstreben. Das geschieht, indem eine Sache um *ihrer*, um *seiner* selbst willen getan werden kann. Das bedeutet, daß alles aufs Glück gerichtete Handeln diesem keinen Schritt näher kommt.
All diese Bilder des Glücks als Gelingen, als gutes Tun einer Sache – sie werden widerlegt durch die Muße, die sich daran knüpft. Denn dies ist der Tag des Glücklichen: er macht seine Sache gut, denn er ist Bürger, und er denkt daran und darüber, wie er's gut gemacht habe, das ist, am Abend, sein Bürgersinn. So hängen Tag und Nacht glücklich zusammen.
Was soll man von einem Zusammenhang halten, der durch stärkenden Schlummer gestiftet wird? Diesen Glücklichen jedenfalls wird man schlicht für einen Dummkopf halten – oder für einen Unglücklichen, denn seine Muße, seine Zufriedenheit, sein Bewußtsein ist vollkommen getrennt von dem, was er ist und tut – sein Leben gelingt ihm ja, weil er nicht nach der Muße schielt, sondern diese ihm zufällt, wohlverdient, was also ist er in der Muße nach dem täglichen Gelingen? Er ist vollkommen außer sich. Ist da noch ein Unterschied zum Unglücklichen, der ›seines Wesens Fülle außer sich hat‹?

Wenn du an die Menschen glauben willst, solltest du wissen, wen du vor dir hast.

Es gibt eine Menschenverachtung, die komisch ist, Menschenliebe.

Die Nächstenliebe löst umgebende Dinge und Menschen auf, geht immer weiter, bis alle Welt zittert im Aspik der Freundlichkeit.

Wie die wahre Liebe aussieht, weiß man. Man weiß, daß sie es nicht ist, wenn man sie sieht.

Die Menschen haben Angst vor dir, weil du sie in Worte fassen kannst. Um sich nicht vor dir zu fürchten, muß man vielleicht Ausländerin, Außerweltlerin sein.

Das Unglück: die einzige Leistung, die sich gegen den Menschen richtet, ohne daß er sie erbracht hätte.

Manchmal beherrschen uns die Stellvertreter der Allgemeinheit so sehr mit ihren Meinungen über uns, daß wir lieber eingehen würden als ihnen widersprechen.

Der Mensch ein geselliges Wesen, ein Wesen, das in Gesellschaft über sich hinaus ist – wem wären solche Gedanken nicht gekommen bei einer Obduktion, beim Anblick einer Säuferleber?

Die Fähigkeit des menschlichen Organismus, gegen einzelne Organe zu wüten, sein Leben zu verkürzen usw. legt Zeugnis ab von seinem hohen Beruf zu mehr als Leben und Gesundheit.

Mit der Frage nach ihren Vorfahren brächte man *die Menschheit* mehr in Verlegenheit als die Menschen.

Säkularisierung heißt: nicht mehr mit der Natur, mit Gott einsam sein können, nur noch mit den Menschen.

Das Prädikat ›Der Unbestechliche‹, das man den großen Vernichtern und Krümelkackern anhängt – klingt darin nicht auch ›Der Unglücklichste‹?

Der unglückliche Mensch weiß, daß er ein großartiges Leben gelebt haben wird.

Der Gedanke daran, daß nur vielstündiger, fortgesetzter Gebrauch unserer Leiber an fremden für Minuten uns trösten und erleichtern kann, beschert uns eine Lähmung und eine Demut, von der die Kirchenväter nur träumen durften.

In den letzten Weltaltern sind die Menschen ein unerfreulicher Anblick geworden. Wenden wir uns anderen Dingen zu.

Leiden wie ein Tier

Menschenliebe ist menschenverachtend.

Der erregte Mensch ähnelt nicht dem erregten, sondern dem beruhigten, dem geläufig gewordenen Tier.

Der Mensch: das Tier, an dem noch nicht alle Versuche durchgeführt wurden.

Nicht Zuneigung, Mißhandlung verpflichtet.

Fast alle Tiere fliehen die Nähe des Menschen, warum nicht auch er selbst?

Ich bin kein Misanthrop. Aber kein Mensch hat soviel Mitfreude in mir erwecken können wie jenes Tier, das aus dem Winterschlaf erwacht.

Was von der Aufrichtigkeit einer Gattung halten, deren Mitglieder auf den Hinterbeinen gehen statt auf allen vieren?

Vom Tier zur Maschine: auch eine Emanzipation.

Der Mensch: ein Tier, das das Unglück erfunden hat, ohne daran einzugehen.

Du hast nicht mehr Rechte als jedes Tier. Dich tröstet, daß es nicht Rechte sind, was du hast.

Dem Schweigen des Menschen entspricht beim Tier – was? Vielleicht ein Ungeheuerliches wie die Natur des Menschen.

Ein Lächeln windet sich durch deine Gedärme, zum Gesicht, wie ein Wurm.

Ein krankes Tier: die einen lieben deine Krankheit, die anderen deine Tierheit.

Das Unglück hat aus dem Tier den Menschen und aus dem Menschen jenen Gott gezogen, der leidet wie ein Tier.

Leiden wie ein Tier … hört man nicht die Sehnsucht in diesem Seufzer?

Mir graut vor dem viehischen Ernst, mit dem man hierzulande für sein Glück stöhnt und keucht.

In Müllbergen leben, über Müllberge gehen müssen ohne alles Zartgefühl aus Rattenfüßen.

Der Glücksglaube hat uns die Visagen von blödsinnig gewordenen Raubtieren beschert.

Mensch, du Affe deines Herrn …

Ein, zwei Dutzend aufgerissene Mäuler, manche aus den Maschen des Netzes ragend, in dem die Fische erstickt sind. Was einen an den starren Augen so bewegt, ist das Bewußtsein um die tiefere Stufe des Bewußtseins der Gemordeten, um die geringere Aussicht, den eigenen Schmerz zu relativieren mit Rücksicht auf den *Nächsten*.

Wie ein Hund. – Bei jeder Zeile, die ich zum Unglück heule, habe ich einen evangelischen Pfarrer vor Augen und die Gemeinde, die auf ihn schaut und hört und baut … ich schäme mich vor Hirt und Herde wie ein Hund.

Der Mensch wird zum Tier, wo er es nicht sein darf.

Das ganze Leben über Tiere, die anderen Tiere gelacht, bis sie sich zum Sterben niederließen. Unantastbar und ohne fragenden Blick, eben Tierwürde aus Tierleben und Tiertod, zeigen sie die ganz Gerechtfertigten. Wie sollte man derlei nicht schlachten …

Ich kann keinem trauen, der sich für einen Menschen hält und sonst nichts, ja, der vielleicht noch eine Laus von seinem Anzug fortschnippt.

Diesen und jene wünscht man als Tier, um sie besser hassen bzw. lieben zu können.

Dieses Greifen der Schmutzfinken nach dem Reinen und besonders der Schmutzfinkinnen …

Die tiefe Lächerlichkeit des Liebesunglücks, dieses Sich-zurück-schniefen-Wollens ins Tierische, Jubelfreie. Denkbar nur bei einem Tier, das sich auf die Hinterbeine stellt, Diskussionsangebote macht, die Dinge klären möchte, durchaus offen ist.

Die Absichtslosigkeit der Tiere tröstet, auch die der Kinder vermag das; für den Trost aus unsresgleichen Absichtslosigkeit ist unser Unglück zu klein.

Als Tier wäre man jederzeit bereit und fähig, Schluß zu machen, der äußere oder innere Schmerz gibt dafür die Regel und den Anlaß. Beides läßt sich beim Menschen nicht angeben. Was verhindert den Menschen, sich über sein Leben durchsichtig zu sein, wie es ein Tier wäre? Wenn er zum Äußersten schreitet, ist kein äußerer Feind sichtbar, der auf Vernichtung bestünde; der Feind *bewohnt* den Selbstmörder, jedoch anders als ein tierischer Schmerz. Was innen schmerzt und zum Schweigen gebracht werden soll, kann kein Tier hören: die Meinung der anderen. Indem wir sie verstummen lassen, geben wir ihr recht und nehmen ihr die Möglichkeit, uns leiden zu lassen wie ein Tier.

Der Mensch ist das Tier, das seine Angst nicht vergessen kann, übrigens auch nicht seine Freuden. Muß man da noch fragen, woher das doppelte Elend des Menschen rührt?

Wir sind nicht mehr so abstrakt wie jene Affen, die auf einen Hügel rennen und mit Knüppeln drohen, wenn ein Donnerwetter auf sie niederfuhr; wir wissen, daß es in unserem Mit- und Nebenaffen knistern muß, wenn der Blitz uns treffen soll; unser Selbstbewußtsein läßt es nicht zu, daß wir einem anderen gestatten, eine Seele in uns zu bohren.

Wer nicht mehr sein will als ein Tier, der wird sein wie ein Aristokrat – er wird verfügen über seinen Schmerz. Der Verzicht ragt aus der natürlichen Ordnung.

Was wir nötig haben, sind Tiere, die uns nichts kosten – die andere Tiere wegfangen und bei uns bleiben und zuweilen sogar unsere Anwesenheit dulden in ihrem Fell.

VII. DIE RELIGION DES UNGLÜCKS

Das allzeit verspätete, also wohlfeile Wüten gegen die *Verwundung durch Religion* verkennt deren bestes Teil. Allerdings: Nicht die – wechselnden – organischen Grundlagen der Verwundbarkeit sind den Wütenden wie den Weiseren, den Schmerzkundigen, anstößig, sondern nur die Wunde selbst. Ihr sollte darum aber alle Aufmerksamkeit und Pflege gelten. Einzig die Religion des Unglücks, die Religion also für Unglückliche und solche, die es werden können, vermag eine formenstarre Welt durch eine Wunde zu öffnen, *vermag dem Wundwerden eine Form zu geben*. Nicht zufällig blüht sie gleichzeitig mit der Idee des wissenschaftlichen Experiments: erst ein Pascal macht Jahrhunderte wie das siebzehnte und die folgenden komplett. Erst in der gläubig verbürgten Geborgenheit im Neuzeit-Unglück leidet man kontrolliert – unter Laborbedingungen, unter Aufsicht gewissermaßen; damit sind aber auch die Ergebnisse des Versuchs allzeit geborgen in einem mehr als organisch gegründeten Wissen. Deshalb behält das religiöse Leben auch nach seinem organischen Tod den Reiz und den Wert eines wiederholbaren Abenteuers. Alles, was man vom Unglück weiß, stammt von dort. Es ist sicheres, weil bezahltes Wissen, gleichwie alle Ergebnisse der Heilkunst sich gezielter Verletzung und Zerstörung von Lebendigem verdanken. Wer in einer anderen Religion befangen ist als in der Religion des Unglücks, der wird vielleicht von Wahn, von ›religiösem Wahn‹ sprechen. Aber Wahnsinn kann nicht sein, was dem Unglück mit Gründen zu Dauer und Form verhilft. Ein Unglück, als dessen Grund man sich selbst erkennt, ist nicht die Erfahrung eines Wahnsinnigen, sondern allenfalls die eines Verrückten. Die Religion ist in ihren besten Zeiten und Köpfen von solcher Verrücktheit, nämlich richtiges Denken auf verschiebbarer bzw. hinfälliger Grundlage. Überhaupt hieße viel passender der Glaube an Grundlagen ›Wahnsinn‹. Der Unglückliche glaubt nicht; er weiß, wie es um ihm steht, und als er glaubte, da war es, um zu wissen.

*

Die Religion des Unglücks hat unsere Miseren beschrieben, gründlich, vollständig, wir können sie endlich durchleiden ohne religiöse Tröstung.

Die Würde des Unglücks kommt aus seiner Nutzlosigkeit. Daher noch heute unser Respekt vor denen, die sich nutzlos für eine Gottheit zerfleischten.

Wenige Religionen widerstehen der Versuchung, vom Leiden zu sprechen und es so seinen Opfern zu nehmen. Wenigstens gibt es eine, die jedem sein Leid läßt – indem sie es ihm zuspricht.

Eine Religion, wo lebendig, versteht keinen Spaß. Es ist Zeichen des Niedergangs, wenn sie zu lächeln beginnt – nicht wissend, sondern freundlich bzw. dümmlich.

Die Seufzer Pascals, überhaupt eines melancholischen Christen – man findet sie theoretisch ertragreich, weil es dienstbare Seufzer sind. Mittel zur Vollstreckung eines göttlichen Auftrags, unglücklich zu sein. Daher ihre Reputation auch unter den Gottlosen. Was deren Geseufze zutagebringt, kann nicht anders denn kümmerlich sein, ihre Schwermut ist niemandem zu Diensten, etwas anderes als das Glück kennen sie nicht, um den Trübsinn zu päppeln.

Einzig die Religion, diese Erinnerung an unglaubliche Tröste, verhindert, daß wir unser Unglück zu einem *Problem* erniedrigen.

Im Gebet fühlen wir uns *den* Gottheiten am nächsten, die einen Moment nichts für uns tun konnten – weil sie an ihrem Untergang hatten mitwirken müssen.

Ärgerlich und beschämend ist es, wenn dem kranken Gott am Wege noch ein Tritt versetzt wird – sein Sterben zeigt ja, was unser Leben war, als er uns noch der Aufmerksamkeit wert hielt.

*

Wer Unglück hat, der hat auch Religion ... Daher umgekehrt vielleicht der Eifer der Glücksfreunde, Religion *zu haben*. Als eine Religion von Leidenden für Leidende ist sie einer Aktivität angemessen, die ausschließlich dem Glück gilt, ja mit diesem – so in ihren höchsten und verzweifeltesten Formen – zusammenfallen soll. Das Glück der Arbeit, die Arbeit am Glück: Wovon soll ihr Sonntag reden, wenn nicht vom Unglück, vom Leid, von dem ungekannten Land der *Rezeptivität*? Die Religion des Unglücks, dieser Sonntag der Glücksarbeiter, predigt von all dem, was einen treffen kann. Was also nicht zu machen ist. Was mithin das Unglück selbst sein muß.

Man begreift, warum ein seines Unglücks gewisser Mensch diese Religion entbehren kann und muß. Von ihrem Fluch auf die eigenmächtig Trauernden fühlt er sich getroffen und erkannt. Als Drückeberger des Glücks, als wissendwollender Unglücksmann weiß er, daß er im Unglücklichsein schuldig geworden ist und es auch sein will, denn sein Unglück gleicht in der Form dem Glück der Arbeitsamen: Es ist kein Schicksal, sondern Gemächte, und zwar aus sich – aus ihm selbst. Er hat sich unglücklich gemacht, weil er für das Glück nicht arbeiten wollte, weil er es vielleicht zu deutlich als Ziel, also Jenseits der Arbeit gesehen hat … darum seine Einkehr beim Unglück, das alle Wege des Glücks belagert. Wer unglücklich ist, der braucht keine Religion zu haben – das Erstaunen der Welt und das Entsetzen der Frommen versichern ihn, daß er *etwas Religiöses an sich hat*.

*

Die wahre Leidenschaft besteht darin, sich ohne ›den anderen‹ zu *grämen* und sich mit ihm zu *langweilen*. Es ist die religiöse Leidenschaft, die sich ihres Gegenstands gewiß ist und ihn nurmehr in der Absenz zu fühlen bekommt. Der Glaube ist die Vorstellungsart des Unglücks.

Nirgendwo hat man die Langeweile so sehr als Grund und drohendes Ziel des Menschseins erkannt wie in der Religion des Unglücks. Die Überstürztheit, mit der in ihren Erzählungen erschaffen, gesündigt und emigriert wird ins irdische Unglück, ist kaum anders erklärbar als aus tiefer Einsicht in die Unerträglichkeit der paradiesischen Langeweile. Ob Mensch, Gott, Teufel – ohne Geschichte zu machen, erträgt man sie nicht mehr und ihre Einsamkeit.

Die Tröstungen der Religion sind für alles unnütz außer für das Unglück, sie sind so nutzlos wie das Unglück selbst. Trost und Unglück gehören zusammen, weiß die Religion.

Die Langeweile der glaubenslosen Epochen resultiert, kurz gesagt, daraus, daß das Unglück stumm und das Glück beredt geworden ist … was einem die Stille wie das Gerede gleichermaßen verleiden muß.

Seitdem geschmacklose Philosophen den Einfall hatten, der Religion eine Funktion zuzubilligen, eine Stelle anzuweisen im Räderwerk menschlichen Seins und Leidens, scheint es um die Einzigartigkeit des religiösen Trostes geschehen. Diesen – richtigen – Schluß muß man nicht ziehen, vielmehr den anderen auf die Allgegenwart eines Unglücks, für das mehr als religiöse Tröste aufkommen müssen.

Die Unglücklichen sind ihrem Schöpfer nicht gleich, sondern fremd geworden. *Ähnlich* könnten sie ihm werden, wenn sie sich zu Schöpfern eines fremden Unglücks mauserten.

Gibt es eine Religion sonst, die den Menschen derart zur Lächerlichkeit vergattert, bloß um ihm sein Unglück begreiflich zu machen? Die Medizin muß stärker sein als die Krankheit.

Den Unglücklichen hält man fast immer für religiös, mit Recht, denn er gehorcht seinem Unglück mehr als den Menschen.

Wo man sich nicht mehr für den Zweck der Schöpfung halten kann, da wird man sich für den Luxus halten, den sie sich leistet.

Wer in die Oper geht, wem die erste beste Kirche nicht gut genug ist, der will seinen Schmerz erheben, der leidet unter seinem Niveau.

Seit man sich nicht von einem Gott beobachtet weiß und einem auch kein Teufel mehr ins Gesicht lacht, gilt alle Sorge jenem Wesen, das seine heimlichen Beobachtungen dann und wann durch hörbares Gelächter unterbricht. Zweifellos handelt es sich um eines jener unteren Wesen, die man ernstzunehmen hat.

Nur in der Gegenwart eines sterbenden Gottes ist ein reiches Seelenleben erträglich. Leider weiß man, Kanaille des Schmerzensschwundes oder des Wirtschaftswachstums, Erträglichkeit nicht zu schätzen, verkündet den Tod des Gottes und belebt einen anderen …

Wenn das Unglück eine Gottheit wäre, dann gliche die Melancholie am ehesten der religiösen Bereitschaft, die jegliche Erscheinung vereitelt, indem sie diese erwartet.

Die Sehnsucht nach einem allmächtigen Beleidiger … Sie setzt eine lange Reihe von Kränkungen voraus, die durch ihren Dilettantismus, ihre Imperfektion unsere Ungeduld reizten. Wir wollen unser Unglück nicht mehr jedem dahergelaufenen Tritteverpasser verdanken, wir wollen nicht mehr das vorgeworfne Heu der Anlässe fressen. Die anlaßlose Demütigung erst ist das Unglück, das nur für uns bestimmt scheint wie wir fürs Unglück.

Wenn einen die Evangelien doch so müde machen könnten wie die Zeitung – wenn man sich doch schicken könnte in die Nachricht, daß man verwandelt werden soll …

*

Der Schacher (nach Marcion): Der gute Gott, nicht übermäßig vermögend, kauft dem bösen Herrscher und Macher der Welt nach und nach dessen Dienerschaft ab. Er demütigt den Gott, den er aus heiterem Himmel bereichert hat, indem er die Freigekauften nicht in seine Dienste nimmt. Diese bestehen aber darauf, sich beim neuen Gott zu verdingen, der auch wirklich, nach einigem Zögern, Geschäfte für sie findet. Der alte, ärmere Gott schaut zu und spendet dann und wann eine Pest, einen Ennui, eine Schwermut. Er wird so sentimental wie die Erinnerung an ihn.

Die göttliche Komödie: Eine Kreatur will sich von ihrem Schöpfer nichts mehr vormachen lassen, sie zieht ihm nach und nach alle Gewänder aus. Diese Zudringlichkeit der Enthüllung wäre gerechtfertigt aus vorheriger Kränkung, etwa durch schlechtes Schauspiel, etwa durch eine Schöpfung, die nur zur Täuschung ihres besten Geschöpfes hingestellt war. Es kränkt die ersichtliche Absicht des Schöpfers, der nun immer öfter Komödiant heißt. Als er endlich nackt und leblos vor seinem täuschungslosen Geschöpf steht oder schwebt, nimmt dieses doch eine winzige Bewegung wahr: Kein Zweifel, der Schöpfer spielt mit sich selbst, spielt vor sich selbst Komödie, ist nicht abzubringen von seiner Begeisterung für sich. Alle Täuschung war nur um seinetwillen. Die letzte Kränkung bleibt wie die Gottheit.

Nach dem einen Bericht hat sich die Gottheit von der Welt zurückgezogen, weil darin alles getan und vollendet war, nach dem anderen, weil sie darin sofort zermalmt würde samt ihrer hilflosen Güte. Zu entdecken, daß einer Gottheit mit der Schöpfung alle Macht entschwand und nurmehr die Güte verblieb, bleibt einer Menschheit aus weltflüchtigen Raumfahrern vorbehalten.

*

Das Unglück, mit dem die Religion versorgt, entspricht der Forderung des Ernstes, die man an sie stellt und an sich selbst nicht erfüllt sehen möchte. Diese Erfüllung wäre der Spezialismus, das Fachmenschentum: Gewußtes unter Gewußtem, Ding unter Dingen sein. Die Scham über die fachmenschliche Weltverfallenheit entspringt einem Überdruß, der unmittelbar vorbereitet auf die Segnungen des transzendenten Unglücks. Denn man will beides sein: ernsthaft und universell, und diese Daseinsform verleiht allein das religiös gestimmte Unglück. Jeder kann ihm erliegen, wo er sich nur ganz aufs Seine besinnt, wo er also ernst tut mit sich, daraufhin versagt und von Höherem hören muß, was er sei: dieser Versager, kein anderer. Ernsthaft sein und versagt haben ist fortan eins, glückliches Verschwinden die allfällige, aufschiebbare Erlösung.

Man stirbt mit allen Tieren, und was nachher kommt, ist, mit ihnen aufzustehen, jedenfalls mit den anhänglichsten, gefräßigsten.

Gleichwie das Heil der Tierwelt in des Menschen, bestünde das Heil der Menschenwelt nurmehr in des Göttlichen *Nichteinmischung*, einer Art taktvollen Fortgangs zur Tagesordnung, zur Gestirngestaltung, zum dezenten Übergehen der Schöpfung.

Gäbe es nur eine Sprache auf Erden, dann wäre das keine Sprache mehr, sondern irgend etwas anderes. So auch das Unglück, von dem eine Religion sprach und das längst geheiligt ist.

Muß man dafür büßen, daß man ein Tier ist, oder muß man büßen dafür, daß man keines sein will? Zwischen den zwei Bußen ist kein Unterschied zu entdecken.

Man muß sich bekehren, wo man eine Sprache lernt: alles vergessen, was man gewußt hat, bis auf den einen Satz, den man fortan wiederholen wird bis zum Ende.

In dieser Welt verhinderter Selbstmörder wagen wir kaum, die Blicke zum Himmel zu erheben; unser Mangel an Schuld drückt uns nieder wie der Anblick der baumelnden Füße droben von erhängten Engeln.

Der Glaube ist in aller Munde und in aller Fleisch, wenn er Unglück verbreitet und Unglück erleidet, er stirbt an den Glücklichen, die ihn unbeschadet verzehrt haben – die mit ihm groß geworden sind.

Das Gebet: Klage und Konfession vor einem, der nicht wegläuft und – wichtiger – der einem nicht nachstellt mit seinem Wissen ums Unglück, wie menschliche Zeugen.

Die Wut auf die Schwermütigen, die Verdammung der Untröstlichen, zu schweigen von der Mißhandlung der Selbstmörder – in ihrer Eifersucht beweist die Religion sicheres Gespür für die heidnischen Wirtschaftsformen. Die leidenschaftlichen Verkünder von Weltmission und Welthandel erbost alle Autarkie des Trübsinns – Unempfindlichkeit der frühen Menschen gegen höheren Trost.

Die Medizin muß zugleich mit der Krankheit auftreten. Geht sie dieser voraus, berauscht sie bloß, folgt sie ihr nach, ernüchtert sie bis zur Wirkungslosigkeit. In beiden Fällen erscheint der Missionierte lächerlich und die Not der Mission zweifelhaft.

Es gibt Frömmigkeiten, die erwecken uns peinliche Gefühle in ihren Bräuchen wie nur noch Zeugenschaft bei mißlingender Kunst; Frömmigkeiten, weitest entfernt von aller Kunstreligion.

Wer über den Daseinssinn spricht, unterliegt der Daseinsgerichtsbarkeit. Religionen besitzen ein Daseinsrecht nur dann, wenn sie das Unglück heiligen oder die Fühllosigkeit verheißen, alles andere sind erwerbliche Rechte. Die Vertiefung des Unglücks freilich ist nicht gefeit dagegen, ein Glück zu sein oder zu verheißen, während die Fühllosigkeit keinen Maßstab mehr findet außer dem Unglück der anderen. Und so fügt sich alles zum Besten in der missionierenden Fühllosigkeit, die vorm Unglück der Völker erinnert wird an ihr Daseinsrecht.

Die Preisung des Mitleids ... Sie konnte nur kommen aus einem zur Wut geneigten Temperament. Wen bemitleidet man denn angemessen? Geschlagene Feinde, im Staub. Wann muß man denn das Mitleid empfehlen? Im Staub, vor Feinden.

Hochschrecken mitten in der Weltnacht aus irgendeiner Traumlosigkeit und fortan von den erleuchteten Visagen träumen umher …

Die Wiederkehr des Gottes demütigt, wie jede Wiederkehr. Es gibt einen Stolz der Verlassenheit.

Was uns diesen Gott so nahe bringt vor anderen, ist, daß er an seinem Ende hat mittun müssen.

Was gegen die Heiligkeit, die vielen nicht schwerfiele, spricht: daß man die unvermeidlichen Kränkungen seiner Mitmenschen dann als Heiliger vollbringen müßte.

Schlimmer als das Glück, zu dem man sich verpflichtet wußte, wütete nur jenes, zu dem man sich berufen glaubte: die Berufenen hinterließen nichts als Pflichten.

Ein dauernder Dienst demütigt weniger als ein unterbrochener, der auf Abrufbarkeit weist. Die Dauer der Demütigung bildet eine eigene Autarkie, schließlich sogar einen Stolz der Demütigung aus. Darin war der Mönch dem Knappen voraus.

Lange, bevor man an Götter glauben lernt, glaubt man an seine Mit- und Nachwelt, an alles, was von der Verzweiflung erlösen kann darüber, ein Einziger und ein Letzter sein zu müssen, eine Nachgeburt des Seins oder des Glücks oder irgendeiner Vorwelt.

Die Hierarchie der Miseren entspricht einer Welt der Freiheiten. Gleichwie diese verschwinden in einer einzigen Freiheit, die gleichgültig oder gewalttätig wird, verdichten die Miseren sich zu dem einen Unglück, das ein jeder bringen will und das alle schon besitzen.

Wenn der Glaube an die Erlösung zur Gewißheit wird, geraten die Weltalter bis dahin zum Tal der Langeweile. Nur das Unglück kann es füllen, mit seinem periodischen Niederschlag.

Die Wiederkunft des Gottes kränkt jene, die sich von ihm verlassen fühlen. Pharisäer sein – sich nicht kränken lassen wollen.

Gedemütigt … Man hatte dieses Gefühl schon fast vergessen, bis einen diese Haftstrafe, jener Kriegsdienst, manches Drüsengewitter traf. Man weiß nun, daß man nicht mehr sein muß, als was zu treffen ist. Was untreffbar-überzählig ist, windet sich im Wissen seiner Überzähligkeit. Dieses Wissen hat ungetroffen nur der Religiöse.

Völker, die ihre Götter mit Blut und Innereien füttern müssen, damit das Leben weitergeht. Der Sinn des Lebens: unfraglich, wo man im Ganzen (›pauschal‹) dafür bezahlen muß.

Die drei ernstzunehmenden Religionen mit ihrem *Tötungsgebot* betreffs der Gottlosen … Man begreift Motiv und Ehrgeiz des *Liebesgebots*, wo man nurmehr übriggebliebene, gottgewollte Menschen um sich hat und mit ihnen auskommen muß.

An Authentizität sind Hiob und Onan nicht zu überbieten, sowenig wie das Leiden selbst und der Fleck an sich.

Der Spott über die Religion des Unglücks ist armselig, wie aller Spott über das Seltene, Restliche, Unwahrscheinliche.

Die leidenschaftliche Gleichgültigkeit gegen den Glauben könnte Anzeige oder Anteil eines messianischen Unglücks sein.

Dieses Schimpfen mit dem lieben Gott, jetzt, wo es nicht mehr gefährlich ist …

Der Wendepunkt ihrer Geschichte ist, wenn Religion nicht mehr gegen den Unglauben, sondern gegen die Langeweile ankämpfen muß – wenn sie für alles erlösende Unglück selbst aufkommen, das heißt von Geschichte schwer sein muß.

Dem andachtslosen Menschen scheint die Liebe auf denselben Defekt zurückzugehen wie die Religiosität: auf Mangel des Talents, allein zu sein. Noch ein Argument für eine Religion der Liebe.

Denkbar wäre ein Weltalter, in dem die Religion des Unglücks, in ihren extremsten Formen, sich mit den Geboten schlichter Diätetik begegnet. Nichts mehr anfassen, alles fallenlassen ...

*

Man soll dem Bösen nicht widerstehen. Das Böse hat die Macht, überall Zentren zu bilden, Macht als solche ist das Zentrum des Bösen. Was ihr widersteht, wird zu einem Zentrum ihresgleichen. Die Dezentrierung des Bösen erfordert dagegen seine Bejahung: die Lobredner des Bösen bezeugen den bereits erbärmlichen Zustand der Macht, die sie duldet oder gar benötigt. Schweigende Bejahung erledigt das Böse ganz, sie dringt in sein Zentrum, ins Schweigen der Selbstgenügsamkeit, das ahnungsloses Sprechen von aller Welt ist. Im schweigenden Sklavendienst am Bösen erstickt dieses nicht an seiner Positivität, wie manche meinen, sondern breitet sich in eben dieser, dünnflüssig gemacht von soviel Einverständnis, über alle Welt. Wer wollte, wo alle Welt in den Honig der Weltmacht getunkt ist, noch vom Bösen reden?

*

Je mehr uns, mit den Jahren, die Schauspiele kalt lassen, desto mehr Interesse erweckt in uns das Gebet. Wir wollen nicht mehr Zuschauer des fremden Unglücks sein, sondern Akteure im eigenen.

Mit Recht verabscheuen wir alle, die im Unglück Karriere machen, die voranschreiten in ihm, reden von ihm und somit Sprache und Unglück unaufhörlich verkleistern in ihrem Trübsinn. Kein Entkommen, auch nicht für uns, denen sie in den Ohren hängen mit ihren artikulierten Klagen. Nur die Religion verdient von diesem Abscheu ausgenommen zu werden, denn hier ist der – einzige – Fortschritt von sich: sich seiner Sprache begeben und ins Unglück kommen, sich im Unglück zeigen und eine Sprache vernehmen.

Wo man für nichts anderes mehr bitten kann als für sich selber, begreift man erst die Verlockungen einer Religion, in der man für andere bitten durfte – in der man freigekauft werden sollte. Fremde Tode sterben, fremdes Unglück leiden, und das eigene hinausschieben in irgendeine gottlose Zukunft.

An sich selbst glauben – für sich selbst bitten müssen. Kränkung als Verfassungsgrundsatz. Und da fragt man noch nach dem Ursprung der Vielgötterei, der Visagenvielfalt des Unglücks?

Der abwesende und der anwesende Gott ... Man beginnt zu ahnen, was man bereits ohne Gott erfahren mußte: daß die Anwesenheit kaum so sehr beglücken kann, wie die Abwesenheit unglücklich macht. Deshalb die Zuflucht zur Verheißung: einer Anwesenheit, die das Gefühl für Glück und Unglück auslöschen werde. Deshalb das feste Vertrauen: in die Solidität des Unglücks einer gottverlassenen Welt.

Fehlen des Schöpfers in seiner Ordnung, Fehlen der Ordnung in der Schöpfung ... eine Reihe von Abwesenheiten, die dem Ehrgeiz des Glaubens entspricht. Dieser benötigt den Ärger an einem Produkt, das seinen Produzenten verbirgt. Der Glaube begnügt sich zuletzt – nach dem Fehl von Gott und Weltordnung – mit der Kirche selbst, dieser sichtbaren und ärgerlichen Verbergung des Glaubens.

Das Unglück ist kein Einschlag, sondern ein Auswuchs, ein Trieb am Baum des Lebens. Seine Entfernung vom Stamm ist immer auch ein Wachsen, Erblühen, Reifen, vor allem aber eine Verzweigung. In der fortgeschrittensten Verästelung sind Leben und Unglück kaum mehr voneinander zu unterscheiden, das Unglück ist dem Leben eingefügt *und* entgegen. Damit genießt es, in der Umkehrung, dieselbe Freiheit wie seine Grundlage: sich als Gesamtheit und als Gegenüber fühlen zu können, das eine im Bild, das andere in der Tat bzw. im Leiden. Eine Verfugtheit, die nur verdorren, niemals zerfallen kann.

Das Lachen entsteht und verschwindet umstandsloser als das Weinen. Dieses hat man erlernt, wie die Klage überhaupt, auf Botschaften von einem nahen oder fernen Zeugen hin. Man verlernt zu weinen im Unglauben und im tieferen Unglück. Das Verschwinden des Lachens und das Verlernen des Weinens bieten alles, was der Glaubenslehrer wissen muß.

Wenn die Milch deines Mitgefühls versiegt ist – wenn dein Trösten trocken bleibt, keine Träne mehr auf fremden Kummer tropfen will ...

Dein Unglück verschwindet, wenn du ohne Zeugen weinst – wenn du weinst wie ein Kind. Dann wird es von dir genommen. Beginnt ein Glaube nicht stets mit der Einflüsterung, man habe geweint?

*

Schwermütig wie ein Gott.

Wie jede Wunde juckt Religion mehr an den Rändern als in der Mitte.

Der Glaube ist: Nur einer könnte mich demütigen, und der wird es nicht tun.

Gebildet, untätig, heiter – Formel für das Wesen, vor dem ich kniee.

Fesselnder als das Unglück, das die Religion erschafft, ist das Unglück, das sie verspricht.

Nichts Unheiligeres als eine Familie, die nicht gegen eine andere Familie antritt, sondern gegen die Welt.

Abstoßender als die Paradiese, die der Glaube vereitelt, sind die Paradiese, von denen er träumt.

Die Gemeinde versammelt in der Anbetung und erstarrt in der Nachbarschaft: jenes von Angesicht zu Angesicht, dieses von Ellenbogen zu Ellenbogen.

Lüsternheit kann man der Selbstliebe am wenigsten vorwerfen.

Eben war man noch zu gescheit für den Glauben, jetzt ist man schon zu dumm dafür.

Die Gottesblindheit kann zur Gewohnheit werden, wie es einst das Gebet war.

Am Ende wird jede Religion zur Wissenschaft, indem sie dem Volk jene Verbrechen erinnern muß, die es ihr vergeben soll.

Zuständigkeit der Künstler für das Nutzlose, der Religiösen für das Unglück. Dann verkehrt sich auch das, und jedermann muß sein Unglück anbeten, weil man es nicht von ihm verlangt.

Die Religion ist ein Schicksal, das uns trifft, weil wir es ausschlagen konnten.

Wir haben mehr verloren, als uns fehlt.

Wir kämen uns lächerlich vor, wenn wir für *uns* beten müßten.

Wir alle sind erzogen, in schlechten Manieren tieferen Sinn zu sehen und in dauerndem Unglück den höheren Anlaß.

In jedem Gebet muß etwas Furcht sein, daß momentane Not ihre ewige Heilung finde.

Der Individualismus ist die Religion jener Masse, die den Einzelnen ans Kreuz schlägt.

Gebet fällt schwer, weil unsere Wünsche zu umfassend und zu nichtig sind.

Die Welt retten: Wunsch eines Verstoßenen, der um Aufnahme winselt.

Der Betende kann nicht hoffen, wessen jeder Bittende gewiß ist: daß die Kleinheit seines Wunsches ihm eine Größe verleihe, die das Angebetete beschämen muß.

Kein Konnex einleuchtender als der zwischen Unglauben und Schlaflosigkeit.

Nur der Unsinn und die Güte vollbringen die Zäsur. Das Verbrechen hofft auf Übergänge.

Die Gottheit vernichtet den Menschen, weil dieser ihr keine andere Wahl läßt, sowenig wie die Embryos den Technologen.

Nur Gott vermochte zu demütigen. Die Menschen können bloß beleidigen.

Die Religion – wie wahre Liebe aus einem Kategorienfehler: Eindringen des Geistes in einen fremden Körper.

Nur selbstverschuldetes Unglück erlöst.

Der ernsthaftere Gott kennt nur eine religiöse Prüfung: seine Gläubigen.

In einem Volk von Atheisten ist Religion das Opium der Gebildeten.

Sich mit den Augen der Gottheit sehen: einziger Weg, die eigene Erbärmlichkeit zu erblicken, ohne sogleich zu verdampfen.

Je älter wir werden, desto leichter fällt es, den Glauben zu akzeptieren, und desto schwerer, zu glauben.

Wer sein Unglück schneller verliert als seinen Glauben – dem ist nicht mehr zu helfen.

*

Die Religion hilft und heilt, wenn unser Unglück noch geringer ist als das, zu dem sie uns überreden kann. Man verlernt den Glauben und verliert den Trost, wenn man das eine Unglück nicht größer findet als das andere. Erst dann ist man in der Trostlosigkeit.

Die Religion des Unglücks ist über die primitiven Wirtschaftsstufen hinaus, sie ist bereits eine Kreditwirtschaft. Man glaubt, daß irgendeiner mehr gelitten habe als man selbst, als alle anderen – einer, der alle anderen leidend glaubte.

Überhaupt gleicht die Religion des Unglücks einem Kreditsystem, dessen Anfang und Ausgang unabsehbar ist: Alles, was man annimmt an Schmerzen, muß größer sein, als was man verlor. Und da fragt man, warum am Ende statt des Bankrotts der Dinge die Untröstlichkeit des Menschen winkt?

Überhaupt kann man das Unglücklichsein verlernen wie jene Sprache, in der jedes Wort lauter gesprochen werden mußte als sein Vorgänger.

Die Gottheit kann sich am Schauspiel endlos erfreuen sowie gelegentlich in es eingreifen – sie kann den Schauspieler einlassen in sich. Sie genießt alle Privilegien der Menschenfrauen.

Einzig die Religion-des-Unglücks, die Religion-für-Leidende befreit zu jener Freude, die man in der Not empfindet. Sie befreit zur Not – ein unvollführbares Kunststück, wenn man nicht an die Not der anderen glauben könnte.

So sehr man sich auch anstrengt, man kann keine andere Religion ernstnehmen als die unsere Freude mit dem Leid der anderen verknüpft, mit dessen Linderung durch unsere Not.

Irgendwo bei Eichendorff: »… und der Teufel saß gegenüber und lachte ihr dabei immerfort ins Gesicht.« Es gibt keine Versehrtheit, die wetteifern könnte mit der Religion des Unglücks.

Unter den niederen Vergnügen gibt es ein allerhöchstes: als Donjuan der Leichtgläubigkeit das angebetete Wesen mit grundloser Treue zu ärgern.

Die Analogie des Kinderzorns zeigt: es gibt nur eine passende Antwort auf die Schmach, geschaffen zu sein, nämlich dem Erschaffer grundlos Böses zu tun, auf daß er am Grübeln über den Grund eingehe. Wer das Sein schlecht findet, muß dem Schlechten zum Sein, also zur Grundlosigkeit verhelfen; jeder Erschaffer ist seinen Teufel wert.

Es ist die Lage des Menschen, worüber Gott und Teufel gemeinsam lachen.

Es gibt auch einen Zynismus von der langweiligen Sorte – sozialfunktionale Betrachtung der Religion.

Um sich in der heutigen Christenheit unmöglich zu machen, genügt es, sich auf den Boden einer x-beliebigen Kirche zu werfen.

Die Religion des Unglücks, bestimmt für Individualisten, Geschlagene, Verkümmerte, die unaufhörlich auf ihr Geschlagensein sinnen müssen und natürlich auf den Anonymus, der es ihnen zufügte.

Die Reinigung in der Selbstbetrachtung, -geißelung, -bemitleidung: aller Schmutz, der dabei erscheint, auffliegt, niedersinkt, bleibt am Puristen des Unglücks haften, er nimmt den Schmutz der Welt auf sich, zieht ihn an sich, hinterläßt eine reine Welt.

Die Religion der Demütigung: Ihr bleibendes Werk besteht darin, uns vor einem Größeren klein gemacht zu haben und gleichgültig gegen unseresgleichen; die Unvollständigkeit unserer Kränkung oder unseres Glaubens büßen wir darin, daß unsresgleichen uns demütigen kann. Aus Mitsklaven werden Mitarbeiter …

Wahrscheinlich muß man sich auf Erden den Verkünder als eine Art unverschämten Ausländer vorstellen, der die Landessprache nur ungenügend beherrscht und deshalb nach Kräften die eigene spricht: er wäre verloren, wenn man ihn verstünde.

Was an der Kirche, zumindest gewisser Jahrhunderte, imponiert, ist die Brutalität und Sorgfalt, mit der sie dem Nutzlosen ihre Dienste bot – mit der sie die sublime Nutzlosigkeit des Unglücks über die Kontinente verbreitete …

Unser Überdruß an der Geschichte, die doch die Geschichte unseres Unglücks ist, verrät sich an unserer Art zu lesen: kaum daß wir die Paradieserzählung hinter uns haben, blättern wir voller Ungeduld im Folgenden, mit dem Ergebnis, daß wir jedesmal von neuem in die Langeweile des Anfangs zurückfallen bzw. in die Verheißungen des Endes voranstürzen.

Der Liebhaber des Heidentums muß seinen Humor mit historischer Finesse verteidigen – was bleibt ihm übrig, als sich in die Tempel der alleinseligmachenden Kirche zu flüchten unter all dem blutarmen Gottesvolk ringsum?

Wir träumen von jemandem, den wir vernichtet hätten, wenn wir ihm unser Bild von ihm mitteilten. Wir wissen, daß er nicht zu überzeugen ist. Wir glauben an etwas, das ihn überzeugen könnte.

*

Man fühlt sich glaubensschwach. Man weiß also, daß es jemanden gibt, der stärker ist im Glauben. Man selbst kann, in all der Schwäche, nicht der Gegenstand jenes Glaubens sein. Der Starke im Glauben ist sich also selbst Gegenstand. Wer an sich selbst glaubt, ist darum nicht frei von allen Bezugnahmen, in der Güte zum Beispiel. Im Gegenteil, diese rieselt dann und wann aus der Eingenommenheit von sich selbst herab, breitet sich gnädig aus übers Schwache. Das Schwache fühlt sich gedemütigt durch ein Gutes, das es nicht entgelten und dem es nicht entgehen kann und das doch nirgendwo fehlt: Was an sich selbst glaubt, kann sich ja nicht verschleißen. Dem Schwachen bleibt nichts als der Glaube an das Stärkere, wie es jenseits aller Güte ist. In diesem Glauben hat das Schwache seine Stärke, denn es kann ihn – anders als das Starke – von seinem Gegenstand abziehen, ohne sich dadurch selbst zu vernichten. Mit dem Glauben verschwindet aber auch die Schwäche, die das Gute faßte. Jetzt begegnet einem gar nichts mehr, und man ist im Unglück. An dieses Unglück kann man glauben, so wie das Starke an sich selbst glaubt. Ein Blick des Starken auf das Unglückselige mag es dazu verleiten, sich selbst unglücklich zu machen und eine Religion des Unglücks, einen Glauben für Unglückselige zu stiften. Die schon Unglücklichen haben nun abermals die Wahl: Sie haben die Freiheit, sich ihres Unglücks zu begeben und an ein fremdes zu glauben. Dieses Unglück verdiente nicht mehr Glauben und Interesse als das eigene, wenn es nur aus der Schwäche käme. Man hört aber, daß irgendwann sich ein Starker, ein Herrscher unglücklich gemacht habe. Auch das ließe einen so kalt wie die Idee einer absichtslos regnenden Güte. Man hört aber weiter, daß die Stärke sich um einer fremden Schwäche willen unglücklich gemacht habe. Wie könnte man, wie sollte man dieses geschenkte Unglück ausschlagen, wie nicht?

VIII. ZEIT, EPOCHE, GEGENWART

Die Zeit des Unglücks

Ein Unglück. Wie feierlich das klingt.

Die Zeit ist die Selbstkritik der Ewigkeit.

Wer kein Glück hat, der hat doch wenigstens Zeit.

Die Boten kommenden Unheils sind auffällig durch Zusammenhanglosigkeit mit allem Gegenwärtigen und Vergangenen, also durch Unschuld. Sie sind nur dem Unheil verpflichtet.

Die Zeit des Unglücks – man vergißt sie und langweilt sich ganz furchtbar in der glücklichen Zeit, die man zur einzigen Gegenwart ernannte: allein auf weiter Flur mit ein wenig Seligkeit. Oder man bleibt in der Zeit, in der man schon unglücklich war, und verschlingt – ein Abgrund an Ersatzbedürftigkeit – jede glückliche Präsenz und spült sie wieder ins Vergangene und Gewisse, frißt und würgt, ein empfindsamer Wiederkäuer.

Die Theodizee hat ihre großen Zeiten noch vor sich. Denn Fühlen und Jammern sind ununterscheidbar geworden, so daß dem Denken allein die frech grinsende Apologie bleibt. Fangen wir gleich damit an: unschuldig Leidende, im Überfluß und beklagenswert? Aber wer nicht unsere Sprache spricht, weil Kind oder Fremder, für den sollten auch wir es nicht tun, wo er nicht mehr lebt ... Wer aber selbst klagen kann, wie wagt der noch zu leiden?

Ein nachdrücklich auftretendes Unglück, kurz: ein Unheil, ist das beste Mittel gegen Unzufriedenheit. Diese entspringt einem trügerischen Sichwiegen im Möglichen, wie es Existenzen auf Abruf, neuzeitliche Existenzen eben, leisten müssen. Für solche ist es keine Frage, daß sie immer fehl am Platz, niemals ganz zum Zuge gekommen sind. Sie sind im Unglück, ohne es zu wissen. Ihr ganzes Denken ist Ermessen der Differenz, die sie von dem trennt, was sie sein könnten. Ihre Besorgtheit – Ärger, Neid – treibt immer weg von ihnen, sie gewinnen keine Einsicht in ihr Unglück. Wen es dagegen traf, der wird keine Ausflüchte machen, der wird ganz klein und realistisch werden und großartig einkehren bei sich.

Die verbrecherischen Ideen über die Zukunft, die Utopien und Geschichtsgemälde haben eine merkwürdige Vorgeschichte, deren Schrecken den von ihnen selbst produzierten aufs Haar gleichen. Da jede unbefangene Betrachtung der ›Welt der Geschichte‹ die bekannte Bedrücktheit erbringt, kann nurmehr die Betrachtung überhaupt der Geschichte verworfen werden zugunsten blinden (zukunftstraulichen) Handelns; die großen Unglücksbringer können darauf verweisen, daß man das Leid der Welt anschauen müsse, wenn man es nicht hervorbringen will. Reine Seelen des Verhängnisses, sind sie befreit vom Wissen alles erdenklich Schlechten.

Die Zeit, die wir in Erwartung eines Unglücks zubrachten, ist niemals verlorene Zeit; nichts verfügt über unsere Tage so gewissenhaft wie eine unglückliche Zukunft.

Man kann sich ein ganzes Leben um das Unglück herummogeln, mit dem Ergebnis, daß es am Ende nichts mehr für einen übrig hat.

Unglück, das uns voraus ist, macht uns ein jämmerliches Gefühl, wie Lärm, den wir nicht selber machen.

Die Solidität eines Unglücks erkennt man daran, ob es sich datieren läßt, was sage ich, die Solidität jedes Unglücks …

Schicksal heißt die Fähigkeit des Unheils, sich auf das Format einer individuellen Existenz herabzulassen.

Wer auf Anonymität Wert legt, der kann immerhin sein Unglück persönlich nehmen, indem er es einer anderen Anonymität überschreibt – indem er es auf einen Montag oder einen Mittwoch festlegt.

Das Elend der Jahreszeiten: was im Frühjahr eine Ahnung, ist im Sommer ein Leiden.

Der Sonnenstrahl aus großer Hitze ist bloß ein Riegel, der sich unserem Trübsinn vorschiebt und in dessen Herbst er fällt.

Manche Zukunft bliebe bedenklich leer, wenn man sie nicht mit ein wenig Furcht füllte.

Verfehlter noch als dem Unglück zu Leibe zu rücken ist nur, nach seinem Ursprung zu fragen, das Übel zu ›hinterfragen‹, um dann auf jenen dichten Schlamm zu stoßen, aus dem sowohl das Unglück als auch sein Opfer emporstiegen.

Für den Rückgang aus der voraussetzungsreichen Langeweile ins einfache Glück gibt es keine lauteren Gründe. Allein der grundlose Einbruch des Unglücks macht einfach und läutert. All das spricht selbstverständlich nur gegen die Lauterkeit des Grundes, nicht des Rückgangs.

Niemand wirkt in einer Ära der Beglückungen fremdartiger als der Mensch, der bloß sein Glück im Sinn hat – der sich umstandslos seinem Unglück zuwendet.

Wenn man keine Lust hat, von nichtswürdigen Menschen zu sprechen, dann muß man von der Nichtswürdigkeit sprechen; die Menschen finden sich ja immer ein, wenn es nichts von ihnen zu hören gibt.

Der schnurgerade Eifer, mit dem jedes ›Bekenntnis‹ heute auf den Alkoven oder das Unglück zuläuft, verstört das feinere Ohr und treibt zu seltsamen Kombinationen: den Kopf unter der Decke, wird man auf den Herzschlag des eigenen Kummers lauschen bis zu dessen lustvollem Gedröhn, seinem Stillstand …

Auch nach der Kinder- und Jugendzeit erschrecken uns Menschen und Dinge, die uns kultivieren wollen. Wir spüren, daß sie uns ein Unglück bringen werden, denn nur das Unglück kultiviert. Immerhin wissen wir in mittleren, vorgeschrittenen Jahren das Gesicht jener Kulturbringer zu deuten, wir sehen, daß es ein Unglück ausdrückt.

Das Kind lernt ›Ich‹ sagen, der Heranwachsende ›Ich bin allein‹ verschweigen.

Altersweisheit: das Lachen geht in trockenes Husten über.

Am Ende hat man nur noch sein Schicksal und die Zeitung und schreibt Leserbriefe, ein Leserbriefschreiber des Schicksals.

Soll man sich für den Untergang interessieren? Vielleicht. Ist er doch kein Ereignis.

Man beginnt Ich zu sagen, noch ehe man ein Bewußtsein erworben hat, geschweige von ihm weiß, und alles spricht dafür, daß man auch noch Ich sagen wird, nachdem es einen längst verlassen hat.

Im Vollbesitz … von allem Möglichen bleiben als einzige Abenteuer nurmehr Verluste. So konnte der Exitus das Abenteuer werden, das man im Sessel erwartet.

Ein Unglück, das grundlos verschwindet, demütigt nicht anders als eine Diktatur, die über Nacht zusammenbricht.

Epochen des Unglücks

Auch das Glück hat seine epochalen Erscheinungsformen. Vielleicht sind es nur menschliche Mehrheiten, die jedoch hinreichen, um Minderheiten von abweichenden, eventuell tradierten Glückgesinnungen resignieren zu lassen. Die mehrheitliche Erscheinungsform des Glücks ist der Wille, in seiner doppelten Form: in einer – indolenten – Raserei nach dem Glück; in der erklärten Bereitschaft, um der Beglückung willen innezuhalten. Spontaneität und Rezeptivitität, Glücksverfolg und Beglücktseinswunsch liegen auf einer Strebenslinie, sind aber in der Richtung einander entgegengesetzt. Das vereinfacht alle Verhältnisse in einem Maße, daß man sie beim besten Willen nicht mehr komplizieren kann. Auch ältere Glücksidole sind davon betroffen, beispielsweise die Innigkeit. Sie wird jetzt entweder behütsam oder kuschelig. Schwer erträgliche Karikatur, ebenso wie die des Hedonismus: Summative Häufung von Teilen, die im Ganzen berauschend niederfallen sollen auf einen. So werden gerade die feinen und lüsternen Seelen vom Glück der Epoche aufs Unglück als die verbleibende Substanz und Sicherheit getrieben. Der Weg dahin ist die Steigerung und Überbietung der Willenshaftigkeit. Daß das Glück aus beiden Willensrichtungen, nämlich als Strebung und als Empfang, konvertierbar sei, ist als Illusion leicht durchschaut, Willenlosigkeit jedoch nicht leicht. Der erste Schritt ist die Beibehaltung des Wollen-Strebens/Nehmens bei gleichzeitigem Glücksverzicht. Nur die Formalstruktur des Wollens bleibt übrig dabei, sie wird erlebt in Überanstrengung und Erschöpfung. Auf diese Erlebnisse bildet nun der Eudämoniker ebenso wie der Innerliche das offizielle Glücksziel, das Glück der Menschheit, ab. Es will an der emotionalen Bewegtheit nicht haften bleiben, fällt ab wie trockener Lehm von erleuchtetem Sudeltierleib, der sich erhob, frei und grundlos steht nun da das – Unglücklichsein.

Geistesgeschichte erweckt nicht das Mitleid und die Schadenfreude wie Geschichte sonst ... sie erweckt es so wenig wie ein Unglück, das von sich selber spricht.

Durchaus denkbar, daß das Glück von grauer Farbe ist, daß es eine gewisse Unauffälligkeit bevorzugt, die allem ein Maximum an Auffälligkeit und doch den Zusammenhang ermöglicht. Die Glücklichen finden regelmäßig, also hinterher, daß sie in einer grauen Welt lebten, in der alles zu groß war für den Besitz, in der alles zu eng verknüpft war für die Benutzung.

Seit die substantiellen Formen aus der Mode gekommen sind, will kein rechter Stolz mehr aufkommen auf den eigenen Verfall. Welcher Hochmut noch, als Substanz verwesen zu wollen!

Die Romantik, das Genie, die Zeit von 1790 aufwärts, das betriebsame Kranksein vom Salon bis zum Sportfeld – Rasereien einer Indifferenz, einer Abgelöstheit von allem, die heute keinen Fuß mehr vor die Tür setzen muß.

Die Gereiztheit, ja das Mißbehagen, das die Aufgeregtheit noch einer Bettina von Arnim in uns erweckt, ist die Vorstellung der Jahre, die sie durchleben durfte, dieser Dezennien bis 1848, ist der pure Neid.

Seit nun zweihundert Jahren dies einfache Poem: die gesamte Vergangenheit auf die volle Gegenwart treffen lassen, Bildung mit Beobachtung kreuzen und den reinen Ton des Schmerzes kassieren ohne Geruch noch Gesicht des Unglücks.

Als das Wort ›Unterdrückung‹ noch Gewicht hatte, wimmelte die Welt von reizvollen, aufreizenden Alternativen: die Unterdrückten zu Unterdrückern zu entwickeln, die Unterdrücker auf ihren Sturz hin zu befördern. Eine Welt für Studenten …

»Alles für das Wohl des Volkes. Alles für das Glück des Menschen.« Wie sollte man sich da nicht in die Enge getrieben fühlen!

Wer wird schon zugeben, daß er unter jedem System unglücklich zu sein versteht?

Wo die ›Selbstverwirklichung‹ nichts Anrüchiges mehr ist, vermag das Scheitern nicht mehr zu belehren.

Heute müßte selbst die Misere eines Paris durch die Geschichte: Liebesunglück, Machtlosigkeit, Altersschwachsinn wären ihre Stufen.

Auch die Geschichtsutopien tendieren zur Ökonomie. Eine der letzten versprach sich das Glück davon, daß die Mitteldinge schwinden würden, daß der Mensch nur noch mit seinesgleichen zu tun hätte. Eben das zeichnet sich derzeit ab, und vom vollendeten Unglück sind die Menschen nur noch durch die Sprache getrennt – wie übrigens auch von der vollendeten Bestialität.

Sein Glück der Geschichte anzuvertrauen heißt, auf der unveränderten Gestalt des Unglücks zu bestehen. Unglücklich macht dann nämlich, daß das Glück in gewünschter Gestalt begegnet, nach der Geschichte. Man bekommt alles vom Glück, wenn man es los- und der Geschichte überließ, es sparte sich auf, das ist ja das Unglück. Im Glück hat das Unglück Gestalt angenommen, im Unglück hat das Glück Geschichte gemacht.

Die finstersten Zeiten erweisen sich als erträglich, wenn man sie wiederholt erleben darf; sie müssen erträglich sein, würde man sie sonst erleben? Man bedauert, die von einmaligem Unglück geschluckt wurden, man bestaunt die Unvergleichlichkeit ihres Unglücks.

Der Wunsch, Trauer zu verspüren, ist Sehnsucht nach der Wirklichkeit, da sie noch nicht Staatsräson und allherrschend war.

Zuerst hielt man das Grauen für einen Hintergrund, vor dem alle Einzelheiten ihre Farbe bekämen. Dann bemerkte man, daß es sich aus lauter grausen

Einzelheiten zusammensetzte. Hatte man sie lange genug ins Auge gefaßt, dann war man empfindlich genug für das Licht, das hier und da zwischen ihnen austrat.

Die Tragikomödie eines Lebens in den östlichen Despotien und erst recht nach ihrem Ende mag darin gelegen haben, daß mit Glücksvertrautheit, Einsamkeits- und Freiheitssucht das bürgerliche Opernbuch als Kammerspiel, in kleinster Besetzung, aufgeführt wurde. Man kann es auch eine Persiflage nennen oder einen Laborversuch.

Auf den ersten Blick möchte man den Programmen, die nicht das Glück, sondern die Gleichgültigkeit verheißen, den Vorzug geben. Aber je schärfer man die Gleichgültigkeit ins Auge faßt, desto mehr verschwimmen ihre Umrisse, desto zarter gebaut und durchlässiger scheint sie; man sieht sie von einem Haß gekitzelt, der rein gar nichts will als seinen Ausbruch oder ein Sich-Zerkratzen des Menschen selbst, ein Haß, von dem die Glücksversprecher stets noch durch den Umweg der Gleichgültigkeit entfernt sind. Darum verspricht der Verantwortungsbewußte eher das Glück als den Frieden.

Man könnte sich vorstellen, daß es noch vor dreißig, vor fünfzig Jahren ein Erschauern gab, wenn jemand einen unglücklichen Dichter oder Denker beim Wickel hatte, um aus ihm ein paar Supra- oder Subtexte zu schütteln. Man muß sich das vorstellen angesichts des festgefrorenen Unglücks der zeitgenössischen Schüttler, ihrer mitleidslosen Visagen.

Man steht in der Mitte nicht der Welt, doch wenigstens der Zeit, wenn man seine Vorgänger in demselben Maße beneidet, wie man seine Nachkommen bedauert. Vielleicht eine Kurregel überhaupt für die Kranken an Weltzeit: weder Mißgunst noch Mitleid zu verplempern.

In der modernen Zeit erweckt der Asket soviel Grauen wie der Depressive, der nicht sprechen will von seiner Schwermut; von allen Verzichtenden erwartet man das Schlimmste.

Man schwankt zwischen dem Wunsch nach Bewußtlosigkeit und dem Wunsch nach einer höchsten, allauflösenden Klarheit. Kein Wunder, daß einen da die Spasmen der Gegenwart mit Gähnen erfüllen.

Unvorstellbar die Epoche, in der das Elend einen Menschen ganz ausfüllen konnte. Und doch muß es das gegeben haben, das reine Elend, das Häuflein Unglück – das nichts übrigläßt als Poesie, Anmut, Goldgewölk.

Vom modernen Staat ist das Unglück kaum zu unterschieden. Wie jener macht es von seiner Nahrung in dem Maße abhängig wie von den Gaben der Nebenesser unabhängig.

In manchen Zeitaltern überleben die Verzweifelten wohl nur deshalb, weil sie den übermächtigen Dummköpfen den Triumph nicht gönnen.

Eine Wendung zum Besseren ist naturgeschichtliche Tatsache. Kein Mensch allein könnte sie tragen. Die Gattung verbessert sich somit. Allerdings ist das Unglück nichts, woran zu bessern wäre. Aller Fortschritt bemißt sich daher an den Unglücklichen, den Unverbesserlichen. Sie sterben einer nach dem anderen.

Seitdem kein Metternich mehr über unsern Schmerz wacht, zerreißen uns nur noch die Kongresse selbst das Herz.

Was am Ruder ist, ist weder eine männliche noch eine weibliche, sondern eine kindliche Härte, eine Härte mithin, die bleibt, weil sie nur mit ihrem Alter vergehen könnte.

Merkwürdige Zeiten, da die Verständigkeit aufdringlicher ist als die Herzlichkeit.

Ein Mensch mit tiefem Kummer – fast so absonderlich wie ein Mensch, der noch Anspielungen verwendet.

In der Brunst des Fortschritts verblutet das Leben nicht, sondern es verdampft.

Der Überdruß am Glück tritt ein, wenn man diesem nicht mehr entgehen kann, wenn alles nur von Glück spricht und fühlt. Das unleidlich gewordene Glück hat somit eine Außen- und eine Innenseite: der Anblick der Glücklichen, ihr Gerede, universell, verdrießt; aber auch unfühlbar ist das Glück geworden, die Dummheit *an der Macht* sozusagen.

Früher sorgte die Ordnung für meinen Erhalt und das Unglück, jetzt muß ich mich selbst erhalten und unglücklich machen. Dadurch verlor sich der Zusammenhang zwischen Sein und Unglück, der Selbsterhalt bedrückt mich derart, daß er mich hindert am Unglücklichsein.

Freiheit, Langeweile, Einsamkeit – Grazien der Leere, deren Gesäusel nur das Unglück verstummen läßt. Und die Leere ruft mit noch mehr Stimmen nach jenem Schweigen, das im Unglück liegt – der Ruf nach dem Unglück ist der Notruf des vielstimmigen, des demokratischen Weltalters. Allein die Vielstimmigkeit verhindert, daß aus dem Rufen ein Schrei wird, das Schreien bedarf einer Abstimmung, die durch Abstimmungen nicht zu leisten ist.

Das Patengeschenk, das christliche Religion, realer Sozialismus und liberale Daseinsweisheit dem Neugeborenen des Weltalters machen, ist ein und dieselbe Neurose: daß man aus seinem Leben etwas machen müsse.

Jemand wie Kierkegaard müßte heute ein *Tagebuch des Versagers* schreiben – ganz gleich, in welche Richtung er sein Auge dabei gedreht hätte.

»Alles für das Leben.« Hier ist der Tod das einzige Ereignis.

Nur das Unglück währt ewig. Wahrscheinlich ist es immer dasselbe Unglück, das währt. Wahrscheinlich triumphiert das Unglück auch noch durch Ökonomie.

Das Unausstehliche hat das Unwiderstehliche ersetzt wie die Mißgeschicke das Schicksal.

Das Unglück der Vorletzten ist das Unglück derer, die mit weniger auskommen.

Nichts wird besser. Aber die Unglücklichen sterben aus.

Gegenwart des Unglücks

Früher wechselten die Zeiten, jetzt ist es eine Gegenwart, die sich mal so, mal anders darstellt. Daß sie mehr sein will als Darstellung, macht sie verdächtig – stinkt sie nicht wie eine über Gebühr, über Recht und Sitte hinaus verlängerte Vergangenheit?

Nicht einmal unser Ekel an der Gegenwart ist neu. Das ist ja das Ekelhafte der Gegenwart, daß sie uns kommen und gehen läßt, wie sie will.

Der ausschließliche Umgang mit Zeitgenossen macht unfroh. Wenn man ihn verloren hat, weiß man es.

Man kann eine Weile grübeln, was es mit der Bösartigkeit des Lächelns und der Boshaftigkeit des Lachens auf sich habe. Letzteres gehört noch in ein frühes Weltalter, in dem Lust und Schmerz ihre Grenze hatten (und dadurch unaufhörlich zur Wiederholung zwangen); das war natürlich die Lust am Schmerz eines anderen, in der die Bosheit auflacht, verstummt und abläßt. Ganz anders das Lächeln der Gegenwart, das niemandem mehr gilt und einer Bösartigkeit folgt, die jeden treffen kann: diese böse Lust an fremden Schmerzen ist unbegrenzt und unbefriedigt, wie das zerstreute Lächeln der Folterer bezeugt; sie sind in Gedanken woanders als bei ihren Opfern, sind bei unbegrenzten Lüsten, bei eben jenen, die sie am Foltern empfinden und niemandem zu danken wissen, sind dauernd am Arbeiten und unbefriedigt jeden Augenblick.

Bei jedem Gebrechen, das uns befällt, die Hoffnung: Was wir jetzt empfinden, hat ein Vorher und ein Nachher, ein Leben kann sich nicht zwischen anfangsloser Fühllosigkeit und endlosem Schmerz teilen. Unser Hoffen ist unaufrichtig, wie das Leben, das wir nicht als Gebrechen mit Vor- und Nachher empfinden, sondern als Anfang aller Empfindung.

Aus einer gewissen Entfernung erscheint das Dasein nicht mehr wie eine Geschichte, die zu seiner Gegenwart führt, sondern wie eine Ansammlung von Orten, die alle Vergangenheit heißen dürften. Wohl dem, der nicht allzuviel reisen mußte!

Ein Mensch, der niemanden fürchtet, entgeht dem Stumpfsinn nur dann, wenn er niemanden kennt.

Gefangen in einer Epoche, da die Selbstquäler, die Selbstmörder zu schludern beginnen, die einen in der Ausweitung, die andern in der Abkürzung ihres Angriffs auf sich …

Unsere vom Glücksgebot zerfurchten Gesichter glättet ein unerwartetes Unglück wie ein Balsam.

Mit der Zeit hat sich uns die Welt so fest gefügt wie dem Heimkehrer das Heimatgrab.

Der Trübsinn beschert uns eine Ernsthaftigkeit, die wir nicht auf seine Kosten mehren sollten.

Der Anblick des Unglücks, das man sich verboten hat, macht sentimental, das Vergangensein des Unglücks macht sentimental.

An den Schwermütigen meines Zeitalters ärgert mich allein ihre Verschämtheit.

Fast immer hat das Unglück die besseren Manieren als das Glück, es stellt sich weniger prahlerisch, weniger herablassend, weniger plumpfüßig ein, und es verläßt einen auch nicht sofort, auf ein kleines Zeichen von Verstimmung hin.

In dieser Zeit blühst du sinnlos unter lauter Früchten. Deine Zeitgenossen verwesen, du verkümmerst bloß.

Wenn man von allem absieht, ist die Welt ein Himmel auf Erden. Was man sieht, ist das eigene Unglück.

Desperate Anschauungslust unserer Zeit: Warum denn Schulen, Büros, Altersheime, dazu noch aus Glas? Damit *sichtbar* werde, daß es keinen Sinn gibt.

Das Unglück verstehen heißt den anderen – heißt alle Welt verstehen, ohne auf sie die Anschläge der Nachfrage und des Mitleids zu verüben.

Bin ich einverstanden mit einem Ende, wenn ich mich in der bösen Zeit der Vorzeichen finde – der lieb- und anfangslosen?

Kein Tag gleicht dem andern. Jeder hat sein Datum. Beruhige dich.

Teil 3: Das Unglücklichsein

Ein Tag im Unglück

Der Morgen graut, und die Schwermut geht auf.

An einem trüben Tag wie diesem wärmt der Gedanke an überstandenes Unglück.

Ich beginne den Tag mit einer Lüge, ich erhebe mich.

Abends Todesangst, morgens Lebensangst.

Der Ekel treibt mich aus dem Bett.

Wolkenloser Himmel, Herbstlaub, Herbstlicht. Wie könnte ich es wagen, das zu besingen?

Der Morgen schmeckt nach nichts, also nach Klarheit, das Aufstehen beleuchtet eine Niederlage. Der Tag: Ausarbeitung seines Morgens aus Klarheit und Niederlage.

Zweierlei begegnet mir in diesen Tagen: der Lichtwechsel und die Trübsal.

Gestern unter den Linden, keine 100 Meter von der Friedrichstraße entfernt, hörte ich tatsächlich das Wort ›Seelen‹. Eine Frau sprach es vor sich hin, beim Telefonieren.

Naßkalt und dunkel, aber in den meisten Büros ist schon Licht. Die Existenz in Würde absitzen – wäre das nichts?

Die zwei Filous, die meine Wohnung leerräumen sollen, begrüßen sich: Lebst ja immer noch!

Ich zögere noch, ein gewisses Buch zu öffnen. Sorgloser Umgang mit den Trostmitteln hat schon viel zusätzliches Unglück in die Welt gebracht.

Zwei Dinge erfüllen den Arglosen mit stets neuem Staunen: sein Trübsinn und das Sonnenlicht.

Was kann dem Trübsinn, diesem Entschluß zu sich selbst, Schlimmeres leuchten als der Morgen? Wenn alle Regeln und Pflichten nackt vor ihm liegen und erfrischt durch die Nacht – alle Eide auf Natur und Menschen, in denen immer wieder das Eine beschworen wird: Du darfst nicht trübsinnig sein …

Wie gelähmt von Einsicht in die eigene Lage. Kette solcher Einsichten: Form der Verzweiflung, Folge der Tage.

Die Traurigkeit macht dir den Blick weit: Welche Trübsale wird mir der Januar erleuchten, überlegst du, im November.

Still und freundlich durch den Tag. Säuberliches Wüten gegen Innerei aus Angeborenem. Daß man lebt, ist ein Gefallen, den man ungefragt seiner Mitwelt erweist.

Ein Bewußtsein haben und durch die Großstadt gehen – braucht es mehr zum Unglücklichsein?

Heute gehe ich zur Bank, das wird mich ein, zwei Sätze kosten. Gestern habe ich keinen Satz gesprochen, bin ja niemandem begegnet. Wenn ich überlege, was draußen die Menschen zusammenhält, dann komme ich aufs Gekränktsein. Alle sehen irgendwie gekränkt aus: sie haben gerade einen Schlag erhalten oder teilen ihn aus, der Abdruck in ihren Gesichtern ist der gleiche. Sie wirken auch ein wenig erstickt, es ist, als wären sie kurz unter Wasser gehalten worden oder eben eingetaucht, das Gesicht in seiner Zusammengezogenheit ist alles andere als ein Ausdruck – hier mußte sich ein Leben dichtmachen, um nicht unterzugehen. Die Kränkung ist ein Lebenszeichen, ob man es fühlt oder gibt, sie ist ein Abdruck in den Gesichtern.

Immer mehr Verkehr füllt die Straßen an diesem trüben Regenmorgen. Ein Taxi bespritzt meine linke Leibeshälfte von oben bis unten. Hinterm Zeughaus trete ich fast auf einen jungen Raben, der ganz und gar in ein Stück Brot vertieft ist, furchtlos das Haupt gesenkt. Unbeschreibliche Rührung erfaßt mich.

Man hat sich von allem frei gemacht für den Dienst, den man noch nicht kennt. Wartet man nicht auf etwas Dunkles, Schwermütiges, das mobil machen wird?

Bin ich nicht so etwas wie ein Kriegsfreiwilliger? Als ich heute in größerer Traurigkeit von einem Teppichlager zum anderen fuhr, meine neue Wohnung auszupolstern, kam mir der Gedanke, etwa gegenüber dem Lagergebäude Westhafen. Man müßte also Ausrüstung besorgen oder sich ausrüsten lassen, sehr weit aus den Stadtgebieten fahren, in Umsteigebahnhöfen und Verhauen warten und frieren, endlich irgendwo eintreffen, dann überstürzt auf Lastwagen verladen werden und in kleine Gruppen eingeteilt; man stünde mit irgend etwas schmal oder dickplump Zulaufendem in Händen da, in einer Landschaft immerhin, würde noch mehr frieren, unter der Fellmütze oder dem Stahlhelm schwitzen, würde, nicht ganz simultan, Donner, Blitz, Einschlag kennenlernen, würde laufen und schwitzen schon wieder, würde hocken und kriechen und warten, würde an gewohnte Abläufe denken und sie mit diesen vergleichen. Man würde um sein Leben rennen und sich doch langweilen.

Ein schöner Herbsttag. Jemand füttert die Möwen, wirft Brotkrumen in die Spree, grauweißes Geflatter. Kurzes Erbarmen mit den Menschen, besonders den Menschenfrauen erfaßt mich, als ich die vielen roten Füße überm Wasser baumeln sehe.

Es wird dunkel, und meine Zuversicht wächst mit jeder Minute.

Eine Frau, die es schafft, zugleich eifersüchtig und herablassend zu sein. Während ich mich von ihr abwende, um ihr Gesicht nicht zu sehen, wenn sie mich nach anderen Frauen fragt, spüre ich die Nähe der Fliegengöttin: ein Schweinskopf auf einem Frauenleib, aus den Augenwinkeln ertaste ich die winzigen kreisrunden Nasenlöcher im etwas hochgestülpten Rüssel, die kleinen, wimprigen Schweinsaugen von zärtlich-schmutzigem Dreinblick, während ihre Stimme rasselt wie Luftstöße in Schlamm (ein Tier, das fressen und atmen will in einem): »Gib zu, ein wenig verliebt warst du doch ...«

Den ganzen Tag voller Licht und Gestank, das heißt in den unterirdischen Systemen. Der Eindruck durchgehender Würdelosigkeit bliebe sofort aus, wenn das Geräusch ausbliebe. Eine S-Bahn voll einsichtigen, bedrückten Schweigens, ein klares Grau drinnen und draußen.

»Darf ich mich nach Ihrer Frau erkundigen, wie es ihr geht?« Der Gebräunte: »Die ist gerade wieder mal in Amerika drüben.«

Eine Frau, eben diese, die es wagt, sich über ihren Mißerfolg im Glück zu beschweren, eine aus dem Achtzigmillionenvolk. Ich sollte sie davonjagen, zu ihrem Mann, ihrem Kind, ins kalt Geklebte. Ich sollte nicht so reden von einer Frau des Volkes, die in mein Unglück Vertrauen setzt.

Aufgewachsen in einem Zeitalter volkstümlicher Komödiantinnen, liebte man die Ernsthaften; nun sehnt man die Komödiantinnen zurück, unter dem Zeichen viehischen, verbissen-vergnügten Ernstes.

Beklommenheit angesichts der freundlichen Verkäufer, angesichts des unausweichlichen Dienstes … Hat nicht alles Bedientsein die Unausweichlichkeit einer passiven Hauptrolle, einer Hinrichtung, des Stricks, der einem um den Hals gelegt wird?

Das Anklopfen dieser Frau mit ihrem scheuen und anmaßenden Lächeln, das Eintreten dieses winselnden Hochmuts, der fleht, mich demütigen zu dürfen …

Irgendwo im Oktober. Bevor der Regen aussetzte und der Sturm begann, zeigte sich ein gewaltiges gelbes Leuchten. Es umgab sich mit soviel feuchter Wärme, daß man ungestört ins Licht schauen konnte. Ich stand im leeren Zimmer, am Fenster, und schaute über die Stadt. Ich mußte an die Überarbeiteten denken, dort in der Tiefe, in der Weite, deren Auge sich einen Spalt breit öffnet und wieder zum Seh-, Späh-, Leseschlitz wird, und mußte denken an mich, wie ich ins Licht und ins Dunkel starre ohne Empfindung.

All diese Halbunglücklichen, Halb-Verzweifelten, die jetzt schlafen gehen müssen, nur weil ihr Tag anderswo um sechs oder acht Uhr beginnt … Sie können der Nacht nicht ins Auge sehen, für sie gibt es wirklich nur die Erschöpfung, sie kennen nicht den Wunsch nach Überwältigtsein; sie wollen kassieren, nicht kassiert sein.

Steht man nicht vor elf Uhr auf, dann muß man kaum vier, fünf Stunden in der ausgeräumten Höhle zubringen – in des Tages Helligkeit sein – dann kann man sich auf die Nacht freuen, auf die unbegrenzten Flüge in ihr. Aber je mehr es auf Weihnachten geht, desto trüber wird mir zumute; die Nacht gerät zur Höhle, aus der ich vertrieben werden soll.

Ich ging heute durchs Marx-Engels-Forum und sah die mit Krähenklumpen behangenen Bäume, ich mußte lachen, als ich den Vier-Uhr-Himmel dazu sah, lachen über die Instanz, die das Licht an- und ausmacht, lachen mit ihr, über mich, hier unten.

Ich sah heute erstmals ein Bildnis von einem, den ich schon so lange lese, das Bildnis Leopardis. Was kann mehr Würde haben als zusammengekauert zu sitzen mit der Feder in der Hand, ins Leere zu starren, *über* seinem Unglück zu brüten?

Schlafenszeit naht. Worte steigen auf: Komödie, Erbärmlichkeit, eine Schande und ein Jammer. Neid kommt hoch: auf die Komödianten, besonders die eine Sorte, die nur *eine* Maske trägt, ihr Gesicht.

Ein gelungener Tag. Ausbreitung der Klarheit, die sich durch die Dinge frißt und die Nichtigkeit von allem sichtbar werden läßt. Und bevor dieser Klarfraß mich selber erreicht – ab in die Falle!

Meine Unfähigkeit, mich täuschen zu lassen, will bezahlt sein: jeden Tag muß ich mir die Komödie meiner selbst aufführen.

Ich ertrage das rote Licht auf den Häuserfronten gegenüber. In die Sonne zu sehen wage ich nicht. Ein Sonnenaufgang – ein Schlag ins Gesicht.

Ich bin ein Vogel, der nachts fliegt und am Tage schweigt.

Jeden Tag die Frage: Wo sind die Jahre geblieben?

Weniges reißt gründlicher aus Schlaf und Träumen als der heftige Wunsch, zu schweigen.

Tatsächlich gleicht das Erwachen einer Geburt: diese Daseinsscheu am Morgen.

Am Morgen manches verderblichen Tages hat die nächtliche Trübsal solches Riesenmaß erreicht, daß ein gut gesagter Satz sie in tausend Teile zerrieseln läßt.

Erfolgreich heiße aller Schlaf, der jene Klarheit beschert, worin sich die Trübsale einfinden können.

Wer den Trost aus durchwachter Nacht kennengelernt hat, der ahnt den Grund der Beklemmung, die einen tagsüber ergreift, wo man ausgeschlafen ist. Nur wen die Nacht zu kurz kommen ließ, der mag noch bei Troste sein, die Ausgeruhten trifft das volle Unglück.

Ende Oktober. Ein Sturm macht kurzen Prozeß mit dem feierlichen und einfältigen Verwesen, die Blätter liegen da, die grünen wie die braunen.

Was hätte mein Leben mit dieser Frau, diesem Kind schon verändert? Ich hätte Empfindungen zum Ausdruck gebracht, anstatt zu empfinden.

Unerfreuliche Briefe, die für mich nichts abwerfen. Die Leute sind mit sich beschäftigt statt mit ihrem Unglück.

Eine stumpfsinnige Person, die fast völlig bewußtlos von der Zwanzig zur Vierzig taumelt und den Oberkörper dabei – wie alle Stumpfen – sehr gerade hält, erfüllt mein Herz mit solch wilder Wehmut, daß ich mich augenblicks in ein Fußbad verwandeln möchte.

Ich könnte mir vorstellen, noch einmal eine Fremdsprache zu erlernen, nur um in ihr desto ungehemmter in ein Wutgeheul über dies und jenes auszubrechen. Habe ich nicht schon ein paar Kenntnisse des Französischen …?

Ich begreife die Wut nicht mehr, die mich einen Menschen machen ließ, ich begreife die Wut nicht mehr auf die Welt, ihr mit einem Ebenbild zu antworten.

Was hat uns aus der Zweisamkeit, dieser gelebten Verachtung, bloß zur Ausfälligkeit gereizt, die mit dem Ausbruch eines Menschen endete, mit dem Ausgang eines Lebens in die Welt … welche Wut hat uns da zusammengetrieben?

Ein Leben im Unglück

Ich bin ein Sklave, der alles erträgt außer seinen Dienst.

Meine niedrige Wahl: die Wut. Meine hochmütige Wahl: ihr Gegenstand, ich selbst.

Ich bin etwas unglücklich gebaut – meine Talente kommen nicht zur Geltung: Ich muß nachdenken, wo ich denken sollte, ich phantasiere, wo ich erinnern sollte, ich denke, wo ich phantasieren sollte.

Mein Leben ist grundlos wie ein Protestlied.

Ich habe mir einen Logenplatz genommen, um den Untergang nicht zu verpassen – den Moment, da alles zusammenstürzt. Lieber fallen als unter Trümmern begraben sein.

Dein Leben ist so weit heruntergekommen, daß du es bejahen mußt.

Eine überstimmte Existenz.

Lust haben zu allem, nur nicht zum Leben.

Ablauf des Daseins. Ich schaue hinein wie das Schwein ins Uhrwerk.

Mein Leben ist ein Gefallen, den ich dem Dasein erweise.

Die Melancholie verdirbt dem das Jahr, der nur eine hat.

Dein Leben ist eine Leistung, die dir niemand vergilt.

Ich leiste mir meinen Kummer, weil ich ihn nicht gebrauchen kann.

Kummer ertrage ich, wenn ich ihn allein ertragen darf.

Der Ärger und der Kopfschmerz halten mich am Leben.

Ich habe mir einen exklusiven Sprungort gesichert.

Zu große Angst vorm einsamen Tod, um Sieger sein zu wollen.

Existenzkampf ist, was in einer Pause des Gähnens über seinen Erfolg gelingt.

Ereignisse, die mein Daseinsrest bereithält: einige Todesfälle erleben, das eigene Sterben gewärtigen.

Mir ist so schwer ums Gemüt wie einem Gorilla im Zoo, der das eigene Gewicht drückt. Hinterm Panzerglas die Pflicht: existieren und nichts weiter, von morgens bis abends.

Es gibt Eingriffe, die dürfen nur von einem selbst ausgehen. Mein Unglück gehört mir.

Man bemängelt, daß ich nicht lache. Ist mein Dasein denn nicht wie ein Lachen des Seins?

Mir gefiel jene verkorkste Existenz, die von sich sagte: »Ich entwickle mich nicht. Aus Prinzip nicht.«

Zu meinen – ich weiß nicht wie erworbenen – Talenten gehört zweifellos, im Schreiben und Schauen so traurig sein zu können wie nur in irgendeiner Ruhelage.

Um mich zu begeistern an dem, was ich haben könnte, müßte ich erst verzweifeln an dem, was ich bin.

Die Anzahl der causae, mit denen ich unzufrieden sein muß und zu tun haben will, sinkt stetig.

Ich brauche keinen Grund, um da zu sein. Das macht mich zum Hund aller, die Gründe haben.

Die Schönheit, Anmut bringt mich zum Weinen – wie alles, was mich in den Weltmorast zurückzieht.

Ich bin naturfromm und seelendumm.

Es gibt Sonnenaufgänge, die sind ein Schlag ins Gesicht.

Schlaf und Leben sind die zwei Särge der Träume.

Ich ersehne den Augenblick, da ich mich wiederholen – da ich auf Kosten meines Daseins leben – mich von ihm aushalten lassen darf.

Möglicherweise mag ich mein Schicksal mehr als mein Schicksal mich.

Klassisches Versagen: sein Talent verschmähen und es noch nicht entbehren können.

Sich zur Geltung bringen – Beschäftigung für einen Streber, der sich seines Untalents zum Überdruß nicht schämt.

Spezialist fürs eigene Unglück werden. Doch welches ist seine Spezialsprache – das Heulen, Schimpfen, Zähneklappern? Zu sichern ist jedenfalls, daß eines ins andere überführbar bleibe ohne Gesichtsverlust.

Beziehungen und Betätigungen sind mir unmöglich, wenn ich nicht Todesangst verspüre. Sie allein treibt mich zu Menschen und Sachen: auf daß ich nicht allein sterbe, auf daß Vorräte da seien, meine letzten Tage durchzufüttern.

Ausschließlich an unlösbaren Problemen interessiert, erlebt man manche Enttäuschung; wie viel Zeit hat man nicht mit Lösungen verplempert …

Jemand, der zu 95 % aus Bewußtsein besteht, sollte für jeden Gedanken an ›Glück‹ eine heiße Träne in die Kaffeekasse zahlen.

Man hat es sich angewöhnt, ohne Not in den Spiegel zu sehen; eines Tages grinst daraus das Unglück wie ein Idiot.

Bevor das Unglück am Menschen haftet, liegt es ausgebreitet und ihm zu Füßen. Wer sich ins Unglück begibt, hat noch viele unbekannte Landschaften zu entdecken.

Ich kenne keine Melancholie, diese abstrakte Verzweiflung. Ich verzweifle nur über Konkretem: über der Existenz, der Schönheit, der Welt usw.

Etwas Schamgefühl ist für ein Leben im Unglück unerläßlich.

Wir Frühaufsteher. Wie Geschlechter vor uns die Arbeit, hält uns nun der Trübsinn auf Trab.

Meine Verstörtheit vor der Zukunft als dem Ort, wo man erfolgreich sein und sterben muß …

Die Maßgeblichen wechseln, aber meine Fremdheit bleibt. Sie ist das Maß des Vertrauens, das man in mich setzt.

Für meine Delirien sind klare Köpfe gefragt.

Als geborener Sklave bin ich unfähig zu jedem Engagement.

Meine Zeitgenossen, die Darstellenden, stellen nichts dar. Also sich selbst.

Meine Existenz raucht und knistert, weil der Blitz, der in sie einschlug, nie geleuchtet hat. Mit anderen Worten: Er ist immer noch am Werke. Ohne einen gewissen Ton, den ich erstmals bei Kierkegaard hörte, wäre ich nicht auf die Idee gekommen, Laut zu geben.

Eine Reihe von Unglücken stellt deinen Überdruß auf die Probe, aber du hältst an ihm fest, als an einer Erinnerung aus besseren Zeiten.

Gestern wurde mir klar, daß ich hier oben aushalten muß – trotz Staub, Hitze, Trockenheit. Es ist meine Bestimmung, dieses Nest. Ich bin das Ei, das gestohlen werden soll.

*

Der nahende Frühling erfüllt mit Schmerz und Traurigkeit. Hat man denn den ganzen Winter umsonst ertragen, daß er einem jetzt unter den Händen wegschmilzt?

Nicht genug damit, daß ich auf meine Erfolge nicht stolz bin – ich halte auch mein Unglück keiner Mitteilung für wert. Das muß ja auf die Idee von einer Kränkung führen, die die Person erschafft.

Mich interessiert das Potential an Kränkung, das im Wechsel von Glück und Unglück liegt. Vielleicht wird es in Richtung auf das Glück größer. Vielleicht ist es entwürdigend, sich zu erinnern, um zu wissen, wie man einem Glück angemessen begegnet. Denn wie könnte man einem Unglück unangemessen begegnen?

Ich bin selten überarbeitet. So fehlt mir die Erschöpfung, die meine Gesellschaft angenehm macht.

Nur wer dich liebt, hat keine Macht über dich.

Kopfschmerzen sind für mich wie Urlaub in einem zu heißen Land: ich fühle mich um den Ertrag einer Traurigkeit betrogen, die ich nicht durchleiden durfte.

Mit 70 der zu sein, der man mit 30 war – nicht mehr, aber auch nicht weniger zu sein, zu hören, zu fühlen – das ist eine empörende Vorstellung für alle, die mit dem Wort ›Lebenslauf‹ arbeiten. Und doch ist ein Lebenslauf im Glücksfall nichts anderes als das!

Ich habe meinen Abschluß im Trübsinn gemacht. Doch ich tauge nicht zur Rede vor jungen Studenten. Wozu ich mich imstande sähe, wäre eine Dozentur vor einer Klasse frustrierter Professoren.

*

Zwei Lebensläufe, Gegenläufe: die Vorbereitung darauf, die Gewöhnung daran, nicht mehr geliebt zu sein.

Mein einsames Rauchen und Trinken war Tribut meiner Geselligkeit, war Vorbeuge der Nachwirkung der Mitwelt.

Wenn es gelingt, die Arbeit und die Liebe mit gleicher Distanz zu betrachten, dann ist man so unfähig zur ›Lebensgestaltung‹ wie fähig zum Leben-Ertragen.

Es war mir ein Genuß, ihrer nicht zu bedürfen, den ich jetzt büßen muß, ab und an.

Ich wäge ein Unglück, sie wirft es hoch und fängt es auf, ich erwähne einen Selbstmord, sie nennt mir drei, ich zähle meine Familientoten sie beziffert ihr Volk, ich seufze, sie sagt: Du springst nicht. Bald verstehe ich wieder meine Eifersucht aus Kindertagen auf alle Gerechtfertigten, alle Spezialisten.

*

Dein Unglück ist, daß du dich nicht langweilst. So wird dir alles zur Zeitverschwendung. Und solche Verschwendung abzuwehren, fehlt dir wieder die Zeit.

Die Unfähigkeit, dich zu langweilen, hat dich vor der Zeit altern lassen.

Wenn du sie mit nichts ausfüllen mußt, kann dir die Zeit nicht lang werden.

Wofür andere Erneuerung benötigen, dafür genügt dir Trägheit.

Hat dich die Zeit zum Opfer gemacht, dann soll sie auch für dich sorgen.

Du haßt Veränderung. Sie läßt das Alte nicht zerfallen, sondern schafft es beiseite. Du willst aber nicht mit, sondern in deiner Vergangenheit leben.

*

Ich demonstriere gegen den Krieg, denn ich hasse den Optimismus der Trümmer- und Aufbaujahre, diese trümmerreiche Verhüllung elementaren Unglücks.

Was mein Unglück am Dampfen hält, ist weder der Tages- noch der Weltschmerz. Alle meine Prinzipien gehen auf glückliche Gelegenheiten zurück, die ich festhalte. Den Buckel meines Grauens errichte ich täglich neu aus Stürzen vom Wickeltisch irgendeiner Geborgenheit.

Meine Verzweiflung: harmlos und rücksichtslos wie die eines Großstädters. Dank einiger Landvorzeit: nicht ganz haltlos.

Wenn ich nachts unterwegs bin auf dunklen Straßen, durch schwarze Wälder und dergleichen, dann muß ich oft an all die Lichtpünktchen quer übers Land denken, an all die Unglücklichen, die dort wachen.

Die einzige Veränderung, die ich noch erwarte: nicht mehr zu spüren, daß ich mich nicht verändern werde.

Der Verdacht, daß man vielleicht keines Trostes bedarf, erzeugt einen Schwindel und bald ein Zähneklappern.

*

Niemand wünscht sich Veränderung mehr als die Unglücklichen und als die Überdrüssigen. Du gehörst nicht zu ihnen. Unverändert bist du.

Veränderungen ausschließen, für Fortbestand sorgen, sich Unglück und Überdruß gleichermaßen ersparen – das macht so frei um Herz und Kopf, daß du es nicht für Arbeit halten möchtest.

Das Unnötige aus einer erweckten Minute schafft Unglück für durchwachte Jahre.

Du haßt, was du brauchst, weil du es verachtest.

Bald wirst du ganz einsam sein, wie ein Lebender.

Alles Unglück kommt aus dem Unnötigen.

Der Überfluß ist älter als das Unglück, er hat es freigelassen.

Die Anstrengung, Unnötiges zu vermeiden, erschöpft dich. In der Erschöpftheit entfährt dir Unnötiges.

*

Das jugendliche Interesse an den schreibseligen Toten ist zudringlich und doch nicht gemein: es stellt den großen Unglücklichen nach, plündert ihre Lebensläufe nach Ähnlichkeiten, pilgert zu ihren Gräbern um den Duft von

Abschluß und Überwindung … und dies in großzügigstem Absehen von allem, was der Tote seinem Unglück entriß und der Nachwelt und der Langeweile überstellte.

Man gewöhnt sich ans Unglück wie ans Leben: was jeden Tag wahrscheinlicher wird, erscheint als undenkbar. Vielleicht muß man sich die Totenreiche vorstellen als übervölkert von Überraschten, von solchen, die keine Ruhe finden … die nach dem Ende ihres Lebens und ihres Unglücks nirgends mehr einkehren oder wiederkommen.

Mitunter ist ein Leben schon gerechtfertigt bzw. außerhalb des Erbärmlichen, wenn es arm genug zu sein meint, sich nie eines anderen erbarmen zu müssen.

*

Der Komödie beizuwohnen, die jemand erfolgreich vor sich aufführt, schmerzt mich geradezu organisch. Es schmerzt wie Neid. Ich bin mir nicht sicher, ob ich den auf der Bühne oder den im Publikum beneide.

Ich habe schon lange damit aufgehört, zu meinen Jahrestagen noch irgendwelche Meinungen aufzubringen; ich erwarte sie in der Demut des Kindes, dem man noch etwas feierlich zu begegnen hat, von Geburt her.

Präsentabel sein – das ist mehr als erschwinglich geworden, das ist der Preis des Daseins selbst geworden.

Ein tränenfeuchtes Lächeln, ein trockenes Auflachen. Schweigend weiter.

Meine Menschenachtung gleicht einer Idiotie, mindestens aber einer Perversion: an meinen Feinden achte ich das Böse in seiner unbestechlichen Anonymität, an meinen Freunden die Schrullen der Gutartigkeit … wo doch nichts anonymer als die Güte und nichts charaktervoller als die Bosheit ist.

Wen ich beneide? Die ausreichend Tränen, Arbeit und guten Schlaf haben.

Die Bosheit findet leichter zur Freude als die Güte – die man selten lachen hört.

Der Eindruck der Fremdheit ist überwältigend. Es gibt nur einen Ort, wo sie mich nicht erdrückt, im Bett. Doch schon umher ist in den Räumen alles voller Fremdheit. Aufstehen hieße ja sagen zu dem, was eingedrungen ist.

*

Auf unsere vom Glücksgebot verwüsteten Gesichter legt sich unerwartetes Unglück wie ein Balsam.

Wenn man etwas Gesundes, Gelungenes sieht: sofort der Reflex, einen Bogen zu machen darum, das Gelungene stehen zu lassen, kein Interesse zu heucheln. Gesundheit ist nichts, das sich mitteilt.

Das rechtverstandene Unglück ordnet die Bedürfnisse grundlegend und dauerhaft. Ein im Unglück geglücktes Leben weiß, daß es auch ohne das Unglück sein kann den einen oder anderen Tag.

Was eine Zivilisation verächtlich macht, ist ihre täglich erneuerte Zerstörbarkeit. Wenn aber Zerstörung leicht ist, ist es Zerfallen noch lange nicht. Hochmut des Zerfallenden gegenüber dem Zerstörer.

Die Freundlichkeit besteht in der Zerstörung einer Welt für ihren Wiederaufbau im gebrochenen, erträglichen, eben menschlich-freundlichen Zustand, aus dessen Flickstellen Nächstenliebe blitzen kann. Der böswillige Haß demzufolge besteht – worin?

Das städtische Dasein ist ein ewiger Aufschub wohl auch deshalb, weil sich der Nachbar nicht bestimmen läßt, dessen Unglück uns trösten könnte. So ist die Stadt eigentlich ein Dorf ohne Geschichte.

Die einen geboren hat: das einzige der Wesen, dem man Liebe *und* Respekt entgegenbringen kann. Man verliert die Mutter und weiß fortan nichts Besseres zu wünschen, als *geliebt* zu werden und *geachtet* zu sein. Ehe und Beruf, dieser Zweiklang aus dem Verstummen des einen Menschen.

Ein Glücksprächtiger. Jedoch ein Unhold, ein aufgeblasener Hohlkopf, strotzend von Gewißheiten, das engstehende Augenpaar schon von weitem in der Menge. Fast jeden Tag dieser Anblick. Mein letztes Auskunftsmittel:

ich stelle mir das Totenreich vor, in das sein Eintritt als ein Fest der Verhöhnung sich vollziehen wird und in dem ich still gestapelt ruhe. Umsonst: auch hier stößt er mir auf, als einer, der nicht Leiche zu sein weiß, zu sein verdient.

Die Anonymität des Unglücks, das dich würgt ... Was ist hier zu hoffen? Wenigstens könntest du Experte werden für dein Unglück, mindestens aber hinzugezogen.

Traurigkeiten entgegenrollen, für deren Erfassung Elegie und Farce nicht mehr genügen werden – die allenfalls noch von einer Zeitung zu fassen sind ...

In begabteren Momenten gelingt es mir, alle meine Geldarbeiten, Brotgedanken als die unabdingbare Störung zu sehen, die meinem Überdruß erst die Würze verleiht.

Wie prächtig mein Kummer auch geblitzt haben mag, ich habe doch keinen Augenblick vergessen, daß ich ein Nichtsnutz bin.

Die Süße des Nichtgeborenseins aus dem Gedanken an die vermiedene Prénatalité, aus der Vorstellung, entzogen zu sein dem Zugriff all der Industriellen, Techniker, Ethikräte ...

Die Menschen stellen dem Glück nach, ich erwarte es, die Menschen werden vom Glück verachtet, ich werde vom Glück gehaßt.

Mein Talent ist: Trostgründe *auszuteilen*, an die ich nicht glaube; in der Verachtung dieser Gründe, meines Erfolges damit und meiner selbst finde ich mich obenauf.

Ich finde es entsetzlich, daß man erst sein Geld verdient, seine Verhältnisse geregelt haben soll, ehe man sich der Verzweiflung überlassen darf.

Ich bin ohne Medikamente durchs Leben gekommen, mein unbehandelter Trübsinn –Triumph der Natur über allen Naturalismus.

*

Zu den verbürgten Leistungen dieses Lebens zählt, daß ich noch daran bin.

Diese Anmutung, seine Möglichkeiten zu nutzen ... Nur wer sie liegenläßt, bleibt sich treu.

Irgendwann schämt man sich nicht mehr, ein Drückeberger des Erfolgs zu sein.

Was man auch an der Regression tadeln mag, sie ist ein Wachstum, eine Entwicklung – was übrigens die einzige Erklärung dafür bietet, daß man guten Gewissens für sie Hilfen beantragt.

Mein Glück will ich nicht machen und darf ich nicht erwarten, woher also die Beklemmung? Ich muß befürchten, daß mein Unglück wechselt, daß es kein Weg ist, sondern eine Falle am Wege, eine Fallgrube, die jeder Dahergelaufene zuschütten kann.

Wir umgeben uns gern mit Bildern fremden Glücks, wenn uns die Banalität des eigenen zu sehr drückt.

Das gute Leben ist eine Gier, deren Erfüllung endlos aufschiebbar sein muß. Wie sollte man sich da nicht von ihm trennen können?

In unserem Alter fliegen die Traurigkeiten vorüber wie Jahre, die Jahre wie Wölkchen.

Das Abenteuer unseres Alters ist, auch die Trübsale welken zu sehen.

Furcht vor dem einzigen Abenteuer, das diese Welt- und Lebenshälfte noch bereithält: demütig zu werden.

Wenn die Existenz etwas schlecht verträgt, dann ist es Intimität, kurz: das Leben.

Wer von uns würde nicht sofort von seiner Trübsal lassen, wenn sich noch auf etwas anderem dem Leben ein Marsch blasen ließe?

Meine Seele wechselte die Trübsale wie Kleider, die ihr nicht paßten. Hoffend auf die Maßnahme des letzten Hemdes.

Das Schwerste steht mir und meinesgleichen noch bevor: zu sagen und zu sehen, daß alles gut sei.

Ich glaube, in unserer Sterbestunde wird es eine große Verwirrung geben, ob hier zu tun oder zu leiden sei.

Man spürt sich schon erkalten und ist doch nie warm geworden mit Menschen und Dingen.

Wir haben unser Unglück, unser Leben gelebt, wenn es von ihm heißen wird: komisch und unvergeßlich.

Was wäre einem Dasein abzugewinnen, das sich am rechten Platz weiß?

Um sich im Unglück zu behaupten, genügt Kontinuität, erst das Glück bedarf der Steigerung.

Die Zukunft – ein Abgrund aus Langeweile, dessen Gähnen mich verschlingt.

Geschichte meines Unglücks

Ich trete das Alter an. Alt sein heißt, seine Erinnerungen nicht mehr beisammen halten zu können. Die Fülle der Erinnerungen und die Schwäche in der Haltgebung – wahrscheinlich zwei Seiten derselben Sache. Wenn man sich nicht mehr behaupten muß bzw. nichts mehr zu behaupten hat, häufen sich die unbrauchbaren Erinnerungen. Sie taugen zu keinem Lebenslauf und derlei Geschichtsähnlichem, sie sind wie rein daliegendes, vollständig ausgeworfenes Vergangensein. Man kann und muß diese Erinnerungen für nichts und niemanden mehr retten.
Das klingt souverän. Vielleicht ist es nur die Souveränität der Erinnerungen, der die Schwäche des Erinnernden entspricht. Er bestimmt nicht einmal, wann ihn seine Erinnerungen anwandeln dürfen – sie überfallen ihn. Über seine Erinnerungen keine Gewalt mehr haben heißt: das Gedächtnis verlieren, die Merk- und Wiederholkraft … heißt alt sein.

Was der Komödie meines Lebens die Peinlichkeit nahm, war, daß seine Akte nicht zusammenhingen. Einer ersetzte den anderen.

Mein Lebenslauf – eine Verbindung der Orte, an denen ich nichts zu suchen hatte.

Wer von uns Verstörten überhaupt eine Geschichte hat, hat sie mit einem Satz erzählt: es ist die vom ersten besten Unglück, das ihn befiel und das er festhielt. Vielleicht ist Geschichte das überhaupt: daß das Erste das Beste sein muß.

Ich war seit je ein Fremdling in den Welten. Aber nachdem eine davon untergegangen ist, kann ich so tun, als wäre ich dort zu Hause gewesen.

Warum ich nicht sogleich irgendeiner schwarzen Romantik in die Arme gestürzt bin? Ihre Prahlereien mit dem Unglück hatten mein Mißtrauen erweckt, diese Verzweiflung, die sich zeigen läßt.

Ich bin nicht öffentlich genug, um intim zu reden.

Wer ich sagt, will etwas verbergen.

Da mir immer nur das Unglück zu denken gab, bin ich mein Leben lang Autodidakt geblieben. Gleichmut hätte ich mit anderen lernen können, das wollte ich nicht: Dazu hätte ich in die Lehre gehen müssen bei Fachleuten, doch die schreckten mich durch Gewöhnlichkeit, wie alle Eliten.

Wer reifen will, wer sich entwickelt hat, bleibt mir ewig fremd. Überreif von Anbeginn, verbringe ich meine Zeit mit dem Aussortieren des Abfalls, der mir so überreichlich mitgegeben ist.

Ich hatte das Glück, daß meine Erzieher mir nie Steine in meinen Weg legten, daß sie an mich glaubten bei meinem Weg ins Unglück.

Ich habe nur ein Glück gekannt: den Stachel aus der Wunde zu ziehen und zu betrachten … beides zu betrachten, den Stachel und die Wunde.

Ich bin niemals enttäuscht worden. Nichts ist mir verlorengegangen. Deshalb haben Menschen und Zeiten für mich auch dieses Erstickende. Sie treten auf, kommen hinzu, verstellen mir die direkte Einsicht in das Elend, in seine Kondition.

Ich erinnere mich gewisser Abende im Ausland von ungeheurer Aufrichtigkeit. Den ganzen Tag über durch fremde Worte außerhalb der Empfindung, im Unglück selbst, im Unfühlbaren des Vokabulars. Nach der Komödie demütig hingestreckt im Bett ohne alle Worte, sah ich meine Lage so deutlich, daß ich nicht mit Finger noch Zeh zu zucken wagte. Ich träumte mich untern Flügel irgendeines schweigenden Ungeheuers.

Ich lernte in der Fremde, im reinen Unglück, einen allerlautersten Humor kennen, einen, der sich von mir und meinen Flecken nicht trüben ließ und der so rein und fest und fein war wie etwas, das direkt aus der Erde wächst. Diese Erde trug ja auch schon manches, wie eben mich, man konnte sich weiteres Unglück darauf vorstellen, und das Tröstende war eben, die Partei der Erde zu nehmen, worauf einen der hieraus sprießende Humor sanft hinleitete.

Wenn ich mich nicht, seit ich denken kann, mit Sorgfalt und Methode unglücklich gemacht hätte, würde ich wohl schon vor Langeweile gestorben sein bzw. krepiert in Erwartung eines Unglücks, für das mir achtlose Autoritäten vorgesetzt waren.

Im Scheitern liegt oft eine solche Strenge, daß man ihr Glück kaum an die Gelegenheitslust eines flüchtigen Erfolgs verspielen wird.

In meiner Kindheit bekam ich zu hören: Ein Mensch, wie stolz das klingt. Der Stolz ist geblieben, doch was ich nicht abschütteln kann, ist mehr als einem Menschen bestimmt, glaube ich.

Die Sprache hat mich vom Unglück getrennt. Soviel steht fest. Die Sprache mit all ihren Wörtern bleibt draußen und aus dem Spiel. Ich selbst bin das Unglück.

Ich glaube einfach nicht, daß noch unsere Großeltern an Idole – an Worte geglaubt haben sollen. Ich glaube, daß sie einfach nur einander vertraut haben. Ich glaube, daß irgendein Idol an unsere Großeltern geglaubt hat.

Von klein auf war ich jener Geschichte verfallen, die nicht ins Unglück führt, sondern von ihm dirigiert wird. Wenn ich sie erzählen müßte, fände ich keinen besseren Leitfaden als das Lächeln, das fehlte. Für ein Lächeln hätte ich alles getan, was not tut und was zum Überfluß geschieht …

Ich zog der Freiheit die Langeweile vor, also die Angst: in der Freiheit langweilt man sich, nämlich in einer dauernden Angst vor dem, was man kann oder was zustößt; in der Langeweile ist beides ununterscheidbar, man findet durch die Angst zu ihr, vor der Langeweile der Freiheit.

Alles, was ich geworden bin, verdanke ich der Fähigkeit, von meinen Talenten keinen Gebrauch zu machen.

Die Freunde des Wachstums sind unzufrieden mit der Gegenwart, ich mit der Zukunft, die durch jene bestimmt wird.

In der Vereinsamung macht man Fortschritte, die Einsamkeit befreit von allem Fortschreiten.

Der saufende, qualmende Stumpfsinn schien mir von klein auf im Besitz einer Weisheit, die nur den an ihrer Gesundheit Erkrankten zugänglich ist.

Ich habe alle Bindungen und alle meine Möglichkeiten dem reinen Unglücklichsein geopfert. ›Möglichkeiten‹ ist vielleicht nicht ganz das richtige Wort. Was ich mir versagt habe, sind Verwirklichungen, alles um der einen, reinen Möglichkeit willen, aus der man nicht vertrieben werden kann und die das Unglück ist.

Drückend oder bedrückt sein: ich habe mich um die Entscheidung herumgedrückt, denn beide Miseren atmeten zuviel Geschichte … zuviel Möglichkeit des Übergangs. Dagegen verspricht die Selbstbedrückung ein solideres Sein, sei's auch das der Bedrücktheit.

Ich wünsche den Ungeborenen die Geborgenheit meiner Kinderjahre, als nichts die Klarheit meines Erschreckens trübte.

Die Kinderlosigkeit der Elternschaft vorziehen wie das Sein dem Werden des Unglücks.

Man gewöhnt sich daran, nicht mehr alles für ein fremdes Bewußtsein zu tun, man glaubt nicht mehr an ein fremdes Bewußtsein, das zuschaut. Die kindliche Freundlichkeit, für die Großen zu spielen, was man nicht durchschaut – sie geht verloren. Vielleicht ist dieser Verlust das Geheimnis des hohen Alters wie des frühen Todes.

Das traurige Lichtlein des Bewußtseins angesteckt und nach wenigen Jahren erkannt, daß mir weder die Arbeit noch die Liebe für eine gründliche Versklavung aufkommen könnten – für eine, deren einziges Bewußtsein dem Schlaf des Gerechten anheimfällt. Was lag da näher als das Unglück, dieses Perfektum in Lebensgestalt?

Spätestens als 13jähriger spürte ich, daß ich vor Langeweile vergehen würde, wenn ich nicht an der Aussicht des Unglücks Anhalt fände.

Was ich vom Leben hoffte? Den Trübsinn in kleinen Tropfen zu trinken: ein gelöstes Gesicht und ein krampfiger Griff ums Glas.

Ich habe die eine oder den anderen kennengelernt, die des Unglücks so voll waren, daß sie es bei sich nicht aushielten – daß sie Geschenke zu sein glaubten für die Welt. Doch man kann sich nicht wegschenken, wenn man sich selbst zuviel ist.

Nicht Rachsucht genug in mir gefühlt, um Vater sein zu wollen.

Eine Herrische, die jedem ihrer Hunde einen Namen geben muß, setzte mir aufs Halsband: ich sei nicht melancholisch. So sicher trifft nur Dummheit neben das Falsche. Wie sollte sich ein Beladener, ein Bedrückter jemals der Melancholie erfreuen …

Man mußte mir nur die Kiste zeigen, in der die Freiheit zusammengerollt lag, und ich hängte mich sogleich an den Rockzipfel jeder vorüberstreifenden Abhängigkeit, ja selbst der Langeweile – so wie sich einer an Leben und Gesundheit hängt, dem man die Instrumente der Wahrheit zeigte.

Alle Frauen, die wichtig waren für mich, angefangen von der ersten, die das Kind kennenlernt, sprachen mehrere, oft entlegene oder schwierige Sprachen. Einige waren Übersetzerinnen, andere lebten jahrelang ohne ihre Muttersprache. Man versteht, warum diese Musen des flüssigen und bodenlosen Sprechens ein namenloses Unglück – warum sie mich ohne Worte zurücklassen mußten.

Wenn ich arbeitete, dann mußte ich früh aufstehen, das Unglück trieb mich aus dem Bett, ihm zu frönen. Nur ermüdet vom Unglück, vom traurigen Zwiegespräch, fand ich die Ruhe zum Arbeiten.

Was ich in der Frau und anderen Gottheiten des Unglücks gesucht habe? Eine schweigende Begeisterung, einen Gebetsraum zwischen Gegrunz und Geplapper.

Statt über mein Unglück nachzudenken, habe ich es angestarrt und von ihm zu träumen begonnen.

Pascal, *Gedanke* Nr. 610: »Ich hasse gleichermaßen den Possenreißer und den Selbstgefälligen.« Ich liebte die selbstgefälligen Possenreißerinnen.

Aus ihr plapperte die Angst, nichts zu sein. War es da ein Wunder, daß sie Sprache auf Sprache erlernte, Sprachen unterrichten wollte, und zwar die schwierigsten?

Wer sich so viel mit dem Glück beschäftigt hat wie ich, der wird ungeeignet dafür. Wie oft stand ich nicht schon vor einer anmutigen Bürotür, einem Milchglas mit Licht von innen her, und fragte mich: Wirst du dich wohl fühlen dahinter?

Das Unglück dieses Lebens wäre damit zu umschreiben, daß man die Liebe im Übergang verlor: Keine Objekte, woran sie dauerhaft zu heften und zu verwahren, ein Mangel an Klebrigkeit in dir selbst und deinen Nächsten. An dem Glatten allüberall bleibt nichts hängen, und irgendwann fühlt man sich zu alt, um sich zu bücken nach dem, was fiel.

Wer mich zu lieben meint, der leidet mit Recht, denn er ist ein Schmeichler – er schmeichelt sich, meine Gleichgültigkeit ließe Ausnahmen zu.

Wieviel Mut zog ich nicht aus Tschechows Dramen, als ich jung war! Diese Menschen hatten alles außer Mut, ihnen fehlte also nichts. Ich beneidete sie.

In fortschreitendem Alter ist die Gestalt der Liebe von der Schmeichelei kaum mehr zu unterscheiden. Die uns lieben, schmeicheln uns und sich, an unserer Einsamkeit teilzuhaben, sie glauben an die wechselseitige Erregbarkeit des von Menschen Entblößten.

Ich habe alle meine Sympathien in Mitleid verwandelt und alle meine Antipathien in Verachtung meiner Gefühlsfäule.

Als ich mir noch trauen konnte, habe ich an nichts gedacht, bin nach draußen gegangen und habe mir vom Glück die eine oder andere Ohrfeige versetzen lassen. Ohne Kraft und Vertrauen nun, bleibe ich daheim und erwarte alles vom Glück, von draußen; dafür gibt es Türen. Ich habe meinen Sessel so gerückt, daß ich den Blick jederzeit heben kann zum Eingang.

Das Glück braucht einen Spiegel, das Unglück einen Abtritt. Weil du weder Spiegel noch Abtritt sein wolltest, bist du der Spiegel im Abtritt geworden.

Hat man eine gewisse Anzahl von Erinnerungen gehäuft, erscheint Weiterleben wie eine Zumutung. Vielleicht ist Sterben das überhaupt: sich nicht mehr erinnern wollen.

Kläglich ist am Unglück nichts, sowenig wie an seinem Opfer. Kläglich sind Gefühl und Anblick eines, der sein Unglück verfehlt hat, der merken muß, daß er unterm falschen Regime leidet, im falschen Beruf … der seine Peiniger am liebsten aufklären möchte über das Mißverständnis, eine banale Begegnung zum Folterverhältnis ernannt zu haben. Ich habe diese Kläglichkeit oft empfunden, wenn andere, Nebenopfer, gegen das Peinigende rebellierten, weil sie sich, statt nach dem eigentlichen Unglück, nach dem Eigentlichen sehnten und so ein Unglück erwarten durften.

Wie alle dem Trübsinn Bestimmten hat mich als junger Mensch eine Weile die Philosophie anziehen können, denn sie versprach meinem Grau den Dekor eines unlösbaren Problems. Ich finde noch heute, daß ihr Jargon nicht die schlechteste Möglichkeit ist, einem Unglück Form zu verleihen. Allerdings nicht *dem eigenen* Unglück, sondern irgendeinem, auf das man gerade stieß. Daher die abstoßende Beliebigkeit der ›Probleme‹, die auf jemanden der philosophischen Sorte gekommen sind. Wer dagegen sein Unglück gefunden hat, der braucht nicht die Tröstungen der Philosophie, verdient auch nicht die Tröstungen der Religion, denn wie sollte einer zu trösten sein über die Einsicht, daß ihn das Unglück nährt? In schwachen Momenten wird er vielleicht vom Sein faseln, von Gott oder von seiner Frau … Ich weiß noch genau, wie mein Unglück über mich kam.

Nie habe ich mich mit dem Unglück so weit eingelassen, daß ich darüber alles andere vergessen hätte und anderen hätte trauen müssen: jenen, die auch die Dörfer, Felder, Städte und Akademien unterhalten und die Wahrhaftigkeit *jedes* Unglücks (des Denkens, des Daseins, der Komik usw.) aufs Stärkste bedrohen. Ich blieb also beim mittleren Unglück, beim selbstgemachten, selbstgepflegten, selbstgehaltenen; vertieft in gepflegte Unterhaltung, geschützt vor Erhebung und Fall.

In dem Land, aus dem ich komme, konnte man seine Depressionen durch Kaltwasser, elektrischen Strom und Arbeitskuren schnell für immer einbüßen, ein armseliger Beiträger dann für umfassendere Zukünfte. In dem Land, in dem ich bin, gedeiht mein Trübsinn, aber ich fühle mich enteignet, denn alle Welt, inklusive Fachwelt, begießt ihn. Und das ist mir Gegenwart: eine Erinnerung an den Trübsinn. Ist das Trübsinn?

Fortschrittsdoktrin und Christenlehre wissen, jede auf ihre Art, daß nichts gewonnen ist, wo die Seele verlorenging. Gewonnen hat sich die Seele nur, wo sie verzweifelt, das heißt ungestört ist von allen materiellen Sorgen. Wem der Magen knurrt, dessen Seele verzweifelt nicht. Muß ich sagen, warum ich mich schäme, weder vor 1989 noch danach christlicher Demokrat gewesen zu sein?

Ich kenne niemanden, den das Unglück nicht hochmütig gemacht hätte. Je schlimmer es mit einem steht, desto unverschämter der Glücksanspruch. Wie anders erzieht da der Überdruß am Glück: diese Demut, noch dem kleinsten vorbeipöbelnden Unglück die Backe hinzuhalten für eine Berührung …

Edition *les précieuses ridicules*. Die Bücher dieses Verlages bringen das Elend jenes Volkes auf den Punkt. Außer schlechtem Deutsch, prätentiöser Verkorkstheit der Themen, gesteigerter Landplattheit eben aus der nackten Angst vor ihr, fällt die strikte Zweipoligkeit auf: Die eine Hälfte der Bücher träumt, entlang den Reisebüros und Tanzkursen, von irgendeinem Ausland, die andere klebt an der eingeborenen Misere, doch ohne Ehrlichkeit; ein Jammern, das nur Ich denkt, nicht ich zu sagen wagt.

Der Wechsel der Regimes und der Lebensalter leuchtet dem Unglücklichen ganz unvergleichlich. Ihm wird fast schwindlig unter all den Personen und Zeiten, unter die er sich versetzt sieht mit dem Befehl, ihnen Namen zu geben. Die Willkür im Benennen bzw. die Ohnmacht im Schauen gehört zu dem Berauschenden des Unglücks. Ich weiß noch sehr gut, wie ich in fremde Städte spazierte, in fernere Länder fuhr, und mit jedem Kilometer mehr Reichtümer leuchten sah, die meiner Benennung als dieses oder jenes Unglück harrten. All die Dächer in dem anderen Land, all die Häuser in der fremden Stadt ...!

Auf dem Wege in die Verzweiflung waren sie irgendwann in der Philosophie steckengeblieben, und auf ihren Gesichtern malte sich dieser kläglich-erstaunte Ernst der Halb-Verzweifelten ...

In den trüben Momenten, an die man keinen Kundigen erinnern muß, spürte ich: was ich jetzt noch tun kann, gehört ganz der Welt, ich aber bin ihr Unglück.

Fast mein ganzes Leben habe ich unter Menschen mit Überzeugungen gelitten, unter ihrem Furor, sich neue zu besorgen und mir ihre alten anzudrehen.

Wenn sich die Schwermut durch alle Gassen wälzt, beginnt man zu träumen von einem traurigen und vornehmen Publikum.

Wenn man denn unbedingt ein Leben nennen will, woraus man sich nicht mehr erhebt, dann heiße also die Trübsal: stabile Lebenslage.

So wie der Mensch die Windeln und das Lallen verliert und aufrecht geht, so verlor ich mein Lachen und meinen Schlaf und gehe im Trübsinn.

Meine Weigerung, ihre freiwerdenden Plätze einzunehmen, hat bei allen Höhergestellten zuerst Mißtrauen, dann Furcht und schließlich Wut erweckt. Ihr Aufstieg war nun vor allem Produktion einer bleibenden Leere.

Als ich jung war, weinten Männer und Knaben so selten, daß man keine Rückschlüsse ziehen konnte auf den Grund ihrer Tränen. Sowenig ja auch wie beim vielweinenden Geschlecht …

Eigentlich habe ich unter anderen niemals Widerwillen verspürt, sondern immer nur, wenn ich nachdachte – wenn ich mich unter anderen dachte.

Es gibt Dinge, die sollte man nur für sich oder in aller Öffentlichkeit aussprechen. Etwa, daß man niemandes bedarf, daß man sich selbst zu viel ist, daß man daran leidet, sich selbst die Decke überziehen zu müssen. Ich habe den Menschen stets gefürchtet, der solche Wünsche mit mir teilen wollte.

Meine schlimmsten Augenblicke – man kann bequem von Jahren sprechen – waren die, als ich entweder nach dem Glück oder nach Pflichten verlangen mußte. So kam ich ins Unglück. Einmal darin, pulste ich ohne Sucht und ohne Sinn.

Ich habe bemerkt, daß die Unglücklichen sich nicht entwickelt haben, daß sie frei waren vom Bedürfnis nach Vervollkommnung. Das Unglück dispensiert offensichtlich vom Werden. Mag da nicht das Unglück wie das Sein selbst scheinen?

Irgendwann nach 1990: Ich ging über den Opernplatz, auf dem ein Professor vor sitzenden Studenten eine Protestvorlesung hielt, gegen irgendeinen Mangel, an Raum, Zeit, Geld, was weiß ich. Er sprach durchs Megaphon, ich glaube, es war ein Rechtsphilosoph. Wörter wie ›Würde‹ und ›Anrecht‹, schallten übers Pflaster, auch ›Mensch‹.

Auf dem Ästhetischen, dem guten Geschmack, lastet jetzt viel Hoffnung, vielleicht zuviel. Man muß einem ganzen Volk zutrauen, daß ihm übel werde vor den Eingriffen und den Ausgestaltungen seiner Substanz, daß es eine Ästhetik des Ekels und der Verachtung und eines ›das brauchen wir nicht‹ ausbilde, kurz: eine Schauerästhetik.

Fette, unansehnliche und obendrein mißmutige Menschen haben mich immer angezogen, besonders wo sie ihr Leben in einer Wolke von Tabaksqualm und Alkoholdunst verdämmerten. Sie schienen mir im Besitz irgendeiner Einsicht, schienen fern aller Verstellung zu sein, Menschen, die sich für animalische Einblicke opferten, indem sie Menschengestalt beibehielten. Ich vertraute ihnen.

Von Kind auf bis weit in die Zwanziger beeindruckten mich mürrische Frauen. Von solchem Wesen eines Blicks gewürdigt werden ...!

Meine Angst vor dem Schrei ist nicht originär. Soweit ich mich erinnern kann, habe ich vor anmutigen Wesen diesen Moment gefürchtet, da sie den Mund aufmachen.

Ich habe die Langeweile der Angst vorgezogen und das Unglück der Leere.

Schon lange will ich nicht mehr berühren, nur noch schauen. Ich schaue eine unzerstörbare, erbitterte Anmut. Wie soll ich ihr sagen, daß sie sich selbst unglücklich machen muß?

Gewiß gab es Tage des Glücks. Im Morgengrauen aufstehen, dem Unglück ins Antlitz starren, eine Seite schwärzen und erschöpft in die Kissen fallen – wem könnte der Mittagsgong feierlicher tönen?

Zumeist allein im Haus, habe ich verlernt, mich unter Menschen einsam zu fühlen.

Ich kann nicht sagen, daß mich das Unglück träge gemacht hätte, unbeweglich oder stumpfsinnig. Im Gegenteil. Wenn ich von ihm schreibe, springe ich alle paar Minuten auf, renne durchs Zimmer, schaue aus dem Fenster, in fremde Stuben, ob dort nicht ein schöneres Unglück oder auch ein Glück sich zeige.

Als Burgschreiber der Trübsal habe ich kein anderes Glück gekannt, als richtig zitiert zu werden.

Wenn man ins Glück geraten ist, beginnen die wahren Probleme erst. Da ich keine Lösung für sie habe, mußte ich schon auf kleinste Anzeichen hin dem Glück aus dem Wege gehen.

Gefangen im Zirkel der Befremdlichkeiten: Hier schlägt mir das Unheil krachend auf die Schulter wie einem guten alten Bekannten.

Ich darf sagen, daß ich geliebt wurde. Man hat meine Kindheit ernstgenommen, man hat vorausgesehen, daß ich zu büßen haben würde.

Im Unglück ist das Alter die Zeit der Taten, nicht der Betrachtung. Man hat begriffen, daß nichts mehr zu betrachten ist – daß man die Ansehnlichkeit des Unglücks erschöpft hat. 40 Jahre war ich rezeptiv.

Was Kierkegaard in den *Diapsalmata* schreibt über das einsam konfirmierte Armenmädchen oder Grillparzer in seinen Tagebüchern über die tote Marie Piquot, ist lautere Gegenwart. Der Trübsinn überwindet die Zeit, was sage ich, er ist mehr als Zeit, ist ewige Gegenwart des Sinns!

Sinn und Einheit, also Eindeutigkeit, besitzt nur das Leben, dessen Möglichkeiten man sämtlich selbst vereiteln durfte.

Geht nicht von dem glücklichen Kind ein Hochmut aus gegen alles fremde Glück, ja schon gegen das anstehende eigene Unglück der Mädchen- oder Knabenjahre? Doch könnte es immerhin Bescheidenheit sein, die vorerst nur an das eigene Unglück denken läßt während der – sagen wir: ersten – zwanzig Jahre nach dem frühen Glück.

Gefestigt im Unglück, sieht man sich im Rückblick besudelt vom Glück.

Da ich mein Glück in die eigenen Hände genommen habe, darf ich nicht mehr klagen, nur noch fluchen.

Grauenhafte Vorstellung, daß ich auf meine alten Tage noch seriös werden, noch Ernst auftragen müßte, nur um ihre Anzahl zu vermehren …

Teil 4: Die Tröstungen

Konditionen für eine Tröstung

Der Schaden aus dem Glück, das einen trifft und verläßt, wäre kleiner, wenn sich sein Wechsel mit dem Unglück nach derselben Regel vollziehen würde wie der Wechsel des Unglücks mit dem Glück. Jeder weiß, daß das nicht der Fall ist; das Glück sprießt aus dem Unglück empor und wird von ihm zertreten. Man müßte das ins Schema einer Metaphorik bringen können, um sich zu trösten: der organischen oder der mechanischen. Während in der organischen alle Wunden zuwachsen und Glück und Unglück am Ende ununterscheidbar sind, bleibt ihr Wechsel in der mechanischen sichtbar, doch er wird nicht fühlbar. Was einen ins Glück führte, führt einen auch wieder hinaus, wer sich ein Bein ausriß, erhält es wieder, wem die Sinne aussetzten, dem werden sie wieder eingesetzt. Dann kann er sich zum Beispiel sagen: die Eitelkeit führte mich in jenes Verhältnis hinein, die Eitelkeit führte mich wieder hinaus.

Der gute Lehrer

Der Tröstungen bedarf man fast von Kindesbeinen an, deshalb hängt viel daran, daß man bald auf einen guten Lehrer trifft. Die Trübung der Unglücksempfindung durch die Philosophie macht dies beispielhaft deutlich: wie viele zum Unglück Begabte sind nicht unnötig lange in einem gewissen Jargon hängengeblieben, weil ihn schlechte oder mäßige Lehrer nicht als philosophischen erkennen ließen! So verlor man nach und nach die Evidenzen des Trübsinns und der Verzweiflung, wo ein rechtschaffener Philosoph einen sofort ins Bild gesetzt hätte, daß bei ihm keine Hoffnung zu finden sei.

Trostlosigkeit, die belebt

Die Vollzähligkeit der Dinge, und seien das auch Untaten, Bosheiten usw., hat etwas Tröstliches. Die Trostlosigkeit des abgezählten Zusammenhanges hat etwas Belebendes. Man spürt, daß man allem offen und gegenwärtig ist, weil man nicht dazugehört. Die Dinge in ihrer Nichtswürdigkeit und Vollzähligkeit sind eine der stärksten Tröstungen. Traurig macht dagegen die Vorstellung, das Schlechte oder Mißratene sei zwar vollzählig versammelt, habe einem aber einen Platz reserviert, könne diesen selbst niemals füllen, bedürfe dieser Leerstelle jedoch, um Sinn oder Bewegung darin finden zu lassen. Oft, damals, als ich vors Haus und in die Arbeit getreten war, empfand ich die Würdelosigkeit dieser Stellung, mußte ich weinen um meine Investitur.

Gleichgültigkeit als Passion

Die Gleichgültigkeit ist es, vielleicht die Erschöpfung, was zu jedwedem Aufschwung hinreißen könnte.

Manchen genügt eine Leidenschaft, um sich nicht zu langweilen, andere benötigen ein Unglück.

Adiaphora sind, was auch im Unglück funktioniert.

Die ersten Momente nach der Entdeckung, daß etwas nichts mehr bedeutet, versetzen in einen Rausch, der seinesgleichen sucht.

Weniges berührt uns, und das Wenige berührt uns von innen nach außen, geht uns aus der Haut wie jeder Hochmut, den es an sich selbst nicht mehr hält.

Wir zappeln nicht mehr an vergangener Schuld, sie ist so allgegenwärtig wie gleichgültig, wir übernehmen sie ganz und tun desgleichen oder lassen uns totschlagen dafür.

Genauigkeit tröstet. Wo wir etwas Satz für Satz erfaßt sehen ohne die kleinste Lücke dazwischen, da folgen wir unbedingt, da darf unser Kummer ausruhen. Eine Anlage zum Fatalismus mag freilich dazugehören.

Aspekte der Tröstlichkeit

Wenn du immerzu an das Unglück denkst, wird dir nichts geschehen.

Man fand und findet hierzulande die Arbeit erniedrigend, weil sie den Wunsch eingibt, über ihr Unglück nachzudenken, ohne die Kraft zu lassen, das zu tun. So ist man im Umglück immerzu.

Das Unglück ergreifen, es in die eigenen Hände nehmen – wenn ich mich des Wahns der Autonomie erfreute, sähe er so aus.

Wer Trost sucht, muß sich entscheiden – ob er das Dasein glücklos finden soll oder wertlos …

Sie beschrieb den Weg in die Einsamkeit, in die Mystik, in die hochtrabende Verstörtheit und was weiß ich noch so präzis, so passend auf meine, ihre, unsere Lage, daß meine Verachtung für sie mit jedem ihrer Worte prächtiger blühte und erhabener.

Sagt mir einer: Dieses dein Jammern und Wüten gehört zu der Welt, die es zum Anlaß nimmt, ja, geht von ihr aus, sage ich: Da kann man nichts machen.

Das Nichtmachbare beruhigt mich, wenn ich es selbst tun darf.

Anders als die anderen zu sein und darum dasselbe tun zu dürfen und zu müssen wie sie: ein Werk schaffen, ein Fest geben, Steuern hinterziehen – Straße der Zutraulichen, der Individualisten von ihrer Tropfheit Gnaden.

Wenn du einmal in deiner Trauer gelacht hast, haben die Tröstungen keine Macht mehr über dich.

Die Sache mit dem ›pursuit of happiness‹ nicht so tragisch und ewig nehmen; andere Kränkungen der menschlichen Würde werden folgen.

Trost spendet die Stille oder der Lärm – je nachdem, ob du am einsamen Leben oder am einsamen Sterben kränkelst.

Man erträgt fast alles, wenn man von seinem Unglück ungefragt schweigen darf.

Momente, in denen man darüber lachen kann, daß die Geburtstage, die Weihnachtsfeste sich *summieren*, nicht gefeit sind davor, Zahl zu werden – man sieht sie einzeln vor sich in ihrer einfältigen Einmaligkeit. Aber auch diese Lacher gehen ein in die Tage und in die Rechnung, die einem am Ende der Tage präsentiert wird.

Im Trübsinn entdeckt man nicht selten den Trost der Geschichte: Dekadenz ist eine Perspektive der Depression.

Von einem gewissen Unglück erlöst, wenn man sich für etwas anderes interessiert als für dieses Unglück; unglücklicherweise interessiert man sich für das, was einen unglücklich macht.

Macht, die erfolgreich war und uns übrigließ, taugt zum veritablen Trostgrund. Weniges lindert unseren Kummer mehr als eine Selbstzufriedenheit, die begründet ist.

Um von dem Unglück loszukommen, müßte man entweder an sich denken, an das, was man vor dem Unglück war, oder an das Unglück, was es war, bevor es einen antraf.

Den Ausdruck von Verklärung und Verblödung, den die Gegenwart des Glücks eingibt, übertrifft mehrfach das Bewußtsein erlittenen Unglücks, vergangenen Unglücks.

Das Unglück schraubt die Ansprüche an den Humor ins Himmelhohe. Das Verlangen des Unglücklichen nach Schwindelgefühl, nach großartigen Witzen …

Es gibt Trübseligkeiten – es sind die uns treuesten –, in denen uns keine Beschreibung trösten kann. Wenn wir ehrlich sind, würden wir sogar zugeben: die Beschreibung solchen Trübsinns folgt seinem Verschwinden, sie bewirkt es nicht. Wenn wir ehrlich wären, würden wir dem verschwundenen Trübsinn hinterher schweigen, nur das entspräche unserem Hochgefühl, dessen Unerträglichkeit uns zur Beschreibungsfeder greifen läßt.

Es beruhigt, sich im Besitz zu wissen von etwas, das kaum jemand einem fortnehmen kann oder will. So besteht tatsächlich in dem Faktum bzw. Wort vom Selbstbewußtsein, das kein anderer gebrauchen kann, etwas Tröstliches; ein Trost, den Pascal vielleicht im Auge hatte, als er das Selbstbewußtsein so nahe ans Unglück rückte. Von dermaligen Aufsichten vermeintlich befreit, erkennt der moderne Trostsucher klarer den Zusammenhang von Selbstbewußtsein und Unglücklichsein, die beide etwas haben, was man besser verbirgt, etwas Schändliches. Das Unglück ist offenbar eine Schande, sich im Unglück zu zeigen höchste Schamlosigkeit. Aber auch sein Selbst bewußt machen, das heißt vorzeigen zu wollen, wirkt nicht wenig obszön. So bleibt die Gewißheit oder die Frage, daß oder ob man selbst es sei, der sich unglücklich fühle, des Menschen innerster Besitz; je schändlicher die Umstände seines Verunglücktseins, desto fundamentaler seine Selbstgewißheit.

Wer nicht mehr auf die Menschen baut, wird sich beruhigen können, manchmal so sehr, daß er sich gehen läßt: die Erwartungslosigkeit bedroht die Ruhe der Seele wie kaum eine Kränkung sonst.

Beim Kummer niemals fragen: wie kann ich ihn loswerden, denn so denkt er vielleicht von dir selbst. Sondern fragen: wie kann ich ihm eine Form geben, wie kann ich mich ihm, mir selbst und meinem Volk, meiner Zeit, meiner Geschichte nützlich machen?

Wenn du dich jeden Tag unwohler fühlst in deiner Haut, dann bedenke, daß sie dein letztes Hemd sein wird.

Fast hätte mich mein träges Herz zum Tröster bestimmt, in seiner Müdigkeit wuchsen ihm Ohren. Ich glaube, selbst wenn ich schlafe, tönen die Seufzer um mich.

Der Sinn des Elends

Wenn man die Bedeutung unseres Elends erkannt hat, wird sein Sinn vergessen sein; wo der Sinn unseres Elends benannt ist, wird alles Erkennen bedeutungslos.

Im Elend … wie hochgemut das klingt! Alle Hoffnung auf ein Glück schöpfe ich aus der Idee, daß das Elend keine Geschichte macht, daß ein Bewußtsein des Elends kein neues Elend sei, sondern das Glück des Elenden.

Bei allen Anschlägen, die man gegen seine leibgebundene Klarheit im Schilde führt, beunruhigt einzig die Vorstellung des irreparabel Halbierten, des halbbeschädigten Gehirns, das man fortan als Anhang seines Elends mit sich schleppen müßte.

Das Tier als Trost

Du hast nicht mehr Rechte als jedes Tier. Dich tröstet, daß es nicht Rechte sind, was dir fehlt.

Die Bestie in uns kann nicht erniedrigt werden. Doch wer uns an diese Wahrheit erinnert, macht sich mit dem Menschen über uns gemein, den wir verachten.

›Leiden wie ein Tier‹ – Schlußakt der Komödie. Du fühlst dich als Tier, weil du als Mensch leiden wolltest.

Was einen an den meisten Tieren tröstet, ist, daß sie nicht lachen, daß noch ihr Körper, ihr ganzes Gehabe die Komik des Daseins sichtbar zu machen vermag.

Man soll die Tröstungen nehmen, wie sie kommen. Manchmal entkommt man seinem Unglück sicherer auf dem Rücken einer Ratte als unterm Bauch eines Schafs.

In den drückendsten Momenten und in den entleerten Stunden: Trost aus dem Gedanken an ein dienstbares Stolpern. Du kannst doch immer daran denken, daß du ein Tier bist; dort unten, am Boden, hast du eine Fülle, die nicht drückt, dein Dasein hat Gewicht.

Heiterkeit

Das Unglück erlaubt alle Formen der Heiterkeit. Was kann hier unangemessen sein? Das Lachen des reinen Unglücks ist keineswegs hysterisch, nur das des falschen, Glück vortäuschenden. Nun aber noch der Gewinn an Komik: aus dem Ernst, womit ein Weltalter dem Glück nachstellt. Das gestellte Glück vor den Füßen oder an den Ohren, seine Läufe baumelnd, würdig-einfältiger Blick des Jägers in die Kamera. Oder die ärmelschonende Art, in der man daheim seine kleinen Orgien und Spasmen organisiert, sich die halbe Welt dazu einlädt und zum Nachtisch gar vom Menschenrecht auf solches Glück schmatzt. Ist das Unglücklichsein, das unverrechenbare, nicht die einzige Möglichkeit, den Humor zu behalten?

Glauben und Vertrauen

Du bist nicht dumm genug, um dem Glück nachzustellen, aber auch nicht stark genug, um jedes Glück oder Unglück zu ertragen. Was kann dich noch am Leben halten? Du brauchst einen Grund, der ihm entspringt und doch treu bleibt, du brauchst Glauben und Vertrauen. Du vertraust dich dem Unglück an, stellst ihm nach, glaubst an die Gleichheit all seiner Personen unter ihren Masken. Du weiß, daß ein Unglück verschwindet wie ein Glück, daß aber ein Unglück verdrängt wird nur durch ein Unglück. Du glaubst an die Unzerstörbarkeit des Unglücks, kostest vom Unglück allein oder im Volk der Unglücklichen und glaubst an die Verwandlung.

In der verzweifelten Suche nach Trost greift man in jede Lücke zwischen den Unglücken, sucht man noch im Gleichgültigen einen Halt. So übersät sich eine Welt mit Orten der Heilspende und Stätten der Wallfahrt. Vor ihrer Dichte fühlt sich aber der Trostsuchende ausgeschlossen bis zur Verzweiflung, und er greift nach dem stärksten Tobak: daß *zwischen* den heiligen Orten etwas ströme, was ihm von jedem einzelnen einst als Trost geflossen wäre.

Wenn die Verzweiflung dich in die freie Natur hinausführt, dann tust du gut daran, dich von einigen Erinnerungen begleiten zu lassen. Allzufrei in der Natur, gehst du leicht irre, du weißt nicht mehr den Baum deiner Kindheit, an den du dich klammern, weißt nicht mehr das Moosfleckchen, auf dem du knien sollst mit Rufen und Wehklagen; ein unspezialisierter Verzweifler, ist dir die Natur aus einer Heimat unversehens zum Kosmos geworden, darin du irrst mit kosmopolitischer Herzensleere.

Mittel und Wege

Wir verbieten uns das Selbstmitleid, zur Schonung unserer Kräfte: wir müssen ja das größere Unglück schaffen und tragen, mit dem wir das kleinere decken und erdrücken können.

Die Schreie und Japser eines Menschen im Unglück trösten uns, weil wir wissen, daß niemand zum Unglück gezwungen wird – daß im Schreien äußerste Freiheit herrsche wie nur in strenger Not.

Wir hören auf den, der jammert – hier ist die Arbeit nur, sein Seufzen wegzudenken; den Schönredner denken wir uns nicht weg, wir lieben sein Geräusch, wir hören ihn weg.

Unter den Gemütskranken können nur die stumpfsinnigen ihresgleichen heilen; allein der Stumpfsinn bringt Wechsel der Krankheit, nach dem die einsichtige Seele so sehr verlangt.

Die Aufgabe ist keine geringe: aus mitunter meckerndem Auflachen die schlanke Spur eines Lächelns ziehen.

In jedem, der uns – ob durch Herrschaft oder Anbetungswürdigkeit – verletzt, den Vollstrecker einer anonymen Ordnung, den Vorsprecher einer unbekannten Sprache erblicken, die wir schleunigst lernen, voller Respekt vorm Unterworfensein unserer Peiniger.

Eines der letzten Trostmittel gegen das Unglück ist, seinen Namen immerzu auszusprechen, es überall zu erblicken, seine Bedeutung aus allem zu gewinnen, was nicht Unglück ist; hierzu gehört allerdings die Schamlosigkeit eines Philosophieprofessors.

Zum Trost

Viel dringt ja nicht zu mir herauf in diese Höhe, aber was ich vom Bösen mitbekomme, zeigt ungefähr dies: Es hat seinen festen Platz in der Welt auf der Haben- bzw. Leidensseite, ich höre und sehe kein Böses, das man tut oder will, ich höre und sehe das erlittene Böse. Es ist auf seiten der Unschuld, der naiven Völker und Menschen, denen man *etwas antut*. Wenn ich Gutes tun sollte, müßte ich es für diese Verletzten tun, denn sie selbst können es nicht, es würde ihnen ja nichts helfen, sich über den Raub ihrer Unschuld zu beschweren, nachdem sie ihn schon haben verlauten lassen. Von Kindesbeinen an sind Sturz und Klage zweierlei, wer aber bis zu mir vordrang, der hat sich schon aufgeholfen. Also ich kann nichts für die Gestürzten tun, was bleibt da? Den Schuldigen zu irgendeiner Unschuld zu verhelfen, sie zu demütigen, für die Schuldigen und die Verletzten Schuld auf mich zu laden? Ich bleibe, wo ich bin, und überzähle meine Tröste.

De profundis

Wir starren an die Decke. Was uns den Ausweg nach oben versperrt, ertragen wir.

Die ungeheure Anmaßung, auf zwei Beinen zu gehen, kann keiner Überlegung entstammen, sie muß einem Entschluß entsprungen sein.

Ohne Hoffnung aufstehen und doch ohne Müdigkeit – wer das könnte …

Wir könnten uns nicht vorstellen, wie wir das Bett verlassen, wenn wir es nicht an unsresgleichen gesehen oder geträumt hätten.

Wenn wir frei wären von der Komödie des Aufrechtgehens, dann könnten wir unsere Würde in unbezeugtem Kriechen, zwischen vier Wänden, gewinnen; Schwierigkeit, in dieser Lage zu lachen.

Ein Lachen besiegelt die fremde Niederlage, ein Lächeln die eigene. Das Lächeln greift tief, dauert an. Es gilt dem Spiel, in dem andere verlieren und das nicht annehmen noch abwerfen zu können die Niederlage des Lebens ist, niedergelegt in jedem Tag und doch nicht abzulegen irgendwann.

Tiefere Tröstungen

Das Rauschen der Bäume oder des Meeres, die Zerstreuung des Lichts zwischen Geäst und Menschenvolk trösten, weil sie nichts mit unserem Unglück zu tun haben und so seine Natur hervortreten lassen. Unser geselliges, geschichtliches Unglück ist so natürlich wie die Landschaft, in der es erblühte. Und wenn uns keine Landschaft mehr gegönnt ist, dann wird uns noch die natürliche Seite des Unglücks trösten, sein Wesen, dem wir zur Erscheinung verhelfen und das sich kein bißchen um uns schert.

Unglück findet in der Wortwelt nicht statt, aber kein Unglück kommt aus ohne die Worte. Man muß Worte machen um es, die nichts mit ihm zu tun haben. Daher beruhigt das Achthaben aufs Wortemachen, die Sprachfremde. Der Trost aus Fremdsprachen, wo sie nur genug Unbekümmertheit um uns zeigen, aus den Idiomen der fremden Länder und Berufe und Vergnügtheiten, ist jederzeit zugänglich. Wie oft hat man nicht nach dem Russischbuch gegriffen und gestottert und gelallt bis zum trostspendenden Schlaf.

Die Musik tröstet den Menschen, der mit ihr aufgewachsen ist und gelernt hat, in Arbeit und Müßiggang aufs Verstreichen der Zeit zu achten. Sie illustriert einen Kummer, der sich über den Tag und über das Leben erstrecken kann. Indem man ihn in Lauten malt, macht man sich der Erstreckung gleich und ansehnlich; das tröstet.
Der vollkommene Satz tröstet die wilderen wie die feineren Traurigkeiten. In der ungeordneten wie in der erstarrenden Bewegung bedarf man nicht der erstreckten Zeit, wie sie Musik malt. In dem Unglück, das man auf unmelodischen Kulturstufen erleidet, ist man nämlich überall zu Hause. Die Sentenz, der Aphorismus sind geeignete Trostmittel in einem universellen Raum, sie sind unmittelbar zur Ewigkeit, wie die Stille und das Gebrüll. Augenblicklich sind wir in einer Stille, worin wir das Gebrüll verlauten lassen, unter leisem Rascheln.

Tolle, lege

Die tröstlichen Bücher sind jene, die man nach Gebrauch wegwirft und unversehrt wiederfindet.

Gegen den Wert einer Reihe von Büchern spricht, daß eine Privatperson wie du und ich sie besitzen kann; jemand also, der nicht durch besonderen Reichtum zum gründlichen, gelehrten Umgang mit dem Trübsinn disponiert ist. Aber auch der Wohldisponierte könnte vielleicht nichts mehr hoffen von diesen Büchern, denn sie sind auf eine Welt gekommen, wo sie in Privatbibliotheken ärmlicher Leute stehen, die sich mit ihnen trösten können oder auch nicht.

Von guten Historikern lernen, wie man richtig an vergangenes Unglück denkt. Es bietet eine der stärksten Tröstungen. Man lernt, über die Vergangenheit des Unglücks nicht zu jubeln wie über einen Fortschritt noch auch nur wie über ein Überwundenes. Das Unglück ist vergangen, und wenn wir es ernstnehmen, sehen wir unsere Ohnmacht an seinem Kommen und Gehen. Das dürfen wir in der Betrachtung des Unglücks nie vergessen. Dann vergessen wir, daß die Zeit des Unglücks einmal unsere Zeit war.

Sieh selbst!

In einer äußerst vereinfachten Menschenwelt, deren Verständnis nur die zwei Grunddimensionen ›Arbeit‹ (Personaufbau) und ›Liebe‹ (Personabbau zwecks neuerlichen Aufbaus) erfordert, bietet das Unglück die einzige Sache, die übers Persönliche hinausführt. Darin liegt ein gewichtiger Trostgrund. Die Unerträglichkeiten von Liebe und Arbeit werden ermöglicht und gerechtfertigt durch ein Glück, das nicht direkt verfolgt werden darf. Man könnte daher meinen, es winke den Professionellen, den Instrumentalisten – guten Liebhabern und guten Arbeitern. Doch die Liebe wie die Arbeit sind die *einzigen* wesentlichen Dimensionen der Welt, in der allein das Glück zählt. Dadurch geraten sie selbst einander zu Zwecken. Die Arbeit soll (Mensch und Dasein) liebenswert machen und die Liebe die Arbeit erträglich. Von den Erschöpfungen des einen den Erschöpfungen des anderen zugeworfen zu werden, gilt als Glück, als gelingendes Leben.

Es gelingt in diesem Wechselwurf tatsächlich, die direkte Konfrontation mit dem Glück zu vermeiden. Sie ist das Unglück. Man kann es somit definieren als ein Festsitzen in der Liebe oder in der Arbeit (Romantik und Arbeitslosigkeit sind die geläufigen Unglückserfahrungen dieser Welt). Das Glück hält am Leben, wenn es sich darin nur indirekt zeigt. Wie lebt man also mit dem Unglück? Indem man es nicht persönlich nimmt, sich ihm also unverwandt zuwendet. Es ist nämlich die einzige Sache, die aus den Verrranntheiten eines Eros und eines Robot hinausführt, die als persönlichkeitsbildend verstanden wurden. Aus Humorlosigkeit bzw. Wahrhaftigkeit wünschte man beide homogen, aus einem Stoff; im Jargon: durch sich selbst bestimmt. Das schaffte viel Unglück umher (alle Mitwelt, alles fühlende Herz und seine Motive zu Gaukelwerk degradiert) wie in der Person selbst, die durch die Monotonie der Arbeits- und der Liebesstimmung diesen ihr Eigenrecht zugestehen mußte, zu kommen und zu gehen nach Belieben.

Das Ausbleiben zeigt sich dann je als Zerstörung der Person. In dem Wunsch, das Kontinuum zu flicken, vergrößert sich das Unglücklichsein, denn die Person will etwas sein, was nicht Person ist. Sie überanstrengt sich, diese Überanstrengung heißt: Verzweiflung. Hier bringt ein Blick aufs Unglück die Rettung. Die unmittelbare Beschäftigung mit dem Unglück bildet für den zu Wahrhaftigkeit (Monotonie, Einseitigkeit, Ironiemangel) verurteilten Menschen die einzige Möglichkeit, der Verzweiflung zu entgehen. Man kann von einer Liebe zum Unglück sprechen, die in der direkten Nachfolge des philosophischen Eros steht. Dieser ist, mit seinem Programm der in-sich-selbstbeglückenden Theorie (Aristoteles, *Nikomachische Ethik*, 1094), durch gewisse weltgeschichtliche Mißgeschicke direkt bei dem Zustand angekommen, der sein Worumwillen in sich selbst findet. Ehedem mußte alles dem Glück dienen, dazu das kleinere dem größeren. Inzwischen gibt es nichts als das Glück. Wenn man es direkt vor der Nase hat, erweist es sich als Unglück. Das gelingende Leben unter Bedingungen des ausgerufenen Glücks ist also, die indirekte Ausrichtung aufs Glück zu ersetzen durch direkte Zuwendung zum Unglück. Worin diese Zuwendung zum Unglück besteht, läßt sich ebensowenig definieren wie das Wort ›gut‹. Es wäre dieser einzig verbliebenen Sache in der Glücksmenschheitswelt ungemäß, wenn man sie mit Hinweis auf andere Sachen erläutern wollte. Sieh selbst, kann man jedem Unglücklichen nur sagen, und das ohne Hohn aus falscher Versprechung, denn das Unglück ist ja längst da.

Schlimme Stunden

Tödlich wird die Langeweile, wenn sie zu träumen aufhört und die Augen öffnet gegenüber der Zeit – wobei sie immer den übernächsten Tag, den übernächsten Schritt zuerst sieht. Alle Taten und Sachen werden so zu Terminen, welche man sich auch sparen könnte, die Zeit drückt und zieht nicht mehr, sie liegt ausgebreitet in lauterer Gegenwart. Wer wollte diese tatkräftig verunreinigen? Und doch lebt und geht die Zeit ja weiter, im gelangweilten Organismus nämlich, der offenen Auges seiner Auflösung entgegenwächst.

In den schlimmen Stunden, die dir auf die Stirn und auf die Seele drücken, kannst du auf keinen Abend und auf keinen Morgen hoffen. Indirekte Wege tun not. Du schlägst einen Notizkalender auf, betrachtest die Folge der Tage und denkst ganz zuletzt, wie beiläufig, an die Stelle deines Kummers dort.

Was in der tiefen Verzweiflung tröstet, ist weder, daß sie vorübergeht (Geschichte), noch, daß auch andere sie erleiden (Gesellschaft), sondern, daß man sie in Gesellschaft anderer lernen kann wie eine Geschichte, die vorübergeht – daß man sie lernen kann wie eine Kunst!

Im Trübsinn fürchtet man nichts so sehr wie die Erhebung zu einer wirklichen Not, dieser Erniedrigung allen Trübsinns.

Das echte Unglück kennt keinen Grund. Man war schon immer darin. Deshalb muß es sich auch nur gelegentlich melden, zum Beispiel jetzt.

Die letzte Auskunft

Es ist wie ein Erwachen mit dem enormen Durst nach freier Sicht (das Auge rast fast vor Blickfrömmigkeit): was den Blick verstellt, ist der eigene Körper. Das erste und das letzte Unglück; das Auge benötigt nun die Hand, die sich erhebt.

Zum ersten Mal erkennt man seine Lage. Das muß gebüßt werden: was man erkannt hat, soll hinweg. Frevel und Frevelnder sind eins.

Das Leben interessiert mich nicht: Dies sagen zu können, ohne gelangweilt zu sein – dies sich nachsagen lassen an irgendeinem Erdhügel.

»Das Schrecklichste, das einem Menschen geschehen kann, ist, daß er sich selber im wesentlichen komisch wird, daß er entdeckt, daß der Gehalt seiner Gefühle Geschwätz ist z. B. Diese Gefahr kann ein Mensch leicht laufen durch sein Verhältnis zu einem andern Menschen, z. B. dadurch, daß er Ausrufe und Schreie glaubt … Hier gilt es, gut gebaut zu sein.« (Kierkegaard, *Tagebücher*, 1843) Es gibt Furchtbarkeiten, die sind nur in Verallgemeinerung auszuhalten. So auch diese. Ein Volk von Komischen, hängt alles Fortleben an seiner Unvermischtheit.

Die Unaufhaltsamkeit eines gewissen Anschlags auf dich, wenn er sich mit dem Humor verbindet … in diesem kurzen, überblicksartigen Auflachen.

Nichts sentimentaler als Erinnerungen an die Jahre, die man nach Mißlingen gewisser Versuche durchleben durfte.

Als Sproß einer langen Reihe von Selbstmördern faßt dich Trost und Grauen angesichts der Säugetier-Kondition, *neben* deinen Nachkommen leben zu können, weiterleben zu können für ein irrelevantes Ende oder auch nicht.

Als man in jugendlichem Überschwang das erste Mal Hand an sich legte – fühlte man da jene Automatismen, die das Alter am Leben halten?

Noch das vulgärste Mannsbild wird in der Wut, sich von seinem Körper zu trennen, zum höherberufenen Geistwesen. Die Frau kennt nicht diese Wut. Auch ihr Bestes – stirbt mit allen Tieren.

Ebensosehr wie eine Entleibung ist der Selbstmord eine Vereinigung: als Kadaver kehrt der Selbstmörder zurück in den Schoß der Gemeinschaft.

In dem Rausch aus der Vorstellung, sein Ende in die eigene Hand zu nehmen, verliert sich die berauschende Vorstellung, den Anfang eines anderen Menschen aus der Hand zu geben.

Die Selbsttötung muß jener Wut entspringen, in der man den ersten Besten totschlagen will.

Ein Wesen, das mit Selbstbewußtsein ausgestattet wurde, ist so gut wie tot, es bedarf keiner Entschlüsse mehr zu seiner Heilung außer vielleicht zu dem einen: bei der Sache zu bleiben.

Der gelungene Selbstmord muß für den Täter wie für seine Zeugen gleichermaßen überwältigend sein.

Mit den Jahren immer weniger Wut beim Bedenken des letzten Gedankens. Höchstens Wut auf jene, die mit dem Schwund jener Wut rechnen.

Es gibt einen Moment der absoluten Unzugänglichkeit, worin sich das Gemüt schließt und kein Zureden mehr einläßt, weil es alle Zu- und Ausreden dieser Welt in sich aufgenommen hat und nurmehr zum Vollzug, zur Bestätigung, zum Rechthaben durch Rechtgeben schreiten kann.

Zuletzt verwandelt sich die Menschenwelt in einen einzigen Zweifelsfall. Alle Seele scheint aus ihr geflohen, und zwar in den Einzigen, den Unglücklichen, den mehr-als-cartesianischen Zweifler. Mit der Seele auch alle Sitte, Würde, Kultur und Anmut. Diese Bürde von Gewesenem trägt kein Einzelner und schon gar kein Einziger. In seiner letzten, tödlichen Auskunft gibt er der Welt zurück, was ihr gehören sollte.

Zweifellos nimmt alles, was mit dem Selbstmord zusammenhängt, die Form von Paradoxien an – Ich und Welt, Leben und Seele, Sein und Wesen der

Person legen sich auseinander in widerstreitende Alternativen. So etwa die Rettung einer weltlichen Würde durch Selbstverneinung der Person, in die sie sich geflüchtet hat.

Ein Selbstmord wirkte weniger anstößig oder feierlich, wenn sein Furor etwas mehr von der Vieldeutigkeit der Zeugung hätte, wenn dieses Abschütteln von etwas – hier: des Lebens – zugleich ein Aufbürden bedeutete gegenüber irgendeinem Namenlosen, mitunter.

Sprache – ich rede natürlich vom gesprochenen Wort – kann uns von vielem erlösen. Sie trübt und verkleistert unsere Begierden, erspart uns so Familie, Arbeit und Recht, ja das ganze Leben und den zugehörigen Tod. Ist der Umgang mit Sprechenden nicht wie ein Rundgang zwischen Grabsteinen, die ihre Texte im Munde tragen?

Aus dem verunglückten Versuch, das Unglück samt seiner Grundlage zu beseitigen, sprießt – zart – eine freundliche, gütige Verachtung beträchtlichen Ausmaßes. Die Welt in diesem Augenblick lassen können …!

Man rede mir nicht von der Gewohnheit zu leben! Mit den Jahren wandelt sich jedes Bedürfnis zum Entschluß.

Sich selbst tötet nur, wer unglücklich verliebt ins Leben ist.

Entweder du glaubst, daß du ein ›Wesen‹ hast, das nicht daseinsfähig ist, oder du nimmst dein Dasein zu wichtig.

Manch einer erfährt sein Leben lang nicht, wie er der Selbsttötung entging: ob er den Glauben an sein Wesen verlor, ob er verlernte, sein Dasein nichtig zu nehmen.

Wenn es um die Selbsttötung geht, fangen die Philosophen zuletzt noch zu rechnen an: die düstre Stunde, der dunkle Tag gegen so viele Tage, so viele Jahre … Wer in die Windel der Abstraktion gewickelt ist, der lallt allezeit rundumversorgt, der weiß nicht, was harte, zustoßende Gegenwart ist. Dem Kandidaten jedoch ist alle Zeit zu Gegenwart zerfallen, er bekommt nichts zu fassen, spinnt keine Werke, was kümmern ihn da der Nächste und der nächste Augenblick? Er kommt und schielt nicht über den Augenblick hinaus.

Der Schlag, den man führt gegen sich, kommt aus der Unvollständigkeit des Nicht-mehr-Wollens. Man will nichts mehr, gewiß, aber das beunruhigt einen, man wünscht zu wollen – wollen zu können. Dieser Wunsch ist der Wille vor allem Wollen, er bedrückt dich, wenn er sich dir zeigt, du mußt mittun an deiner Zerdrückung.

Indem die Besten sich selbst hinwegraffen, retten sie uns minderen Figuren das Leben: wir müssen es ihnen nicht nachtun, wir können sie nicht mehr erreichen.

Der Mensch, der seinen Eifer zum Glücklichwerden ablegt, sei's auch nur aus Vergeßlichkeit, wirkt fast linkisch in seiner neuen Freiheit.

Die leidenschaftliche Einsicht, aus der man Hand an sich legt, besticht durch ihre Unabhängigkeit vom Lebensalter. Ein Begriff von Erfahrung leuchtet auf, die sich nicht an Lebensjahren mißt und die Philosophen einst besessen haben mußten, da sie sie verrieten.

Das Ende scheint nahe oder wünschenswert, wo man nicht wissen will um die Wege der Verkommenheit, die Auswege des Verkommenseins.

Der Entschluß, wo einmal gefaßt, bedeutet: ganz bei der Sache zu sein, die abgeschafft werden soll.

Der Schüchterne tut sich nichts an. Auch nicht das Leben.

Die tiefe Lächerlichkeit des gesunden Körpers, des Körpers, der funktioniert.

Eine Art von Wesen, die ohne böse Worte fortgeht, in Freundlichkeit: Das Leben und die Existenz, sie paßten nicht zusammen.

Selbst der mißglückte Versuch hat dem Leben, das nun folgt, eine solche Sachlichkeit, solchen Ernst verliehen, daß man geneigt ist, darin die Beine baumeln zu lassen.

Der Kausalismus hilft uns über die trübe Stunde wie der Griff nach einem Grammatikbuch: alles zeigt sich hier begründet, nichts veranlaßt. Was könnte uns jetzt mehr beschämen als die Erfindung eines Anlasses für unseren Abgang?

Die Kausalität – das vulgärste wie ehrwürdigste Gegenmittel zu allen Versuchungen, mit der Erkenntnis des Grundlosen Ernst zu machen, ein Gegenmittel besonders zu der einen Versuchung …

Wenn der gewisse Akt kein Akt wäre, sondern eine in Wirklichkeit zerfließende Möglichkeit wie gewöhnlich das Leben – sähe man dann nicht alle Lebenden mit Messern und Stricken an sich selbst beschäftigt wie jetzt mit Worten und Taten an ihresgleichen?

Im Tod sind alle gleich. Richtig. Aber nur auf einen Augenblick. Schon danach beginnen die Unterschiede. Du hast dich noch nicht als Leiche gesehen.

Eine gewisse Nation, deren Selbstmörder Aufsehen erregen. Können diese Entschlüsse auch eine Einsicht fördern? Die sich aus Selbsthaß umbringen, verdienen keine Aufmerksamkeit, denn sie ahmen nur die Wirkung nach, die wir anderen ein Leben lang auf sie machten. Die sich aus Selbstverachtung töten erwecken hingegen unsere Achtung, denn sie strebten nicht nach ihr, als sie das unausdrückliche Urteil aller Welt über ihre Nation ausdrückten und zurechtrückten.

Jemand, der von seinem Abgang faselt. Gönnen wir ihm die Aufmerksamkeit, um die er winselt, bestärken wir ihn in dem Entschluß, den er nicht faßt, verderben wir ihm sein Lebensende!

Der Verantwortungsvolle zieht dem Ja zum Leben das Nein ohne Zögern vor. Als Neinsager weiß er, was gemeint ist und was zu tun ist, als Jasager schleppt er eine Welt mit sich von Unverantwortbarem.

Möglich, daß eine Dummheit so umfassend wurde, daß sie Gründe nicht mehr bloß zum Leben, sondern gar zum Sterben sich beizubringen getraut.

Was den alt gewordenen Selbstabschaffer am meisten wurmt, sind die Zipperlein, die ihn am Leben halten in verläßlicher und erniedrigender Weise. Die intakte Körpermaschine gehört zu den Bedingungen der Selbstabschaffung wie die gesegnete Kindheit.

Hand an sich zu legen, wo man's eigentlich nicht mehr nötig hätte – es verleiht ein Überlegenheitsgefühl, das in die Nähe der Ohnmacht führt.

Es gibt nur eine Tat, bei der ich vollständig mit mir eins wäre ohne allen Überfluß; ihre Lakonie verführt mich zu dem Schwafelspruch, daß mein ganzes Leben sie vorbereite.

Trostmusik

Wie das Glück die Wiederholung, braucht der Schmerz die Steigerung – nur der größere Schmerz kann dem kleineren abhelfen. Die gewöhnliche Lage ist aber die Dauer von irgend etwas Gleichgültigem, also ein Unbehagen. Hier hilft man sich mit beidem weiter: dem Ruf nach der Sensation, die den wunden Rufer nicht anders als schmerzhaft überkommen kann, und der gepflegten Langeweile selbstgemachten Glücks. Auf diese Weise verstrickt man sich nicht bloß tief in die Welt von Glück und Unglück, sondern auch der Musik. Das Bekannte wiederzuhören ist ein höchstes Glück, nur deshalb begibt man sich an die Orte, in die Gebäude, in die stickigen Säle … unfaßbar bleibt, daß dort Leute sein sollen, die die Sensation suchen. Nicht das Glück aus Wiederholung, Widerklang zu suchen, sondern ein neues Stück zu hören, das ist der Unterschied zwischen: sein Glück hören, und: sich übers Hörbare ins Bild setzen.

Wer den Ton des Unglücks hören will, statt ihm bloß eine irgendwo geborgte Melodie vorzupfeifen, der muß sein Dasein strengem Takt unterwerfen. Wie viele wurden nicht zu Sängern der Misere ausgerufen und sind doch nur Buchhalter ihres Trübsinns gewesen!

Der Lobpreis der Freude klingt verdächtig, solange ihm nicht das Zeugnis des Hüpfens folgt; wenig ansteckend wirkt die Freude, die nicht wenigstens auf Sekunden über die Erde erhebt.

Menschentrost

Aller Trost muß uns wieder unter Menschen bringen. Er tut das, indem er unser Unglück auf sie zurückführt, auf zweierlei Weise: Wenn unser Unglück außerordentlich, einzigartig, fast unwahrscheinlich ist, so daß nur wir (unsere Klasse, unser Volk, Geschlecht, Gestüt, Gemüt) es tragen unter allen Menschen, dann dürfen wir uns als Repräsentanten fühlen, Vertreter einer Menschheit, die sich durch uns darstellen läßt, was sie ist, indem sie es nicht fühlt. Das heißt umgekehrt, daß unserem Gefühl alles entspricht, was nicht dafür zuständig sein will, eben das von uns Vertretene, Fühllose. So zeigt sich einmal mehr, daß die Einzigartigkeit einer Misere weniger die Essenz der Geschichte als ein Auswurf der Natur ist, der fühllosen, an die sie gebunden bleibt (wie durch vieles andere noch, etwa durch die Nutzlosigkeit, Ziellosigkeit des Leidens). Im einzigartigen Unglück fühlen wir uns also umgeben von Menschen, sei es auch, daß diese nichts zu tun haben wollen mit uns. Wenn unser Unglück dagegen gewöhnlich, von allgemeinmenschlicher Art ist, wenn wir eingereiht sind in die Kette der Unglücklichen, sehen wir nichts von unseren Vorgängern und Nachfolgern, sind wir unglücklich und getröstet auf Hörensagen hin. Worin besteht dieser Trost? Zunächst einmal darin, daß er jederzeit möglich, weil Vertrauenssache ist; was immer uns mit fremdem Unglück zusammenbindet – wir sind nicht ganz verantwortlich dafür, die Reihe der Unglücke, Geschicke, Tröstungen geht gleichsam durch unsere schwachen Leiber und Gemüter. Jede Tröstung, auf unser Lamentieren hin, belehrt uns über die Gewöhnlichkeit unserer Schmerzen. Bei genauerer Betrachtung begreifen wir die Entbehrlichkeit des Trostes. Unsere Gemeinheit macht uns frei. Was wir leiden, ist das, was sein muß und nicht sein soll. Die Ablösung vom Unglück, das offenbar die Ordnung selbst ist, erreichen wir im unnötigen, unerlaubten Schrei – eine Absetzung von unserer Natur, die ihren Trost in sich trägt. Übrigens schreien auch andere, unsere Nebenmenschen, und wir begreifen nun vollends, wie natürlich uns Untröstlichen alles Unnötige ist.

* * *

CD-Edition

Alle Bücher von »edition fatal« sind auch als PDF-Dateien auf CD erhältlich. Damit wird es für Sie möglich:

- im Volltext nach Namen und Begriffen zu suchen,
- eigene Anmerkungen zum Text hinzuzufügen,
- Text zu kopieren und beispielsweise (als Zitat) in Ihre Textverarbeitung zu übernehmen,
- beliebige Seiten im DIN A4-Format auszudrucken.

Auch dieser Band ist als Buch-CD erhältlich. Als Besitzer des gedruckten Buches können Sie die CD zum halben Preis beziehen! Füllen Sie dazu einfach das Formular auf der Rückseite aus und senden Sie es an »edition fatal«.

Online-Bibliothek

Darüber hinaus können alle bei uns veröffentlichten Bände auch »online« über unsere Online-Bibliothek – kostenlos! – abgerufen und gelesen werden. Und auch hier ist eine Volltextsuche möglich. Allerdings können Sie, anders als bei den Buch-CDs, keine Anmerkungen zum Text hinzufügen, Zitate übernehmen oder Seiten ausdrucken.

>> www.edition-fatal.de

Bestellung

An:
»edition fatal« Verlagsgesellschaft
Edelweiss-Str. 9
81541 München

Name: ....

Vorname: ....

Strasse: ....

....

PLZ und Ort: ....

Hiermit bestelle ich folgenden Titel als Buch-CD im PDF-Format (erfordert Adobe Acrobat-Reader ab Version 5.0 sowie HTML-Browser) zum Vorzugspreis für Buchbesitzer:

Jürgen Große: *Phänomenologie des Unglücks*

Preis: 50% des empfohlenen Ladenpreises (derzeit also 50% von 21,00 Euro), zuzüglich Versandkosten.

Datum:

Unterschrift: ....

Jürgen Große: Aus Volk und Familie

Dieses Buch kann man nur mißverstehen. Denn Volk und Familie sind keine Begriffe, die sich mit Verständnis zufriedengeben können. Sie müssen herrschen, wenn man durch sie begreifen und bestehen will. Doch wer will Volk sein, wer Familie haben und sonst nichts? Der Zerfall der Völker und Familien erweckt aber Mitgefühl und schließlich Dankbarkeit: an ihren Resten läßt sich zeigen, was man an sich selbst nicht sehen möchte, in ihre Häute läßt sich füllen, was man in sich selbst nicht ertragen würde.

Aus Volk und Familie hinweg und zurück führen die 77 Kapitel dieses Buchs, darunter: Mein Volk; Zu fremden Völkern; Barbarische Völker; Erwählte Völker; Nachkriegsvölker; Gekränkte Völker; Aufgehende Völker; Sterbende Völker; Volksfeste; Völkerwanderung; Tränen der Völker; In Gesellschaft; Aus Familien; Eine Frau, eine richtige; Volkskrankheiten; Familienrecht; Ein Volk von Verbrechern.

>> online lesen/Infos unter: www.edition-fatal.de/isbn3935147120.html

Daten zum Buch:

Originalausgabe, München 2002

172 Seiten

Buch:
ISBN 978-3-935147-12-5

Buch-CD:
ISBN 978-3-935147-13-2

Empfohlener Verkaufspreis:
15,00 Euro

Hans-Martin Schönherr-Mann:

Das Mosaik des Verstehens – Skizzen zu einer negativen Hermeneutik

Heißt Verstehen Auslegen? Wenn ich etwas verstehe, verstehe ich es immer als etwas Anderes. Verstehe ich dann überhaupt das, was mir die Andere sagt? Ja, aber nicht als das, was sie mir sagt. Verstehe ich sie besser, wenn sie mich berührt? Welche Mißverständnisse hat es dabei nicht schon gegeben! Beruht Verstehen folglich auf dem Nichtverstehen? Dann wird die Hermeneutik negativ, ob im schwingenden Sagen bei Heidegger oder in Wittgensteins Sprachspiel, in der adornischen Unfähigkeit des Begriffs, sein Anliegen auszudrücken. Ist das Nichtverstehen eine schreckliche Erfahrung der Unzugänglichkeit der Welt? Doch wenn ich die Andere mißverstehe, muß ich vorsichtiger mit ihr sein, bin ich für sie verantwortlich, ohne ihr irgend etwas vorschreiben zu können. Muß ich die Andere lieben, um sie zu verstehen?
Noch ist dem Menschen lange nicht klar, wie unzulänglich seine Fähigkeiten sind. Mißverstehe ich mich gar selbst oder bin Ich eine Andere? Dergleichen Ungereimtheiten sind nicht zu verleugnen und nicht zu überspielen. Muß man sie genießen oder darf man sie erleiden? Solche verwirrende Schwäche des Ichs könnte sich letztlich als Stärke der Reflexion aufführen. Ist dann das Nichtverstehen modern und gar nicht postmodern?
In prägnenten, aphorismusartigen »Mosaikstücken« werden hier – alltagsnah illustriert – die wesentlichen Grundzüge einer »negativen«, d.h. auf Differenz und Nichtverstehen gegründeten Hermeneutik skizziert.

>> online lesen/Infos unter: www.edition-fatal.de/isbn3935147023.html

Daten zum Buch:

Originalausgabe, München 2001, 112 Seiten

Buch:
ISBN 978-3-935147-02-6

Buch-CD:
ISBN 978-3-935147-03-3

Empfohlener Verkaufspreis:
9,00 Euro